Espanhol Avançado

FÁCIL E PASSO A PASSO

Domine a Gramática para um Conhecimento *avançado* em Espanhol

Barbara Bregstein

ALTA BOOKS
EDIT
Rio de Jan

Espanhol Avançado — Fácil e Passo a Passo
Copyright © 2019 da Starlin Alta Editora e Consultoria Eireli. ISBN: 978-85-508-0361-6

Translated from original Advanced Spanish Step-By-Step. Copyright © 2009 by McGraw-Hill Education. All rights reserved. ISBN 978-0-07-176873-3. This translation is published and sold by permission of McGraw-Hill Education, the owner of all rights to publish and sell the same. PORTUGUESE language edition published by Starlin Alta Editora e Consultoria Eireli, Copyright © 2019 by Starlin Alta Editora e Consultoria Eireli.

Todos os direitos estão reservados e protegidos por Lei. Nenhuma parte deste livro, sem autorização prévia por escrito da editora, poderá ser reproduzida ou transmitida. A violação dos Direitos Autorais é crime estabelecido na Lei nº 9.610/98 e com punição de acordo com o artigo 184 do Código Penal.

A editora não se responsabiliza pelo conteúdo da obra, formulada exclusivamente pelo(s) autor(es).

Marcas Registradas: Todos os termos mencionados e reconhecidos como Marca Registrada e/ou Comercial são de responsabilidade de seus proprietários. A editora informa não estar associada a nenhum produto e/ou fornecedor apresentado no livro.

Impresso no Brasil — 2019 — Edição revisada conforme o Acordo Ortográfico da Língua Portuguesa de 2009.

Publique seu livro com a Alta Books. Para mais informações envie um e-mail para autoria@altabooks.com.br

Obra disponível para venda corporativa e/ou personalizada. Para mais informações, fale com projetos@altabooks.com.br

Produção Editorial Editora Alta Books **Gerência Editorial** Anderson Vieira	**Produtor Editorial** Juliana de Oliveira Thiê Alves **Assistente Editorial** Ian Verçosa	**Marketing Editorial** marketing@altabooks.com.br **Editor de Aquisição** José Rugeri j.rugeri@altabooks.com.br	**Vendas Atacado e Varejo** Daniele Fonseca Viviane Paiva comercial@altabooks.com.br	**Ouvidoria** ouvidoria@altabooks.com.br
Equipe Editorial	Adriano Barros Bianca Teodoro Illysabelle Trajano	Kelry Oliveira Keyciane Botelho Maria de Lourdes Borges	Paulo Gomes Thales Silva Thauan Gomes	
Tradução Wendy Campos	**Copidesque** Samantha Batista	**Revisão Gramatical** Priscila Gurgel Thamiris Leiroza	**Revisão Técnica** Juan Cosme de Abreu Língua Espanhola UERJ	**Diagramação** Joyce Matos

Erratas e arquivos de apoio: No site da editora relatamos, com a devida correção, qualquer erro encontrado em nossos livros, bem como disponibilizamos arquivos de apoio se aplicáveis à obra em questão.

Acesse o site www.altabooks.com.br e procure pelo título do livro desejado para ter acesso às erratas, aos arquivos de apoio e/ou a outros conteúdos aplicáveis à obra.

Suporte Técnico: A obra é comercializada na forma em que está, sem direito a suporte técnico ou orientação pessoal/exclusiva ao leitor.

A editora não se responsabiliza pela manutenção, atualização e idioma dos sites referidos pelos autores nesta obra.

Dados Internacionais de Catalogação na Publicação (CIP) de acordo com ISBD

B833e	Bregstein, Barbara
	  Espanhol avançado – fácil e passo a passo: domine a gramática para um conhecimento avançado em espanhol / Barbara Bregstein ; traduzido por Wendy Campos. - Rio de Janeiro : Alta Books, 2019.
	  304 p. : il. - (Fácil e Passo a Passo).
	  Tradução de: Advanced Spanish Step-by-Step: master accelerated grammar to take your spanish to the next level
	  Inclui índice e anexo.
	  ISBN: 978-85-508-0361-6
	  1. Línguas. 2. Idiomas. 3. Espanhol. I. Campos, Wendy. II. Título. III. Série.
	2018-1037 CDD 465
	                  CDU 811.134.2

Elaborado por Vagner Rodolfo da Silva - CRB-8/9410

Rua Viúva Cláudio, 291 — Bairro Industrial do Jacaré
CEP: 20970-031 — Rio de Janeiro - RJ
Tels.: (21) 3278-8069 / 3278-8419
www.altabooks.com.br — altabooks@altabooks.com.br
www.facebook.com/altabooks

Sumário

Prefácio vii

I — *Ser* e *Estar*; Presente, Pretérito Perfeito Simples, Tempos Imperfeitos; Tempos Contínuos; Presente do Subjuntivo; Comandos

1 — *Ser* e *Estar* e o Presente

Estar 3
Ser 8
Interpretação de Texto **Machu Picchu** 18

2 — *Ser* e *Estar* no Pretérito Perfeito Simples e no Imperfeito

Pretérito Perfeito Simples 20
Pretérito Imperfeito 24
Verbos Regulares no Pretérito Perfeito Simples 28
Verbos Irregulares no Pretérito Perfeito Simples 30
Verbos Regulares no Imperfeito 32
Verbos Irregulares no Imperfeito 34
Comparação entre Perfeito Simples e Imperfeito 34
Interpretação de Texto **Marianela** 37

3 O Presente Contínuo

Formação do Gerúndio 40
Formação do Presente Contínuo 44
Uso do Presente Contínuo 44
Posição dos Pronomes Objetos 47
Usos do Gerúndio com Outros Verbos 51
Interpretação de Texto **La parada del bus 55**

4 O Passado Contínuo

O Pretérito Imperfeito Contínuo 57
O Pretérito Perfeito Contínuo 60
Interpretação de Texto **El hospital 66**

5 O Presente do Subjuntivo

Formação do Presente do Subjuntivo 69
Usos do Presente do Subjuntivo 76
Outros Tempos que Requerem o Presente do Subjuntivo 90
Interpretação de Texto **El juicio 93**

6 Comandos

Comandos Afirmativos da forma *tú* 97
Comandos Negativos de *tú* 101
Comandos com *Ud.* e *Uds.* 106
Outras Maneiras de Pedir às Pessoas que Façam Coisas 109
Interpretação de Texto **Perdida en Nicaragua 112**
Os Comandos com *nosotros*: 114
Comandos Afirmativos com *vosotros* 117
Comandos Negativos com *vosotros* 117
Interpretação de Texto **La Noche de Brujas 120**

II Substantivos, Artigos, Adjetivos, Pronomes; Presente e Pretérito Perfeito Composto

7 Substantivos, Artigos, Adjetivos e Pronomes

Substantivos e Artigos 124
Pronomes Adjetivos Possessivos 129
Pronomes Possessivos 134
Pronomes Relativos 138
Pronomes e Adjetivos Demonstrativos 143
Interpretação de Texto **Mi viaje 145**

Sumário   v

O artigo *lo* Neutro + Adjetivo Usado como Substantivo   146
Adjetivos Usados como Substantivos   148
Pronomes Usados como Substantivos   149
Interpretação de Texto   **Los maderos de San Juan**   150
Interpretação de Texto   **Lo fatal**   151

8   O Presente Perfeito Composto

Formação do Particípio Passado   153
Formação do Presente Perfeito Composto   156
Usos do Presente Perfeito Composto   158
Posição dos Pronomes Objeto com
o Presente Perfeito Composto   159
Uso do Infinitivo *haber* e o Particípio Passado   160
Interpretação de Texto   **El apartamento**   164

9   O Pretérito Mais-que-perfeito

Formação do Pretérito Perfeito   166
Usos do Pretérito Mais-que-perfeito   166
Interpretação de Texto   **El sueño**   169
Interpretação de Texto   **Recordando Nicaragua**   170
O Particípio Passado como um Adjetivo   171
O Particípio Passado com o Verbo *ser* e a Voz Passiva   175
Interpretação de Texto   **El conde Lucanor**   177

III   Futuro e Condicionais; Pretérito do Subjuntivo; Expressões Idiomáticas

10   O Futuro

Formação do Futuro   180
Usos do Futuro   187
O Futuro Contínuo   194
O Futuro Perfeito   195
Interpretação de Texto   **El porvenir**   196

11   O Condicional

Formação do Condicional   198
Usos do Condicional   204
O Condicional Contínuo   208
O Condicional Perfeito   209
Interpretação de Texto   **¿Qué haría Ud. en las siguientes situaciones?**   211

12 O Pretérito Perfeito do Subjuntivo

Formação do Pretérito Perfeito do Subjuntivo   213
Usos dos Pretérito Perfeito do Subjuntivo   213
Interpretação de Texto   **La isla en el Caribe**   217

13 O Pretérito Imperfeito do Subjuntivo

Formação do Pretérito Imperfeito do Subjuntivo   220
Usos do Pretérito Imperfeito do Subjuntivo   226
Interpretação de Texto   **El barco económico**   233
Interpretação de Texto   **Xochicalco** (O lugar das flores)   242

14 O Pretérito Perfeito do Subjuntivo

Formação do Pretérito Perfeito do Subjuntivo   244
Usos do Pretérito Perfeito do Subjuntivo   244
Interpretação de Texto   **Su punto de vista**   256

15 Expressões Idiomáticas

Expressões Idiomáticas com Preposições   259
Expressões Idiomáticas com Verbos   262
Expressões de Tempo   266
Interpretação de Texto   **La defensa de Sócrates**   269

Apêndice   Lista de Verbos   272

Gabarito   279

Índice   291

Prefácio

Espanhol Avançado — Fácil e Passo a Passo é um curso progressivo para dominar o idioma espanhol. Escrito para estudantes intermediários e avançados, ensina gramática e conversação em uma ordem lógica que lhe possibilita continuar desenvolvendo suas habilidades idiomáticas de maneira natural. Este livro é o passo seguinte a *Espanhol Fácil e Passo a Passo*. Se ainda é um aluno iniciante ou se precisa de uma revisão, *Espanhol Fácil e Passo a Passo* é um bom lugar para começar.

Eu o aconselho a estudar cada capítulo, ou passo, sem pular, para tirar vantagem da progressão gramatical que planejamos para você. Cada passo o levará ao próximo. Cada capítulo contém explicações claras da gramática; certifique-se de entender todos os conceitos gramaticais antes de ir para o seguinte. Há poucas exceções à regra, sendo assim, depois que entender o conceito, fica tudo mais fácil.

Foram incluídos exercícios variados, orais e escritos, para testar sua compreensão e progresso no aprendizado da linguagem. Poemas e textos de autores de renome, assim como poemas e textos da autora deste livro foram incluídos em cada capítulo. Esse material está organizado em ordem crescente de dificuldade quanto à forma e ao conteúdo. Use essas seções de Interpretação de Texto para aprender vocabulário novo e praticar a leitura em voz alta, elas também servem de ponto de partida para discussões com colegas de estudo.

Espanhol Avançado — Fácil e Passo a Passo se divide em três partes. A primeira traz uma revisão do presente e usos dos verbos *ser* e *estar,* o pretérito perfeito simples e o imperfeito, os tempos contínuos, o presente do subjuntivo e os comandos. A segunda parte é uma explicação mais aprofundada sobre pronomes, artigos, adjetivos e o presente e o passado perfeitos. A terceira parte trata do futuro e do condicional, do passado do subjuntivo e de expressões idiomáticas.

Se você estudou *Espanhol Fácil e Passo a Passo,* perceberá uma breve revisão dos verbos *ser* e *estar* no início do primeiro capítulo. Reveja essas lições básicas sobre esses dois verbos. No segundo capítulo, dedicado principalmente para os pretéritos de *ser* e *estar,* há uma revisão do pretérito perfeito simples e do imperfeito de todos os verbos. A lição sobre o presente do subjuntivo foi incluída neste livro para que possa revisá-la antes de seguir para a forma imperativa, que tem muitas conjugações iguais. Todo o restante é totalmente novo e complementará seu conhecimento da gramática espanhola.

Esse livro é escrito com uma abordagem lógica que torna a gramática acessível, mesmo quando alguns conceitos individuais são difíceis. Com *Espanhol Avançado — Fácil e Passo a Passo*, você aprenderá a falar fluentemente, usando todos os elementos do idioma espanhol. Divirta-se e coloque seu espanhol em prática sempre que precisar. Nos vemos em Xochicalco!

Agradecimentos

Gostaria de agradecer a John Piazza por suas ideias, contribuições e revisão de *Espanhol Avançado — Fácil e Passo a Passo*, e a Néstor Rodriguez, professor de Inglês e Espanhol na City College of New York, por seu conhecimento e contribuição na revisão de *Espanhol Fácil e Passo a Passo* e *Espanhol Avançado — Fácil e Passo a Passo*. Gostaria de agradecer também a William Bronner por sua inestimável orientação.

I

Ser e *Estar*;
Presente, Pretérito
Perfeito Simples,
Tempos Imperfeitos;
Tempos Contínuos;
Presente do
Subjuntivo;
Comandos

1

Ser e Estar
e o Presente

Estar

O verbo **estar** em espanhol corresponde ao verbo estar (que surpresa!) em português. E algumas conjugações também são iguais. Vamos começar com a conjugação do verbo **estar** no presente.

yo **estoy**	*Eu estou*	nosotros **estamos**	*nós estamos*
tú **estás**	*você está*	vosotros **estáis**	*vocês estão*
él **está**	*ele está*	ellos **están**	*eles estão*
ella **está**	*ela está*	ellas **están**	*elas estão*
Ud. **está**	*o senhor/a senhora está*	Uds. **están**	*o senhor/ a senhora estão*

Él e **ella** se referem a pessoas, animais e coisas, assim como em português.

Pratique a conjugação do verbo em voz alta. Observe que **él**, **ella**, **Ud.** (a terceira pessoa do singular) têm a mesma forma verbal. Note também que o mesmo acontece para **ellos**, **ellas**, **Uds.** (a terceira pessoa do plural).

Estar é usado para expressar quatro conceitos básicos: localização, estado de saúde, humor ou condição, e opinião pessoal em termos de gosto ou aparência. Existem algumas diferenças no uso em relação ao verbo estar em português.

- **Localização** (onde alguém ou algo está fisicamente localizado)

Nosotros estamos en el tren.	*Nós estamos no trem.*
La quinta avenida está en la ciudad.	*A Quinta Avenida é na cidade.*
¿Dónde están las pirámides de los Mayas?	*Onde ficam as pirâmides maias?*
Las mujeres están en la biblioteca.	*As mulheres estão na biblioteca.*

3

Lembrete

O verbo, que contém a ação da frase, é o elemento essencial da frase afirmativa ou interrogativa em espanhol em razão da quantidade de informação que transmite.

- **Estado de saúde**

Yo estoy bien, gracias.	*Estou bem, obrigado.*
Ella está enferma.	*Ela está doente.*
Los doctores están enfermos.	*Os médicos estão doentes.*
¿Cómo están Uds.?	*Como estão os senhores?*
Estamos bien.	*Nós estamos bem.*

- **Humor ou condição**

La muchacha está contenta.	*A menina está contente.*
Estoy feliz.	*Estou feliz.*
Los hombres están cansados.	*Os homens estão cansados.*
Estamos alegres.	*Nós estamos felizes.*
¿Estás enojado?	*Você está irritado?*

- **Opinião pessoal em termos de gosto ou aparência**

La comida está buena.	*A comida está boa.*
El pescado está delicioso.	*O peixe está delicioso.*
La sopa está sabrosa.	*A sopa está saborosa.*
Ella está hermosa hoy.	*Ela está linda hoje.*
Él está guapo.	*Ele está bonito.*

Lembrete

Frequentemente, os pronomes **yo**, **nosotros** e **tú** são omitidos. Isso é possível porque a forma verbal **estamos** transmite o significado de *nós estamos*; **estoy** só pode significar *eu estou*. O mesmo se aplica para **tú estás**, que significa *você está*, esteja o **tú** presente ou não na frase.

Vocabulário-chave

Estas palavras ajudarão a melhorar sua capacidade de comunicação. Pratique-as em voz alta.

Pronomes Interrogativos

¿cómo?	*como?*
¿cuál?, ¿cuáles?	*qual?, quais?*
¿cuándo?	*quando?*
¿cuánto?, ¿cuántos?	*quanto?, quantos?*
¿dónde?	*onde?, de onde?*
¿por qué?	*por quê?*
¿qué?	*o quê?*
¿quién?, ¿quiénes?	*quem?*

Advérbios de Lugar

aquí, acá	*aqui*
allí, allá	*ali, lá*

Advérbios de Direção

a la derecha	*à direita*
a la izquierda	*à esquerda*
derecho, recto	*em frente, reto*

Preposições de Lugar

al lado de	*ao lado, próximo*
alrededor de	*ao redor de, em volta*
ante	*antes, diante, perante*
bajo	*sob* (mais figurativo do que **debajo de**)
cerca de	*perto de*
debajo de	*embaixo de*
delante de	*antes, em frente a* (localização física)
dentro de	*dentro de*
detrás de	*atrás de*
encima de	*em cima de*
enfrente de, frente a	*em frente, de frente, do lado oposto*
entre	*entre*
fuera de	*fora de*
junto a, pegado a	*perto de, ao lado de*

lejos de	*longe de*
tras	*depois, após* (em um conjunto de expressões)

Adjetivos

alegre	*alegre, feliz*
bonito	*bonito*
bueno	*bom*
cansado	*cansado*
contento	*feliz (contente)*
delicioso	*delicioso*
enfermo	*doente*
enojado	*irritado*
feliz	*feliz*
guapo	*bonito, lindo*
hermoso	*bonito, lindo*
lindo	*lindo*
sabroso	*saboroso, delicioso*

NOTA **Guapo** descreve apenas pessoas; **bonito**, **hermoso** e **lindo** são usados para descrever tanto pessoas quanto coisas.

Exercício 1.1

Complete as frases a seguir com a forma correta do verbo **estar**. *Indique se a frase expressa estado de saúde, localização ou humor.*

EXEMPLOS Nosotros __estamos__ en la clase. (__localização__)
    La profesora __está__ aquí. (__localização__)

1. El teléfono y el libro _____ en la mesa. (_____)

2. La mujer _____ bien; el hombre _____ enfermo.
   (_____, _____)

3. ¿Cómo _____ Uds.? (_____)

4. ¿Dónde _____ ellos? (_____)

5. ¿Dónde _____ el baño, por favor? (_____)

6. El niño _____ enojado y la niña _____ triste.
   (_____, _____)

Ser e Estar e o Presente 7

7. Los muchachos _____ alegres. (_____)

8. Yo _____ contento. (_____)

9. ¿Quién _____ aquí? (_____)

10. ¿Por qué _____ el perro en la piscina? (_____)

Exercício 1.2

Traduza as frases a seguir para o espanhol.

1. O rio é perto da minha casa.

   _____

2. A Austrália é longe do Canadá.

   _____

3. A flor branca está em cima da mesa.

   _____

4. As crianças estão ao lado dos pais.

   _____

5. A escola fica entre a igreja e o banco.

   _____

6. A casa de Julia fica atrás do correio.

   _____

7. Paula está aqui com os irmãos.

   _____

8. Seus sapatos estão embaixo da minha cadeira.

   _____

9. Nosso problema está sob controle.

   _____

10. Os parentes de Helen estão na Espanha. A bagagem deles está nos Estados Unidos.

    _____

Ser

Ser equivale ao verbo *ser* em português (outra surpresa!). A seguir, a conjugação do verbo **ser** no presente.

yo **soy**	*Eu sou*	nosotros **somos**	*nós somos*
tú **eres**	*tu és*	vosotros **sois**	*vós sois*
él **es**	*ele é*	ellos **son**	*eles são*
ella **es**	*ela é*	ellas **son**	*elas são*
Ud. **es**	*o senhor/a senhora é*	Uds. **son**	*os senhores/as senhoras são*

Ser é usado para expressar sete conceitos básicos: descrição, profissão, lugar de origem, identificação, material, posse ou propriedade e o local de um acontecimento.

- **Descrição**

La casa es roja.	*A casa é vermelha.*
El libro es interesante.	*O livro é interessante.*
Estas corbatas son feas.	*Essas gravatas são horríveis.*
Somos fuertes.	*Somos fortes.*
Estos zapatos son más caros que esas medias.	*Estes sapatos são mais caros que aquelas meias.*

- **Profissão**

Yo soy abogado.	*Eu sou (um) advogado.*
Él es arquitecto.	*Ele é (um) arquiteto.*
Ellas son maestras excelentes.	*Elas são excelentes professoras.*
Somos doctores.	*Nós somos médicos.*
¿Eres tú ingeniero?	*Você é engenheiro?*

Em espanhol, não se usa o artigo *um/uma* antes de um substantivo não modificado que indique uma expressão. Em português o artigo pode ou não ser usado.

NÃO MODIFICADO	Juan es bailarín.	*Juan é bailarino.*
MODIFICADO	Juan es un buen bailarín.	*Juan é um bom bailarino.*

- **Lugar de origem** (de onde alguém ou algo provém)

¿De dónde es Ud.?	De onde o senhor/a senhora é?
¿De dónde son Uds.?	De onde os senhores/as senhoras são?
Yo soy de Nueva York.	Eu sou de Nova York.
¿De dónde es ella?	De onde ela é?
Somos de Italia.	Nós somos da Itália.
Ellos son de los Estados Unidos.	Eles são dos Estados Unidos.
El vino es de Portugal.	O vinho é de Portugal.
La cerveza es de México.	A cerveja é do México.
El café es de Brasil.	O café é do Brasil.

Lembrete

Em espanhol uma frase nunca termina com uma preposição. A preposição, em caso de interrogação, é deslocada e unida ao pronome interrogativo, por exemplo, **de** em **dónde**.

- **Identificação** (relacionamento, nacionalidade ou religião)

Somos amigos.	Nós somos amigos.
José y Eduardo son hermanos.	José e Eduardo são irmãos.
Pablo es español.	Pablo é espanhol.
Ella es católica.	Ela é católica.

- **Material** (de que algo é feito)

La mesa es de madera.	A mesa é de madeira.
La bolsa es de plástico.	A sacola é de plástico.
Los zapatos son de cuero.	Os sapatos são de couro.
Las ventanas son de vidrio.	As janelas são de vidro.
La casa es de piedra.	A casa é de pedra.

- **Posse ou propriedade**

La muñeca es de la niña.	A boneca é da menina.
Los amigos son de María.	Os amigos são de María.
La idea es de Pedro.	A ideia é de Pedro.
El barco es del hombre rico.	O barco é do homem rico.
Los perros son del muchacho.	Os cães são do rapaz.
Los gatos son del niño.	Os gatos são do menino.
El carro es de los amigos.	O carro é dos amigos.

De + el (*de + o*) = **del**. Existem apenas duas contrações no idioma espanhol; **del** é uma delas. Quando **de** é seguido pelo artigo masculino **el**, que significa *o*, as palavras se contraem na forma **del**, que significa *dele*.

- **O lugar de um acontecimento**

La fiesta es en la casa de José.	*A festa é na casa de José.*
El concierto es en el club.	*O show é no clube.*
La protesta es en la capital.	*O protesto é na capital.*
La huelga es en la universidad.	*A greve é na universidade.*

  Ser também é usado para informar as horas e em expressões impessoais.

- **Dizendo as horas**

  Em espanhol usamos a terceira pessoa do singular ou do plural do verbo **ser** para dizer as horas. **La** se refere a **la hora**.

Es la una.	*É uma hora.*
Son las dos.	*São duas horas.*
Son las tres.	*São três horas.*
Son las cuatro.	*São quatro horas.*
Son las cinco.	*São cinco horas.*
Son las seis.	*São seis horas.*
Son las siete.	*São sete horas.*
Son las ocho.	*São oito horas.*
Son las nueve.	*São nove horas.*
Son las diez.	*São dez horas.*
Son las once.	*São onze horas.*
Son las doce.	*É meio-dia./ É meia-noite.*

- **Em expressões impessoais**

Es bueno.	*É bom.*
Es difícil.	*É difícil.*
Es fácil.	*É fácil.*
Es imposible.	*É impossível.*
Es importante.	*É importante.*
Es malo.	*É mal.*
Es mejor.	*É melhor.*

Es necesario.   É necessário.
Es posible.   É possível.
Es preciso.   É preciso.
Es probable.   É provável.
Es una lástima.   É uma pena.
Es urgente.   É urgente.

Exercício 1.3

Complete as frases a seguir com a forma correta do verbo **ser**. *Indique se a frase expressa uma descrição, profissão, lugar de origem, identificação, material, posse ou um expressão impessoal.*

EXEMPLO: __Es__ la una. (dizendo as horas)

1. El hombre _____ director. Él _____ de Chile.
   (_____ , _____)
2. Ellos _____ doctores. Ella _____ profesora.
   (_____ , _____)
3. ¿De dónde _____ los turistas? (_____)
4. Los hermanos de Pablo _____ simpáticos. (_____)
5. El hotel viejo _____ excelente. (_____)
6. Nosotros _____ amigos de Raúl. (_____)
7. Los guantes _____ de cuero. (_____)
8. La mujer y el hombre _____ de Ecuador. (_____)
9. Yo _____ de Puerto Rico. ¿De dónde _____ Ud.?
   (_____ , _____)
10. El apartamento _____ de los estudiantes jóvenes.
    (_____)
11. ¿ _____ tú una estudiante maravillosa? (_____)
12. Los pantalones _____ verdes y rojos. (_____)
13. El café _____ de Colombia. (_____)
14. ¿Quién _____ el presidente de los Estados Unidos?
    (_____)
15. _____ preciso comer bien. (_____)

Exercício 1.4

Complete as frases a seguir com a forma correta do verbo **ser**.

1. Helena _____ de Colombia.
2. El hermano de ella _____ católico.
3. Ellos _____ profesores excelentes.
4. Los carros _____ grises.
5. Nosotros _____ estudiantes.

Complete as frases com a forma correta do verbo **estar**.

6. San Francisco _____ en California.
7. ¿Cómo está Ud.? Yo _____ bien.
8. El profesor _____ enfermo.
9. Nosotros _____ en la clase.
10. ¿_____ tú triste?
11. Los perros _____ en el carro.

Exercício 1.5

Complete as frases a seguir com a forma correta do verbo **ser** *ou* **estar**, *conforme o caso.*

1. Yo _____ español.
2. Ellos _____ aquí.
3. José y Juan _____ enfermos.
4. Tú _____ abogado.
5. La lección no _____ fácil.
6. Los estudiantes _____ en la ciudad.
7. ¿Cómo _____ Uds.? Nosotros _____ bien, gracias.
8. Hoy _____ miércoles. ¿Dónde _____ los doctores?
9. El profesor _____ contento.
10. Los espejos en el baño _____ grandes.

11. La mesa, las sillas blancas y la lámpara _____ en la casa, pero la casa _____ pequeña.

12. La amiga de Sara _____ enferma y Sara _____ triste.

13. ¿De dónde _____ el vino blanco?

14. Los muchachos y las muchachas _____ en el tren. Ellos _____ contentos porque _____ amigos.

15. ¿Quién _____ en el parque?

16. ¿Dónde _____ la sobrina de Fernando?

17. ¿Qué hora _____?

18. _____ las cuatro y media.

19. La presentación _____ a las siete de la noche.

20. ¿De qué color _____ la falda?

Exercício 1.6

Traduza as frases a seguir para o espanhol.

1. *Os dentistas estão em seus consultórios.*

_____

2. *Todo mundo está doente. Até os médicos estão doentes.*

_____

3. *A sopa está quente. A refeição está deliciosa.*

_____

4. *É necessário estudar.*

_____

5. *É possível aprender tudo?*

_____

Expressões Comuns com o Verbo *estar*

está bien	*tudo bem*
estar a salvo	*estar a salvo*
estar bien	*estar bem*
estar con	*estar com*
estar de acuerdo con	*estar de acordo com*
estar de buen genio	*estar de bom humor*
estar de buen humor	*estar de bom humor*
estar de mal genio	*estar de mal humor*
estar de mal humor	*estar de mal humor*
estar de pie	*estar de pé*
estar de rodillas	*estar de joelhos*
estar de vacaciones	*estar de férias*
estar de vuelta	*estar de volta*
estar en peligro	*estar em perigo*
estar entre la vida y la muerte	*estar entre a vida e a morte*
estar listo	*estar pronto*
estar mal	*estar mal* (advérbio)
estar para	*estar para* (estar prestes)
estar por	*estar a favor de*
estar seguro	*estar certo*
estar sin	*estar sem*

Em geral, **estar** é usado com os adjetivos **frío**, **caliente**, **sucio** e **limpio**.

El agua está fría.	*A água está fria.*
La sopa está caliente.	*A sopa está quente.*
Mi apartamento está sucio.	*Meu apartamento está sujo.*
La casa de María está limpia.	*A casa de María está limpa.*

Expressões Comuns com o Verbo *ser*

ser bueno	*ser bom*
ser malo	*ser mal*
ser listo	*ser esperto*
ser todo oídos	*ser todo ouvidos*

Ser e estar em Descrições

Você aprendeu que o verbo **ser** é usado para descrições básicas, como nos exemplos a seguir:

> *O cão é branco.*
> *O chão é cinza.*
> *Nós somos inteligentes.*

Entretanto, há situações específicas nas descrições em que o verbo **estar** é usado. A seguir estão alguns exemplos de usos típicos do verbo **ser** para descrições, em comparação aos usos específicos relacionados ao verbo **estar**. Observe que é muito parecido com o português.

- **Comida**

  Ao falar sobre comida em geral, use **ser**.

El pescado es bueno para la salud.	*Peixe é bom para saúde.*
La carne es mala para la presión.	*Carne é ruim para a pressão.*

  Ao dar uma opinião sobre comida, use **estar**.

Esta comida está mala.	*Esta comida está ruim.*
El pescado está bueno.	*O peixe está bom.*
La sopa está sabrosa.	*A sopa está saborosa.*
Las papas están deliciosas.	*As batatas estão deliciosas.*

- **Aparência**

  Ao expressar uma característica, use **ser**.

Ella es hermosa.	*Ela é bonita.*
Él es gordo.	*Ele é gordo.*
La actriz es vieja.	*A atriz é velha.*
Mis amigas son delgadas.	*Minhas amigas são esbeltas.*

  Ao dar uma opinião sobre aparência, use **estar**.

Ella está hermosa.	*Ela está bonita.*
Él está gordo.	*Ele está gordo. (Ele engordou.)*
La actriz está vieja.	*A atriz está velha.*

- **Classificação**

    Quando um adjetivo se aplica a alguma coisa sem exceção, use **ser**.

Los seres humanos son mortales.	*Seres humanos são mortais.*
La sangre es roja.	*O sangue é vermelho.*
El agua es necesaria para la vida.	*A água é necessária para a vida.*
El oxígeno es indispensable para los seres vivos.	*O oxigênio é indispensável para os seres vivos.*
La nieve es blanca.	*A neve é branca.*
El cielo es azul.	*O céu é azul.*

    Quando a descrição representa algo diferente da norma cultural ou do conhecimento geral, use **estar**.

La nieve está roja por la sangre.	*A neve está vermelha por causa do sangue.*
El cielo está anaranjado y amarillo por la puesta del sol.	*O céu está laranja e amarelo por causa do pôr do sol.*
La puerta está azul marino por el sol fuerte.	*A porta está azul marinho por causa do sol forte.*
Los labios del niño están azules porque está congelado.	*Os lábios da criança estão azuis porque ela está congelada.*

 Exercício 1.7

Complete as seguintes frases com a forma correta do verbo **ser** *ou* **estar**, *de acordo com o significado da frase.*

1. El niño _____ de mal genio hoy. Su mamá no sabe que hacer.
2. _____ o no _____; es la cuestión.
3. La reunión _____ en el segundo piso.
4. Las flores que los estudiantes me regalan _____ en el salón.
5. ¿Dónde _____ yo?
6. ¿Cómo sabes quien _____ (tú)?
7. ¿Qué hora _____? _____ las dos.
8. ¿Cuál _____ la fecha de hoy?

Ser e Estar e o Presente   17

9. _____ las once de la noche. Ya _____ tarde.

10. _____ demasiado temprano para levantarse.

11. Hoy _____ lunes, el cinco de mayo.

12. El estudiante trabaja mucho para _____ doctor.

13. La muchacha llora sin _____ triste.

14. El agua _____ fría.

15. Esta comida de tu madre _____ sabrosa.

16. Con los problemas que él tiene, no me explico como este hombre
    _____ tan contento.

17. Tu rival _____ más listo que tú en esta ocasión.

18. La comida que sirven aquí _____ caliente.

19. Luis y su familia _____ muy alegres de haberse ganado la lotería.

20. Este cuarto _____ la habitación más bonita de la casa.

21. ¿Quién _____ en peligro en una ciudad grande?

22. No hay cupo en el tren y yo tengo que _____ de pie.

23. La mujer _____ muy enferma; _____ entre la
    vida y la muerte.

24. La profesora tiene una opinión pero sus estudiantes no _____
    de acuerdo con ella.

25. Siempre escucho las noticias. Yo _____ todo oídos.

26. El agua _____ necesaria para la vida.

27. La clase _____ para terminar y todo el mundo
    _____ para salir.

28. El cielo _____ gris.

29. Nosotros _____ sin un paraguas.

30. Esta lección _____ difícil.

Interpretação de Texto

Machu Picchu

Machu Picchu es uno de los sitios más impresionantes del mundo. La ciudad antigua de los incas, construida en 1450 de piedras enormes y jardines maravillosos, está en Perú a 120 kilómetros de Cuzco, un pueblo colonial.

Es el año 1979. Estoy en Cuzco con un grupo turístico. Al principio, somos un buen grupo. Pero con en el calor insoportable del verano, el grupo cambia y somos todos contra uno y uno contra todos. En este sitio tan espiritual, en la cumbre de las montañas de los incas, bajo una vista majestuosa de las montañas, donde uno está cerca de los dioses de los incas y lejos de la civilización conocida, somos enemigos mortales.

El bus de regreso está lleno de pasajeros. Son las cuatro de la tarde y estamos de vuelta. Estoy sola ahora y según el refrán "es mejor estar sola que mal acompañada".

Verbos

cambiar	*trocar*
estar	*estar*
ser	*ser*

Preposições

contra	*contra*
según	*segundo, de acordo*

Adjetivos

conocido	*conhecido*
construido	*construído*
insoportable	*insuportável*
lleno	*cheio*

Expressões

al principio	*a princípio*
en la cumbre	*no topo* (de uma montanha)

Preguntas

Depois de ler o texto anterior, responda as seguintes perguntas em espanhol.

1. ¿Es el/la protagonista mujer u hombre? ¿Cómo sabe Ud.?

2. ¿Cómo es Machu Picchu?

3. ¿Es una buena experiencia para el grupo?

4. ¿Cuál estación es? ¿Cómo es el clima?

2

Ser e *Estar* no Pretérito Perfeito Simples e no Imperfeito

Pretérito Perfeito Simples

O pretérito perfeito simples expressa uma ação concluída no passado. Ele é empregado nas seguintes situações:

- Uma ação concluída no passado (ação com um fim definido)
- Uma série de ações concluídas no passado
- Uma condição que não se aplica mais

Vocabulário-chave

A lista de palavras a seguir normalmente é usada para se referir a ações passadas.

Adverbios y Adjetivos

anoche	*noite passada, ontem à noite*
ayer	*ontem*
anteayer	*anteontem, antes de ontem*
hace	*atrás, há, faz* (quando usada antes de um período de tempo no passado)
hace dos días	*dois dias atrás, há dois dias, faz dois dias*
pasado	*passado*
la semana pasada	*semana passada*
el mes pasado	*mês passado*
el año pasado	*ano passado*

Tenha em mente que a ação ou as ações expressas pelo pretérito perfeito simples foram concluídas. Não importa por quanto tempo a ação ocorreu; ela tem um fim definido.

Estar no Pretérito Perfeito Simples

A seguir, a conjugação do verbo **estar** no pretérito perfeito simples. Lembre-se dos três principais usos de **estar**: localização, estado de saúde e humor ou condição.

estar	
yo **estuve**	nosotros **estuvimos**
tú **estuviste**	vosotros **estuvisteis**
él **estuvo**	ellos **estuvieron**
ella **estuvo**	ellas **estuvieron**
Ud. **estuvo**	Uds. **estuvieron**

- **Localização**

Estuvimos en la escuela a las once esta mañana.	*Estivemos na escola às onze essa manhã.*
¿Dónde estuviste anoche?	*Onde você esteve na noite passada?*
Mis estudiantes estuvieron en clase ayer a las tres.	*Meus alunos estiveram em aula (na sala de aula) ontem às três da tarde.*

- **Estado de saúde**

Mi amigo estuvo con gripe el mes pasado, pero está bien hoy.	*Meu amigo esteve com gripe no mês passado, mas agora está bem.*
Isabel y su hermana estuvieron enfermas el martes, pero están mucho mejor hoy.	*Isabel e sua irmã estiveram doentes na terça-feira, mas estão bem melhor hoje.*
¿Cómo estuviste tú esta mañana?	*Como você esteve essa manhã?*

- **Humor ou condição**

¿Estuviste de mal humor ayer?	*Você esteve de mal humor ontem?*
Las mujeres estuvieron alegres hasta las dos.	*As mulheres estiveram felizes até as duas horas.*
Estuvimos tristes por una hora.	*Estivemos tristes por uma hora.*

Ser no Pretérito Perfeito Simples

ser	
yo **fui**	nosotros **fuimos**
tú **fuiste**	vosotros **fuisteis**
él **fue**	ellos **fueron**
ella **fue**	ellas **fueron**
Ud. **fue**	Uds. **fueron**

O pretérito perfeito simples do verbo **ser** é usado com mais frequência para profissões e identificação.

- **Profissão**

Antonio fue médico de nuestro pueblo.	*Antonio foi médico de nossa cidade.*
Fui cantante hace mucho tiempo.	*Fui cantor há muito tempo.*
¿Fue Ud. la maestra de la clase?	*A senhora foi professora da classe?*

- **Identificação**

Fue un buen hombre.	*Ele foi um bom homem.*
Fuimos amigos.	*Fomos amigos.*
Las negociaciones fueron a favor de la paz.	*As negociações foram em favor da paz.*

Exercício 2.1

Complete as frases a seguir com a forma correta do pretérito perfeito simples do verbo **ser** ou **estar**, de acordo com o contexto da frase.

1. Ella es profesora hoy, pero antes _____ azafata.
2. Yo _____ gerente por dos años.
3. Nosotros _____ muy contentos ayer porque nos ganamos la lotería.
4. ¿Por qué _____ Manuel en la cárcel sin decirnos nada?
5. Ellos _____ en el supermercado hoy para comprar alimentos.
6. La semana pasada, Raúl _____ en México. Regresó a casa ayer.
7. Los muchachos _____ enfermos anteayer, pero están bien hoy.
8. _____ una buena idea.

Ser e Estar no Pretérito Perfeito Simples e no Imperfeito   23

9. ¿Dónde _____ la familia de Federico esta tarde?
10. ¿Quiénes _____ en la librería a las nueve y media esta mañana?
11. Yo _____ por irme de vacaciones, pero me faltó valor.
12. Nosotros _____ de pie la mayor parte del concierto.

Ser e *estar* em Descrições no Pretérito Perfeito Simples

No nível avançado, existem situações em que é possível escolher entre os verbos **ser** ou **estar** no pretérito perfeito simples com adjetivos. Em espanhol, podemos dizer, por exemplo:

El concierto **fue** fantástico.   *O show **foi** fantástico.*

Com essa frase, a ideia transmitida é de um julgamento "categórico", um fato inteiramente acabado.

Entretanto, em espanhol podemos escolher dizer:

El concierto **estuvo** fantástico.   *O show **esteve** fantástico.*

Essa frase é mais descritiva e representa um julgamento "circunstancial".

Falando de Julgamentos Descritivos

Quando exemplos como estes são apresentados a falantes nativos de espanhol, em geral todos dizem que ambas as formas são corretas e a maioria não identifica qualquer diferença perceptível entre as duas. Aqueles que acreditam que existe uma diferença não são capazes de apontar exatamente qual seria essa diferença.

La cantante fue maravillosa.   *A cantora foi maravilhosa.*
                                 (declaração do fato)
La cantante estuvo maravillosa. *A cantora esteve maravilhosa.*
                                 (opinião indicando que a pessoa que foi ao show gostou da performance)
Me gustó la clase. Fue buena.   *Gostei da aula. Foi boa.*
                                 (declaração do fato; uma afirmação categórica sobre a aulas)
Me gustó la clase. Estuvo buena. *Gostei da aula. Esteve boa.*
                                 (julgamento circunstancial)

Pretérito Imperfeito

O tempo imperfeito expressa uma ação no passado que ainda não parece terminada. O imperfeito é usado para expressar o seguinte:

- Uma ação que "prepara o cenário" para outra ação passada
- Uma ação que expressa uma narração, histórico ou situação no passado
- Ações habituais, repetidas e costumeiras no passado
- Ações contínuas ou ações em progresso no passado
- Descrição no passado
- Lugar de origem no passado
- Dizer as horas no passado
- Dizer a idade de uma pessoa (com o verbo **tener**) no passado

Estar no Imperfeito

estar	
yo **estaba**	nosotros **estábamos**
tú **estabas**	vosotros **estabais**
él **estaba**	ellos **estaban**
ella **estaba**	ellas **estaban**
Ud. **estaba**	Uds. **estaban**

- **Localização**

Los enamorados estaban a la sombra de un árbol.	*Os namorados estavam na sombra de uma árvore.*
El bolígrafo estaba debajo de la mesa.	*A caneta estava embaixo da mesa.*
¿Dónde estaban Uds. anoche?	*Onde vocês estavam na noite passada?*
Estábamos en el teatro.	*Estávamos no teatro.*

- **Estado de saúde**

El hombre estaba cansado, pero siguió con su trabajo.	*O homem estava cansado, mas continuou com seu trabalho.*
Las pacientes estaban en el hospital porque estaban enfermas.	*As pacientes estavam no hospital porque estavam doentes.*

Ser e Estar no Pretérito Perfeito Simples e no Imperfeito

- **Humor ou condição**

¿Por qué estaba triste la mujer?	*Por que a mulher estava triste?*
Los niños estaban alegres por no tener clases.	*As crianças estavam alegres por não ter aula.*

- **Opinião pessoal sobre comida ou aparência**

La comida estaba buena.	*A comida estava boa.*
El pescado estaba delicioso.	*O peixe estava delicioso.*
Las mujeres estaban bonitas.	*As mulheres estavam bonitas.*

Ser no Imperfeito

ser	
yo **era**	nosotros **éramos**
tú **eras**	vosotros **erais**
él **era**	ellos **eran**
ella **era**	ellas **eran**
Ud. **era**	Uds. **eran**

Você aprendeu que o verbo **ser** pode ser usado no pretérito perfeito simples para profissões e identificação. Em outros usos do verbo **ser** o tempo imperfeito é mais apropriado.

- **Descrição no passado**

La casa era blanca.	*A casa era branca.*
Nuestro vecino era viejo, pero tenía el pelo negro.	*Nosso vizinho era velho, mas tinha os cabelos negros.*
Era un caluroso día del mes de julio cuando nos vimos.	*Era um dia quente do mês de julho quando nos vimos.*
Era agosto, lo recuerdo bien.	*Era agosto, me lembro bem.*

- **Lugar de origem no passado**

El hombre era de Perú.	*O homem era do Peru.*
Sus amigos eran de Chile.	*Seus amigos eram do Chile.*
Las flores rojas eran de Bolivia.	*As flores vermelhas eram da Bolívia.*

26 Ser e Estar; Presente, Pretérito Perfeito Simples, Tempos Imperfeitos...

- **Dizer as horas no passado**

Eran las cinco y Federico iba ala tienda por última vez.	*Eram cinco horas e Frederico ia para a loja pela última vez.*
¿Qué hora era? Eran las dos de la tarde.	*Que horas eram? Eram duas da tarde.*
Eran las nueve de la noche y los niños dormían.	*Eram nove da noite e as crianças dormiam.*
Eran las tres menos diez de la tarde cuando el profesor llegó.	*Eram dez para as três da tarde quando o professor chegou.*

- **Identificação no passado**

Era un buen hombre.	*Era um bom homem.*
Mi tío siempre era más alto que yo.	*Meu tio sempre foi mais alto do que eu.*
Éramos siempre buenos amigos.	*Sempre fomos bons amigos.*

Perfeito Simples ou Imperfeito Determinado pelo Falante

Você pode tanto usar o pretérito perfeito simples quanto o imperfeito ao expressar relacionamentos e em expressões impessoais.

- **Relacionamentos**

Fuimos buenos amigos.	*Fomos bons amigos.*
Éramos buenos amigos.	*Éramos bons amigos.*

O pretérito perfeito simples [também chamado de indefinido em espanhol] indica que a ação está acabada; a amizade não existe mais.

- **Expressões impessoais**

Fue bueno.	*Foi bom.*
Era bueno.	*Era bom.*

O uso do pretérito perfeito simples ou imperfeito nessas situações é uma escolha do falante; ele decide se a ação está concluída.

Exercício 2.2

Revise o imperfeito dos verbos **ser** *e* **estar**, *depois reescreva as frases a seguir, mudando o verbo do presente para o pretérito imperfeito.*

EXEMPLO: Mi padre es de Polonia. _Mi padre era de Polonia._

1. Yo soy de Venezuela. _____
2. Ellos son de España. _____
3. ¿Qué hora es? _____
4. Nosotros estamos bien. _____
5. Mi jardín es el más hermoso de la ciudad.

6. Los tres amigos están aquí. _____
7. No estoy cansada. _____
8. Somos cantantes. _____
9. ¿Dónde estás? _____
10. Yo estoy en la casa con mi hermana.

Exercício 2.3

Complete as frases a seguir com a forma correta do verbo **ser** *ou* **estar** *no pretérito perfeito simples ou imperfeito, de acordo com o significado da frase.*

EXEMPLO: Lorenzo _fue_ escritor. Ahora es bombero.

1. Yo _____ camarero. Ahora soy maestro.
2. Nosotros _____ en el banco precisamente a las nueve esta mañana.
3. Ayer, _____ un día de mucha lluvia. Hace buen tiempo hoy.
4. El paciente _____ en la oficina del doctor a las siete de la mañana para su operación.
5. Carlos _____ gerente por dos años.

6. _____ la última vez que yo _____ a la playa.

7. ¿Quién _____ el presidente en el año mil novecientos noventa y dos?

8. La situación no _____ tan grave.

9. _____ las dos cuando sonó el despertador.

10. El hombre _____ de Perú.

11. ¿Qué día _____ cuando ella se graduó?

12. Me gustó la obra de teatro. _____ buena.

13. Nosotros _____ enfermos ayer, pero nos sentimos bien hoy.

14. _____ difícil recordar todo.

15. _____ una buena idea, pero no vamos a usarla.

Verbos Regulares no Pretérito Perfeito Simples

A maioria dos verbos são regulares no pretérito perfeito simples.

Verbos Regulares Terminados em *-ar*

Para conjugar um verbo regular terminado em **-ar** no passado, remova a terminação e acrescente **-é**, **-aste**, **-ó**, **-amos**, **-asteis**, **-aron** ao radical do verbo.

ayudar *ajudar*	
yo ayudé	nosotros ayudamos
tú ayudaste	vosotros ayudasteis
Ud. ayudó	Uds. ayudaron

cantar	
yo canté	nosotros cantamos
tú cantaste	vosotros cantasteis
él cantó	ellos cantaron

pensar	
yo pensé	nosotros pensamos
tú pensaste	vosotros pensasteis
ella pensó	ellas pensaron

recordar	
yo recordé	nosotros recordamos
tú recordaste	vosotros recordasteis
ella recordó	ellas recordaron

Falando de Pronúncia

Observe que a primeira e a terceira pessoas do singular contêm acentos gráficos. É muito importante praticar a pronúncia, enfatizando a sílaba acentuada. Pronuncie os verbos da mesma forma que faria em português em caso de sílabas acentuadas: **yo canté, tú cantaste, Ud. cantó, nosotros cantamos, vosotros cantasteis, ellos cantaron**. Reveja as regras básicas de pronúncia: todas as palavras terminadas em **n**, **s** ou uma vogal têm a penúltima sílaba tônica.

A primeira pessoa do plural do pretérito perfeito simples de **nosotros** é idêntica à forma do presente do indicativo. É o contexto que esclarece se o verbo está no presente ou no passado.

Verbos Regulares Terminados em *-er* e *-ir*

Para conjugar os verbos regulares terminados em **-er** e **-ir** no pretérito perfeito simples, remova a terminação e acrescente **-í**, **-iste**, **-ió**, **-imos**, **-isteis**, **-ieron** ao radical do verbo. As conjugações são as mesmas para os verbos terminados em **-er** e **-ir**.

Verbos Terminados em *-er*

comer	
yo comí	nosotros comimos
tú comiste	vosotros comisteis
él comió	ellos comieron

entender	
yo entendí	nosotros entendimos
tú entendiste	vosotros entendisteis
ella entendió	ellas entendieron

ver	
yo vi	nosotros vimos
tú viste	vosotros visteis
Ud. vio	Uds. vieron

Verbos Terminados em *-ir*

compartir *compartilhar, repartir*	
yo compartí	nosotros compartimos
tú compartiste	vosotros compartisteis
él compartió	ellos compartieron

descubrir *descobrir*	
yo descubrí	nosotros descubrimos
tú descubriste	vosotros descubristeis
Ud. descubrió	Uds. descubrieron

salir *sair*

yo salí	nosotros salimos
tú saliste	vosotros salisteis
ella salió	ellas salieron

 Observe que o verbo **ver** é regular. Ele não têm acento gráfico na terceira pessoa do singular, **vio**, porque a forma tem apenas uma sílaba. A forma de **nosotros** (primeira pessoa do singular) dos verbos terminados em **-ir** no pretérito perfeito simples é idêntica à forma do presente do indicativo. O significado é indicado pelo contexto.

Verbos Terminados em *-ir* com Mudanças no Radical na Terceira Pessoa

Os verbos a seguir sofrem mudança no radical no pretérito perfeito simples. Essa alteração ocorre apenas na terceira pessoas do singular e do plural do pretérito perfeito simples.

mentir

yo mentí	nosotros mentimos
tú mentiste	vosotros mentisteis
Ud. m**i**ntió	Uds. m**i**ntieron

pedir

yo pedí	nosotros pedimos
tú pediste	vosotros pedisteis
él p**i**dió	ellos p**i**dieron

dormir

yo dormí	nosotros dormimos
tú dormiste	vosotros dormisteis
ella d**u**rmió	ellas d**u**rmieron

Verbos Irregulares no Pretérito Perfeito Simples

Verbos com formas irregulares no pretérito perfeito simples têm radical irregular e um conjunto especial de terminações. Observe que essas terminações não possuem acento gráfico. Para conjugar um verbo irregular no pretérito perfeito simples, acrescente as terminações **-e**, **-iste**, **-o**, **-imos**, **-isteis**, **-ieron** aos radicais irregulares.

andar

yo anduve	nosotros anduvimos
tú anduviste	vosotros anduvisteis
él anduvo	ellos anduvieron

caber

yo cupe	nosotros cupimos
tú cupiste	vosotros cupisteis
ella cupo	ellas cupieron

Ser e Estar no Pretérito Perfeito Simples e no Imperfeito   31

estar		**hacer** *fazer*	
yo estuve	nosotros estuvimos	yo hice	nosotros hicimos
tú estuviste	vosotros estuvisteis	tú hiciste	vosotros hicisteis
Ud. estuvo	Uds. estuvieron	él hizo	ellos hicieron

poder		**poner** *por*	
yo pude	nosotros pudimos	yo puse	nosotros pusimos
tú pudiste	vosotros pudisteis	tú pusiste	vosotros pusisteis
Ud. pudo	Uds. pudieron	él puso	ellos pusieron

querer		**saber**	
yo quise	nosotros quisimos	yo supe	nosotros supimos
tú quisiste	vosotros quisisteis	tú supiste	vosotros supisteis
ella quiso	ellas quisieron	Ud. supo	Uds. supieron

tener *ter*		**venir** *vir*	
yo tuve	nosotros tuvimos	yo vine	nosotros vinimos
tú tuviste	vosotros tuvisteis	tú viniste	vosotros vinisteis
él tuvo	ellos tuvieron	él vino	ellos vinieron

Quando um radical irregular do pretérito perfeito simples terminar em **-j**, a terminação das terceiras pessoas se transforma em **-o** (singular) e **-eron** (plural).

decir *dizer*		**producir** *produzir*	
yo dije	nosotros dijimos	yo produje	nosotros produjimos
tú dijiste	vosotros dijisteis	tú produjiste	vosotros produjisteis
ella dijo	ellas dijeron	Ud. produjo	Uds. produjeron

traer *trazer*	
yo traje	nosotros trajimos
tú trajiste	vosotros trajisteis
él trajo	ellos trajeron

Dar, **ir** e **ser** têm diferentes conjuntos de terminações.

dar		**ir**	
yo di	nosotros dimos	yo fui	nosotros fuimos
tú diste	vosotros disteis	tú fuiste	vosotros fuisteis
ella dio	ellas dieron	Ud. fue	Uds. fueron

ser

yo fui	nosotros fuimos
tú fuiste	vosotros fuisteis
él fue	ellos fueron

Falando do Verbo *haber*

A terceira pessoa do singular do verbo **haber** no pretérito perfeito simples é **hubo** e significa *houve*.

É importante memorizar as formas do pretérito perfeito simples de todos os verbos irregulares, para que você seja capaz de usar qualquer verbo que desejar no passado simples.

Verbos Regulares no Imperfeito
Verbos Regulares Terminados em *-ar*

Para conjugar um verbo regular terminado em **-ar** no pretérito imperfeito, remova a terminação e acrescente **-aba**, **-abas**, **-aba**, **-ábamos**, **-abais**, **-aban** ao radical. A primeira e a terceira pessoa do singular (**yo**, **él**, **ella**, **Ud.**) são idênticas.

acompañar *acompanhar*

yo acompañaba	nosotros acompañábamos
tú acompañabas	vosotros acompañabais
él acompañaba	ellos acompañaban

dar

yo daba	nosotros dábamos
tú dabas	vosotros dabais
ella daba	ellas daban

trabajar *trabalhar*

yo trabajaba	nosotros trabajábamos
tú trabajabas	vosotros trabajabais
Ud. trabajaba	Uds. trabajaban

Falando do Pretérito Imperfeito

Não existem verbos irregulares terminados em **-ar** no pretérito imperfeito. Pratique a pronúncia das conjugações dos verbos mostrados anteriormente. Há verbos de uma, duas, três e quatro sílabas. Certifique-se de pronunciar o pretérito imperfeito da seguinte forma: **yo trabajaba, tú trabajabas, él trabajaba, nosotros trabajábamos, vosotros trabajabais, ellos trabajaban.**

Verbos Regulares Terminados em *-er* e *-ir*

Para conjugar os verbos regulares terminados em **-er** e **-ir** no pretérito imperfeito, remova a terminação e acrescente **-ía, -ías, -ía, -íamos, -íais, -ían** ao radical. As conjugações são as mesmas para os verbos terminados em **-er** e **-ir**. A primeira e a terceira pessoa do singular são idênticas.

Verbos Terminados em *-er*

hacer *fazer*

yo hacía	nosotros hacíamos
tú hacías	vosotros hacíais
ella hacía	ellas hacían

poder

yo podía	nosotros podíamos
tú podías	vosotros podíais
Ud. podía	Uds. podían

querer

yo quería	nosotros queríamos
tú querías	vosotros queríais
él quería	ellos querían

saber

yo sabía	nosotros sabíamos
tú sabías	vosotros sabíais
ella sabía	ellas sabían

tener *ter*

yo tenía	nosotros teníamos
tú tenías	vosotros teníais
Ud. tenía	Uds. tenían

Falando do Verbo *haber*

A terceira pessoa do singular do verbo **haber** no pretérito imperfeito é **había** e significa *havia*.

Verbos Terminados em *-ir*

decir *dizer*

yo decía	nosotros decíamos
tú decías	vosotros decíais
él decía	ellos decían

sentirse *sentir* **(uma emoção)**

me sentía	nos sentíamos
te sentías	os sentíais
Ud. se sentía	Uds. se sentían

venir *vir*	
yo venía	nosotros veníamos
tú venías	vosotros veníais
él venía	ellos venían

Verbos Irregulares no Imperfeito

Há apenas três verbos irregulares no pretérito imperfeito.

ir		**ser**	
yo iba	nosotros íbamos	yo era	nosotros éramos
tú ibas	vosotros ibais	tú eras	vosotros erais
él iba	ellos iban	ella era	ellas eran

ver	
yo veía	nosotros veíamos
tú veías	vosotros veíais
Ud. veía	Uds. veían

Yo iba a hablar.	*Eu ia falar.*
Nosotros íbamos a comprar un carro.	*Nós íamos comprar um carro.*

Comparação entre Perfeito Simples e Imperfeito

Lembre-se de que o pretérito perfeito simples se refere a uma ação acabada. O pretérito imperfeito frequentemente é uma ação que foi repetida no passado.

Ella llegó ayer.	*Ela chegou ontem.*
Ella llegaba a la cinco todos los días.	*Ela chegava às cinco todos os dias.*
La semana pasada, leí un buen libro.	*Na semana passada li um bom livro.*
Antes, yo leía mucho.	*Antes, eu lia muito.*
Beatriz vino a verme.	*Beatriz veio me ver.*
Él me dijo que Beatriz venía a verme.	*Ele me disse que Beatriz vinha me ver.*

Ser e Estar no Pretérito Perfeito Simples e no Imperfeito

Me levanté a las seis esta mañana.	*Eu me levantei às seis da manhã.*
Me levantaba tarde.	*Eu me levantava tarde.*
Fui a la tienda.	*Fui à loja.*
Yo iba a la tienda cuando vi a José.	*Eu ia à loja quando vi José.*
Fuimos a la playa hoy.	*Fomos à praia hoje.*
Íbamos a la playa todos los veranos.	*Íamos à praia todo verão.*
¿Qué me dijiste hace dos minutos?	*O que você me disse há dois minutos?*
¿Qué me decías cuando el perro ladró?	*O que você me dizia quando o cachorro latiu?*
Marta comió temprano esta mañana.	*Marta comeu cedo esta manhã.*
Marta siempre comía temprano.	*Marta sempre comia cedo.*
Mi papá pagó la cuenta ayer.	*Meu pai pagou a conta ontem.*
Mi papá siempre pagaba la cuenta.	*Meu pai sempre pagava a conta.*
Eduardo hizo su tarea.	*Eduardo fez sua lição de casa.*
Eduardo siempre hacía su tarea los lunes.	*Eduardo sempre fazia sua lição de casa às segundas-feiras.*
¿Qué compró Ud. ayer?	*O que o senhor/a senhora comprou ontem?*
¿Qué compraba Ud. cuando lo llamé?	*O que comprava (estava comprando) quando liguei para o senhor/a senhora?*
Caminamos al parque hoy.	*Caminhamos até o parque hoje.*
Caminábamos al parque todos los días.	*Caminhávamos até o parque todos os dias.*
Recibimos un cheque esta tarde.	*Recebemos um cheque esta tarde.*
Recibíamos cheques cada semana.	*Recebíamos cheques toda semana.*
Ella tuvo una operación anoche.	*Ela teve (fez) uma cirurgia na noite passada/ ontem à noite?.*
Él no tenía tiempo para verla.	*Ele não tinha tempo para vê-la.*
Anoche, ella durmió hasta las ocho.	*Noite passada, ela dormiu até as oito.*
Ella siempre dormía hasta tarde.	*Ela sempre dormia até tarde.*
Conocimos a Silvia en Colombia.	*Conhecemos a Silvia na Colômbia.*
No la conocíamos bien.	*Não a conhecíamos bem.*

Exercício 2.4

Pretérito perfeito simples ou imperfeito? *Complete as frases a seguir com a forma correta do verbo entre parênteses.*

1. ¿Por qué no _____ tú la comida ayer? (comprar)
2. Anoche, yo _____ el vino a la fiesta. (traer)
3. _____ mediodía y el niño _____ hambre. (ser/tener)
4. _____ a llover y yo _____ la ventana. (empezar/cerrar)
5. La muchacha _____ la calle cuando su mamá la _____. (cruzar/llamar)
6. ¿Dónde _____ Uds. esta mañana precisamente a las nueve? (estar)
7. Nosotros _____ en el parque cuando _____ el animal exótico. (andar/ver)
8. El taxista nos _____ veinte dólares. ¿Cuánto te _____ a ti? (cobrar/cobrar)
9. Nosotros les _____ cartas a nuestros parientes desde Bolivia, pero ellos no las _____. (escribir/recibir)
10. Yo _____ por la calle equivocada cuando _____ que no _____ donde _____. (caminar/darse cuenta de/saber/estar)
11. Me agrada su amigo. ¿Dónde lo _____ Ud.? (conocer)
12. Pedro y sus amigos _____ todas las noches antes de acostarse. (divertirse)
13. Melisa _____ al cine cada domingo durante su juventud. (ir)
14. Los viajeros de Inglaterra _____ a mi casa la semana pasada y _____ conmigo hasta hoy. (llegar/quedarse)

Interpretação de Texto

Marianela
por Benito Pérez Galdós

Pérez Galdós nació en las Islas Canarias y es mejor conocido por sus vistas de la sociedad española. Se murió en 1920 en Madrid.

Aquel día Pablo y Marianela salieron al campo. Con ellos iba Choto, su perro fiel. El día estaba hermoso. El aire era suave y fresco, y el sol calentaba sin quemar.

"¿Adónde vamos hoy?" preguntó Pablo, que era ciego de nacimiento.

"Adonde quiera Ud., señor," contestó Marianela, que era su guía.

Marianela parecía crecer y adquirir nuevas fuerzas, cuando estaba al lado de su amo y amigo. Junto a él, se sentía llena de alegría. Al apartarse de él, sentía una profunda tristeza.

Pablo participaba de los mismos sentimientos hacia Marianela. En cierta ocasión le había dicho Pablo a la joven: Antes yo creía que era de día cuando hablaba la gente; y que era de noche, cuando la gente callaba y cantaban los gallos. Ahora, no hago las mismas comparaciones. Es de día cuando estamos juntos tú y yo; es de noche, cuando nos separamos.

Después de caminar un rato, llegaron a un lugar donde había muchas flores. Ambos se detuvieron. Pablo se sentó, y Marianela se puso a recoger flores para su amo. Los dos eran muy felices.

Verbos

adquirir	*adquirir*
apartarse	*separar*
calentar	*aquecer*
callar	*calar*
crecer	*crescer*
detenerse	*deter-se*
había dicho	*havia dito* (pretérito perfeito composto)
ponerse (a)	*colocar-se (a)*
quemar	*queimar*
recoger	*recolher*

Nombres

el amo	*o chefe*
los gallos	*os galos*

Preposición

| hacia | *em direção a* |

Adjetivos

ciego	*cego*
fiel	*fiel*
juntos	*juntos*

Expresiones

| al + *infinitivo* | *ao (fazer algo)* |
| al apartarse | *ao se separar* |

Preguntas

Depois de ler o texto na página anterior, responda as seguintes perguntas em espanhol.

1. ¿Quiénes son los personajes en el cuento? ¿Quién los acompaña?

_____

2. ¿Cómo se sienten juntos?

_____

3. ¿Cómo se sienten separados?

_____

3

O Presente Contínuo

Em espanhol, o presente contínuo expressa uma ação que está ocorrendo no momento, que está em progresso. Em português, geralmente usamos o presente do verbo estar + verbo no gerúndio (*A mulher está cantando*, por exemplo). Esse tempo é usado nas seguintes situações:

- Uma ação em progresso
- Uma ação que está ocorrendo no momento
- Ênfase em uma ação que está acontecendo agora

Falando do Presente do Indicativo

O presente do indicativo em espanhol expressa tanto o presente simples (*eu canto*) quanto o presente contínuo (*estou cantando*).

Ella **canta** una canción triste.   Ela **canta** uma canção/música triste.

   Ela **está cantando** uma música/canção triste.

Quando não é necessário descrever o que está acontecendo no exato momento, use o presente simples.

Toco el violín.   *Toco violino.*
Ella nada en el verano.   *Ela nada no verão.*
Mis primos viven en México.   *Meus primos vivem no México.*
Siempre nos divertimos los viernes.   *Sempre nos divertimos às sextas-feiras.*
¿Por qué te ríes todo el tiempo?   *Por que você ri o tempo todo?*

39

Ser e Estar; Presente, Pretérito Perfeito Simples, Tempos Imperfeitos...

O presente contínuo é um tempo composto em espanhol, assim como no português. Ele é formado pela conjugação do verbo **estar** no presente e pelo acréscimo do particípio presente do verbo principal. O particípio presente, que chamamos de gerúndio, é a forma terminada em -*ando*, -*endo* ou -*indo*, em português.

Formação do Gerúndio

O gerúndio é formado pelo acréscimo de **-ando** ou **-iendo** ao radical do infinitivo. Em português, o gerúndio pode terminar em -*ando*, -*endo* ou -*indo*. Pratique os verbos a seguir em voz alta.

Verbos Terminados em -*ar*

Para formar o gerúndio de todos os verbos terminados em **-ar**, remova a terminação e acrescente **-ando** ao radical.

abrazar	abraz**ando**	*abraçando*
adivinar	adivin**ando**	*adivinhando*
alquilar	alquil**ando**	*alugando*
arreglar	arregl**ando**	*arrumando, reparando, consertando*
arriesgar	arriesg**ando**	*arriscando*
bajar	baj**ando**	*baixando, descendo*
comenzar	comenz**ando**	*começando*
entregar	entreg**ando**	*entregando*
esperar	esper**ando**	*esperando*
fregar	freg**ando**	*esfregando*
jugar	jug**ando**	*brincando, jogando*
mostrar	mostr**ando**	*mostrando*
pensar	pens**ando**	*pensando*
probar	prob**ando**	*testando, provando*
recordar	record**ando**	*recordando*
sacar	sac**ando**	*tirando*
soñar	soñ**ando**	*sonhando*
temblar	templ**ando**	*tremendo*
volar	vol**ando**	*voando*

Verbos Terminados em -er

Para formar o gerúndio da maioria dos verbos terminados em **-er**, remova a terminação e acrescente **-iendo** ao radical.

beber	beb**iendo**	*bebendo*
comer	com**iendo**	*comendo*
correr	corr**iendo**	*correndo*
coser	cos**iendo**	*costurando*
devolver	devolv**iendo**	*devolvendo*
hacer	hac**iendo**	*fazendo*
mover	mov**iendo**	*movendo*
perder	perd**iendo**	*perdendo*
poner	pon**iendo**	*colocando, pondo*
volver	volv**iendo**	*retornando, voltando*

Verbos Terminados em -ir

Para formar o gerúndio dos verbos regulares terminados em **-ir**, remova a terminação e acrescente **-iendo** ao radical.

abrir	abr**iendo**	*abrindo*
compartir	compart**iendo**	*compartilhando*
decidir	decid**iendo**	*decidindo*
escribir	escrib**iendo**	*escrevendo*
insistir	insist**iendo**	*insistindo*
recibir	recib**iendo**	*recebendo*
subir	sub**iendo**	*subindo*
sufrir	sufr**iendo**	*sofrendo*

Alterações Ortográficas nos Verbos Terminados em -er e -ir

Verbos terminados em **-er** e **-ir** cujos radicais terminem em uma vogal formam o gerúndio usando **-yendo** em vez de **-iendo** a fim de evitar três vogais na sequência. Essas não são formas irregulares, são alterações ortográficas.

Verbos Terminado em -er

atraer	atra**yendo**	*atraindo*
caer	ca**yendo**	*caindo*

creer	cre**yendo**	*acreditando*
leer	le**yendo**	*lendo*
poseer	pose**yendo**	*possuindo*
traer	tra**yendo**	*trazendo*

Verbos Terminados em *-ir*

construir	constru**yendo**	*construindo*
contribuir	contribu**yendo**	*contribuindo*
destruir	destru**yendo**	*destruindo*
huir	hu**yendo**	*fugindo*
oír	o**yendo**	*ouvindo*

O Gerúndio dos Verbos Irregulares Terminados em *-ir*

Praticamente todos os gerúndios são formados de modo regular. Os únicos verbos que apresentam uma irregularidade no gerúndio são os verbos com alteração no radical terminados em **-ir** no presente do indicativo. Aprenda esses gerúndios irregulares agora e será capaz de formar todos os gerúndios com facilidade.

- Formando o gerúndio de verbos irregulares terminados em **-ir** com as alterações **o** > **ue** e **o** > **u** no radical

	Presente	Gerúndio	
Infinitivo	o > ue	o > u	Português
dormir	d**ue**rmo	d**u**rmiendo	*dormindo*
morir	m**ue**ro	m**u**riendo	*morrendo*

- Formando o gerúndio de verbos irregulares terminados em **-ir** com as alterações **e** > **ie** e **e** > **i** no radical

	Presente	Gerúndio	
Infinitivo	e > ie	e > i	Português
advertir	adv**ie**rto	adv**i**rtiendo	*advertindo*
hervir	h**ie**rvo	h**i**rviendo	*fervendo*
mentir	m**ie**nto	m**i**ntiendo	*mentindo*
preferir	pref**ie**ro	pref**i**riendo	*preferindo*
referir	ref**ie**ro	ref**i**riendo	*referindo*
sentir	s**ie**nto	s**i**ntiendo	*sentindo*
sugerir	sug**ie**ro	sug**i**riendo	*sugerindo*

O Presente Contínuo

Infinitivo	Presente e > i	Gerúndio e > i	Português
bendecir	bendigo	bendiciendo	*abençoando*
competir	compito	compitiendo	*competindo*
conseguir	consigo	consiguiendo	*conseguindo*
corregir	corrijo	corrigiendo	*corrigindo*
decir	digo	diciendo	*dizendo*
elegir	elijo	eligiendo	*elegendo*
freír	frío	friendo	*fritando*
gemir	gimo	gimiendo	*gemendo*
medir	mido	midiendo	*medindo*
pedir	pido	pidiendo	*pedindo*
repetir	repito	repitiendo	*repetindo*
seguir	sigo	siguiendo	*seguindo*
servir	sirvo	sirviendo	*servindo*
sonreír	sonrío	sonriendo	*sorrindo*

Exercício 3.1

Escreva o gerúndio dos infinitivos a seguir.

1. hablar _____
2. besar _____
3. andar _____
4. viajar _____
5. limpiar _____
6. cenar _____
7. sacar _____
8. beber _____
9. comer _____
10. aprender _____
11. agradecer _____
12. escoger _____
13. ver _____
14. abrir _____
15. asistir _____
16. insistir _____
17. permitir _____
18. prohibir _____
19. creer _____
20. leer _____
21. traer _____
22. huir _____
23. oír _____
24. servir _____
25. pedir _____
26. corregir _____
27. repetir _____
28. seguir _____
29. dormir _____
30. morir _____
31. decir _____
32. hacer _____

Formação do Presente Contínuo

Para formar o presente contínuo, conjugue o verbo **estar** no presente e acrescente o gerúndio do verbo principal.

yo estoy hablando — *eu estou falando*
tú estás escuchando — *você está escutando*
él está comiendo — *ele está comendo*

nosotros estamos bebiendo — *nós estamos bebendo*
vosotros estáis cocinando — *vocês estão cozinhando*
ellos están durmiendo — *eles estão dormindo*

Uso do Presente Contínuo

A ação expressa pelo presente contínuo precisa estar em progresso. A seguir estão alguns exemplos formados com o verbo **estar**.

¿Cuál libro estás leyendo? — *Qual livro você está lendo?*
El niño está jugando en su cuarto. — *A criança está brincando no quarto.*
Está lloviendo. — *Está chovendo.*
Está nevando. — *Está nevando.*
Está lloviznando. — *Está garoando.*
¿Qué están Uds. haciendo? — *O que os senhores/as senhoras estão fazendo?*

¿Qué están haciendo Uds.? — *O que os senhores/as senhoras estão fazendo?*

NOTA O pronome pessoal **Uds.** aparece em duas posições diferentes nos exemplos das frases acima. No primeiro exemplo, está entre o verbo **estar** e o gerúndio. No segundo, **Uds.** aparece depois do gerúndio. Ambas as formas estão corretas.

A negação, **no**, deve vir imediatamente antes da forma conjugada do verbo **estar**.

No estamos hablando. — *Não estamos falando.*
No está lloviendo. — *Não está chovendo.*
No estoy mintiendo. — *Não estou mentindo.*

Lembrete

Em espanhol, o presente contínuo nunca pode ser usado para descrever uma ação futura. Para ações futuras, use **ir** + **a** + *infinitivo*.

    Estoy cantando en este momento.   *Estou cantando neste momento.*
    Voy a cantar el viernes que viene.   *Vou cantar na próxima sexta.*

Exercício 3.2

Complete as frases a seguir com a forma correta do presente contínuo. Certifique--se de conjugar o verbo **estar** *corretamente.*

EXEMPLO: Miguel _está cantando_ y su amiga _está tocando_ el piano. (cantar/tocar)

1. Nuestro profesor _____ muchos exámenes. (corregir)
2. Por fin, nosotros _____ buenas notas. (sacar)
3. Me hace el favor de no hacer ruido, yo _____. (estudiar)
4. Los adolescentes les dicen a sus padres, "no _____ nada." (hacer)
5. Los cocineros _____ la cena. (preparar)
6. ¿Qué _____ tú? (decir)
7. Está lloviendo pero no _____. (nevar)
8. Ya es tarde y los niños _____. (dormir)
9. Son las nueve de la noche y todavía los periodistas _____. (escribir)
10. ¿Quiénes _____ por teléfono? (hablar)
11. Tú _____ los huevos para el desayuno. (freír)
12. Son las seis y media y la familia _____. (comer)

Lembrete
Depois de uma preposição, use a forma infinitiva do verbo.

Antes de **comer**, ella se lava las manos.	Antes de comer, ela lava as mãos.
Después de **cocinar**, la familia disfruta la comida.	Depois de cozinhar, a família desfruta a refeição.
Al **entrar** en la clase, los estudiantes se saludan.	Ao entrar na sala de aula, os alunos se cumprimentam.
A veces, hablamos sin **pensar**.	Às vezes, falamos sem pensar.
En vez de **leer**, preferimos jugar.	Em vez de ler, preferimos brincar.
A pesar de **despertarme** temprano, llegué tarde a la entrevista.	Apesar de acordar cedo, cheguei tarde à entrevista.

Exercício 3.3

Complete as frases a seguir com infinitivo, presente do indicativo ou presente contínuo do verbo adequado. Escolha os verbos da lista abaixo. Use cada verbo apenas uma vez.

almorzar, conocer, devolver, graduarse, hacer, leer, querer, saber, salir, tener, tocar

1. En el avión, en el vuelo de África, parece que los pasajeros están _____ sus libros de turismo.
2. ¿Quién _____ nadar?
3. Olivia sigue _____ el violín aunque a su hermano no le gusta el sonido.
4. Antes de _____ a los padres de su novio, Amalia se maquilla la cara.
5. Después de _____ éxito en la escuela secundaria, el estudiante _____ ir a una universidad.
6. Los trabajadores tienen hambre a las doce de la tarde; _____ juntos a las doce y media; _____ de la fábrica a las cinco de la tarde.

7. Julia acaba de _____ sus libros a la biblioteca.

8. El hombre tiene veintidós años. Después de _____ de la universidad, no sabe qué _____.

Posição dos Pronomes Objetos

Pronomes Objeto Direto, Pronomes Objeto Indireto e Pronomes Reflexivos

Veja a seguir uma tabela dos pronomes: pessoais, objeto direto, objeto indireto e reflexivos.

Pronome Pessoal Reto	Pronome Objeto Direto	Pronome Objeto Indireto	Pronome Reflexivo
yo	me	me	me
tú	te	te	te
él	lo	le	se
ella	la	le	se
Ud.	lo/la/le	le	se
nosotros	nos	nos	nos
vosotros	os	os	os
ellos	los	les	se
ellas	las	les	se
Uds.	los/las/les	les	se

NOTA — Em espanhol, o pronome objeto direto da terceira pessoa do singular, *você*, pode ser **la** para objetos diretos femininos ou **lo** para objetos diretos masculinos. Em muitos países, **le** é usado como pronome objeto átono no lugar de **lo** ou **la**. Da mesma forma, o pronome objeto direto plural para **Uds.** (*vocês*) pode ser **las**, **los**, ou **les**.

La ayudo.	*Eu a ajudo.(feminino)*
Lo ayudo.	*Eu o ajudo. (masculino)*
Le ayudo.	*Eu o/a ajudo (você). (feminino ou masculino)*

Esse uso de **le** como pronome objeto direto é chamado **leísmo**; **le** é emprestado da forma do pronome objeto indireto.

Os pronomes objeto direto, objeto indireto e reflexivos têm duas posições possíveis na frase:

- Os pronomes objeto podem ser posicionados imediatamente antes do verbo auxiliar **estar**.
- Os pronomes objeto podem ser anexados ao gerúndio.

¿Qué me estás diciendo?	*O que está me dizendo?*
¿Qué estás diciéndome?	*O que está me dizendo?*

O acento gráfico preserva a pronúncia correta do verbo.

A posição dos pronomes objeto não afetam o significado da frase. Eles podem ser usados até mesmo no início de uma oração, o que não é possível em português. Em qualquer das duas posições o sentindo será exatamente o mesmo.

Yo estoy trayéndote la comida.	*Eu estou lhe trazendo a comida.*
Te estoy trayendo la comida.	*Estou lhe trazendo a comida.*
Irene no está esperando el tren.	*Irene não está esperando o trem.*
No lo está esperando.	*Ela não está esperando por ele. (por isso).*
Ella no está esperándolo.	*Ela não está esperando por ele. (por isso).*
Estamos buscando los gatos de Olivia.	*Estamos procurando os gatos de Olívia.*
Los estamos buscando.	*Estamos procurando por eles.*
Estamos buscándolos.	*Estamos procurando por eles.*

Ordem de Pronomes Objetos Duplos

Um pronome objeto indireto precede um pronome objeto direto quando ocorrem juntos. O pronome reflexivo precede o pronome objeto direto quando ocorrem juntos. Os pronomes objetos duplos não podem ser separados.

A seguir os pronomes objetos duplos.

me lo, me la	*me o, me a*
me los, me las	*me os, me as*
te lo, te la	*te o, te a, lhe o, lhe a*
te los, te las	*te os, te as, lhe os, lhe as*
se lo, se la	*lo para ele, lo para ela, la para ele, la para ela*
se los, se las	*los para ele, los para elas, las para ele, las para ela, los para você, las para você (lhe os, lhe as, lo os, lo as, la os, la as)*
nos lo, nos la	*nos o, nos a*
nos los, nos las	*nos os, nos as*
os lo, os la	*vos o, vos a, lhes o, lhes a*
os los, os las	*vos os, vos as, lhes os, lhes as*

Lembrete

Se substitui **le** ou **les** como pronome objeto indireto quando seguido de um pronome objeto direto.

Por fin, la jefa tiene su sueldo.	Enfim, a chefe tem seu pagamento.
Ella está mandándoselo.	Ela o está enviando para você.
Ella se lo está mandando.	Ela o está enviando para você.
El papá les está leyendo un cuento a sus hijos.	O pai está lendo um conto para seus filhos.
Él se lo está leyendo.	Ele está lendo-o para eles.
Está leyéndoselo.	Ele está lendo-o para eles.

Um pronome reflexivo precede o pronome objeto direto quando ocorrem juntos.

Estoy lavándome las manos.	*Estou lavando minhas mãos.*
Estoy lavándomelas.	*Estou lavando-as.*
Me las estoy lavando.	*Estou as lavando.*
La mujer está peinándose el cabello rubio.	*A mulher está penteando o cabelo louro.*
Se lo está peinando.	*Ela o está penteando.*
Está peinándoselo.	*Ela está penteando-o.*

Exercício 3.4

Complete as frases a seguir com a forma adequada do presente contínuo do verbo entre parênteses. Lembre-se de conjugar o verbo **estar** corretamente.

1. ¿Por qué _____ la pregunta el maestro? (repetir)
2. Los adolescentes no _____ las direcciones. (seguir)
3. Nosotros _____ el libro. (leer)
4. ¿Quiénes _____ tanto ruido? (hacer)
5. Los amigos de Juan _____ en casa hoy. (almorzar)
6. Yo _____ el agua para preparar la sopa. (hervir)
7. El hombre ama a esta mujer. La _____ con su mirada. (seguir)
8. Somos nosotros a quienes ellos _____. (esperar)

Exercício 3.5

Traduza as frases a seguir para o espanhol, usando o presente contínuo.

1. As mulheres estão conversando com os homens?

2. O que você está me dizendo?

3. Você poderia repetir a pergunta? Os alunos não estão prestando atenção em você.

4. Nós sabemos que ele está procurando uma ideia. Ele precisa dela para escrever uma história.

5. O que está acontecendo?

6. O advogado fantástico está sonhando com uma viagem para a Itália.

Exercício 3.6

Responda as seguintes perguntas em voz alta, usando o presente contínuo.

1. ¿Quién está estudiando ahora mismo?
2. ¿Por qué estás comiendo chocolate en el salón?
3. ¿Qué está Ud. haciendo ahora mismo?
4. ¿En qué estás pensando?
5. ¿Qué está leyendo el profesor?
6. ¿Quién está huyendo de la policía?

Usos do Gerúndio com Outros Verbos

- O gerúndio com o verbo **seguir** expressa *continuar (fazendo algo).*

  Los músicos siguen tocando la música y seguimos escuchándola.

  Os músicos continuam tocando a música, e nós continuamos a ouvi-la.

  No hay música, pero la pareja sigue bailando.

  Não há música, mas o casal continua dançando.

- O gerúndio com o verbo **ir** expressa *gradualmente, pouco a pouco.*

  La estudiante va aprendiendo la lección.

  O aluno vai aprendendo a lição gradualmente.

  El paciente va mejorándose.

  O paciente vai melhorando pouco a pouco.

  Voy conociendo Madrid.

  Vou conhecendo Madrid pouco a pouco.

- O gerúndio com o verbo **llevar** expressa *tenho feito, venho fazendo.*

  Llevo un año estudiando el español.

  Venho estudando espanhol há um ano. (Literalmente, levo um ano estudando espanhol.)

  Mi amigo lleva dos años viviendo aquí.

  Meu amigo está morando aqui há dois anos.

52   Ser e Estar; Presente, Pretérito Perfeito Simples, Tempos Imperfeitos...

Depois de se familiarizar com o uso do presente contínuo, você verá que o gerúndio às vezes pode ser usado sem o verbo auxiliar.

Puedo pasar el día mirando a la gente.	*Eu posso passar o dia olhando as pessoas.*
Los ladrones salieron corriendo.	*Os ladrões saíram correndo.*

Tanto o gerúndio quanto o infinitivo podem ser usados depois dos verbos **ver**, **mirar**, **escuchar** e **oír**. O significado é o mesmo.

Veo a los niños **jugando**.	*Vejo as crianças brincando.*
Veo a los niños **jugar**.	*Vejo as crianças brincarem./Vejo as crianças a brincar.*
Escuchamos al hombre cantar.	*Ouvimos o homem cantar. / Ouvimos o homem cantando.*
Lo escuchamos cantando.	*Ouvimos ele cantando./ Nós o ouvimos cantar.*
Él vio a María pasar por su casa.	*Ele viu María passando pela casa dele.*
La vio pasando.	*Ele a viu passando.*
Susana oyó los loros hablar.	*Susana ouviu os papagaios falarem.*
Ella los oyó hablando.	*Ela os ouviu falando.*

Os verbos **ser**, **estar**, **poder**, **querer**, **saber**, **tener**, **ir** e **venir** geralmente não são usados no gerúndio. Esses verbos usam o presente do indicativo em vez do presente contínuo.

¿**Puede** Ud. acompañarla?	*O senhor/A senhora pode acompanhá-la?*
Los nietos de Victoria **quieren** visitar a su abuela.	*Os netos de Victoria querem visitar a avó.*
Arturo **tiene** una fiesta cada año para su hijo.	*Arturo faz uma festa todo ano para seu filho.*
Susana **va** a la manifestación.	*Susana vai à manifestação.*
Mucho ruido **viene** de arriba.	*Muito barulho vem de cima.*

NOTA   **Poder** é o único verbo terminado em **-er** com um radical irregular no gerúndio: **pudiendo**.

O gerúndio de **ir** é **yendo**.

Exercício 3.7

Complete as frases a seguir com a forma correta do presente do indicativo ou do presente contínuo dos verbos entre parênteses.

1. El esposo de Elizabeth no _____ celebrar el día del amor y de la amistad. (querer)
2. ¿Por qué no _____ toda la familia a mi fiesta? (venir)
3. Sócrates _____ que no _____ nada que valga la pena saber. (saber/saber)
4. Favor de no interrumpirme ahora mismo, yo _____. (pensar)
5. Nosotros _____ hablar bien si practicamos. (poder)
6. ¿Por qué lo sigues _____? (llamar)
7. La muchacha triste nunca _____. (sonreír)
8. Los deportistas _____ al tenis todos los veranos. (jugar)
9. Los detectives están contentos ahora porque el criminal _____ su crimen. (confesar)
10. A Paulina y a su amiga no les gusta _____ temprano. (despertarse)
11. Las niñas _____ a su primera fiesta mañana. (ir)
12. La estudiante lleva una hora _____ este ejercicio. (hacer)

Exercício 3.8

Traduza as frases a seguir para o português.

1. Vamos a la casa de María porque ella está preparando arroz con pollo.

2. El mesero nos está sirviendo nuestra comida.

3. Las niñeras están cuidando a muchos niños en el parque.

54 Ser e Estar; Presente, Pretérito Perfeito Simples, Tempos Imperfeitos...

4. Son las ocho de la noche y ya es tarde, pero el hombre sigue leyendo su libro favorito. Sigue leyéndolo hasta las once.

5. La muchacha está nadando en la piscina porque sus padres piensan que es peligroso nadar en el océano.

6. Los niños están poniendo los platos en el horno. Los están poniendo en el horno para molestar a sus padres.

7. ¿Por qué le están Uds. mintiendo?

8. ¿Quién está riéndose?

9. El elefante lleva cinco años viviendo en el zoológico.

10. Seguimos aprendiendo el español.

Exercício 3.9

Traduza as frases a seguir para o espanhol.

1. *Por que as pessoas estão chorando?*

2. *Está chovendo.*

3. *Você está assistindo à televisão agora?*

4. *Por que as meninas estão rindo?*

5. *É a nossa vez. Estamos usando os computadores agora.*

6. *Teresa está esperando o trem, mas ela está perdendo a paciência.*

7. *Em que você está pensando?*

8. *Estamos tentando dormir.*

 ## Interpretação de Texto

La parada del bus

La mujer se llama Lorena. No es ni joven, ni vieja, ni delgada, ni gorda. Tiene la cara pálida, con ojos marrones y pelo oscuro. No se maquilla mucho pero se nota que le gusta llevar un poco de colorete. Se ve que es conservadora por su vestimenta: su falda que cubre las piernas y la blusa con mangas largas aunque es verano.

Ella llega siempre a la parada del bus, esperando a su esposo.
Se puede pasar por la banca y verla allí sentada, hora tras hora, escribiendo en su cuaderno y dibujando el rostro de su esposo amado.

Una mañana de mucho calor, un hombre se sienta cerca de ella y conversa un poco.

Él se llama Roberto; parece ser un buen hombre. Hablan de sus dibujos y como pasa ella el día. Él se entera que ella está separada de su esposo desde hace cinco años, pero siendo católicos los dos, son todavía casados. Roberto, soltero, pasa los días trabajando en computadoras, y sus noches jugando al ajedrez en un club con otros fanáticos.

Después de veinte minutos, otro bus viene, y el hombre, un poco triste ahora de dejarla, sube al bus y se va. Ella lo sigue con los ojos con una mirada llena de soledad. La gente sube al bus; otros se bajan y se van para la casa. Lorena se queda tranquilamente, extrañando a su esposo, esperando que venga en el próximo bus.

Verbos

enterarse	*inteirar-se*
estar sentado	*ficar sentado*
irse	*ir-se* (em comparação a **ir**, **irse** expressa mais urgência)
maquillarse	*maquiar-se*
se nota	*nota-se*
se ve	*vê-se*

Nombres

el ajedrez	*o xadrez*
el colorete	*o batom*
el fanático	*o fã*

Expresiones

aunque	*apesar, ainda que*
hora tras hora	*hora após hora*

Preguntas

1. ¿Qué estación es?

2. ¿Cómo es el clima?

3. ¿Qué hace Lorena cada día?

4. ¿Está casada la mujer?

5. ¿Está casado Roberto?

6. ¿Está Roberto interesado en Lorena? ¿Está ella interesada en él?

7. ¿Piensa Ud. que Roberto va a volver?

8. ¿Piensa Ud. que Lorena va a seguir esperando?

4

O Passado Contínuo

Há dois tempos usados para ações contínuas no passado: o imperfeito e o perfeito contínuos. Ambos expressam uma ação passada ou ações que estavam ocorrendo, que estavam em progresso no passado. Em português, é formado pelo pretérito imperfeito do verbo estar + verbo no gerúndio: *As pessoas estavam correndo*, por exemplo. Esses tempos são usados para reforçar o seguinte:

- Uma ação que estava em progresso no passado
- Um acontecimento que estava acontecendo no passado

Se você não quer enfatizar uma ação que estava em progresso no passado, use o pretérito imperfeito simples:

El hombre trabajaba mucho.	*O homem trabalhava muito.*
La mujer cocinaba su cena.	*A mulher cozinhava seu jantar.*
Los niños se reían.	*As crianças riam.*
Toda la familia se divertía.	*Toda a família se divertia.*

O Pretérito Imperfeito Contínuo

Formação do Pretérito Imperfeito Contínuo

O pretérito imperfeito contínuo é um tempo composto em espanhol, assim como em português. Ele é formado pela conjugação do verbo **estar** no pretérito imperfeito e pelo gerúndio do verbo principal.

yo estaba jugando	*eu estava jogando*
tú estabas bebiendo	*você estava bebendo*
él estaba pintando	*ele estava pintando*
nosotros estábamos corriendo	*nós estávamos correndo*
vosotros estabais sonriendo	*vocês estavam sorrindo*
ellos estaban cenando	*eles estavam jantando*

Usos do Pretérito Imperfeito Contínuo

A ação expressa pelo pretérito imperfeito contínuo deve ser uma ação que estava em andamento no passado.

Eis alguns exemplos formados com o verbo **estar**.

El estudiante estaba durmiendo cuando el maestro empezó la clase.	*O aluno estava dormindo quando o professor começou a aula.*
Yo estaba atravesando la calle cuando vi venir el carro.	*Eu estava atravessando a rua quando vi um carro vindo.*
El portero nos estaba ayudando con la maleta.	*O porteiro estava ajudando com a maleta.*
El gerente estaba mostrándoles la habitación.	*O gerente estava lhes mostrando o quarto.*
Estábamos bailando cuando se apagaron las luces.	*Estávamos dançando quando as luzes se apagaram.*

Os verbos **seguir**, **ir** e **venir** também podem ser conjugados no pretérito imperfeito e usados com o gerúndio para criar o pretérito imperfeito contínuo.

La muchacha iba aprendiendo la lección.	*A garota ia aprendendo a lição pouco a pouco.*
Ellas venían hacia nosotros bailando y hablando.	*Eles vinham até nós dançando e falando.*
Los perros seguían ladrando en la calle.	*Os cachorros continuavam latindo na rua.*

Os verbos **ser**, **estar**, **poder**, **querer**, **saber**, **tener**, **ir** e **venir** geralmente não são usados no gerúndio no passado contínuo. Esses verbos usam o pretérito imperfeito simples em vez do imperfeito contínuo.

Hubo un tiempo cuando **podíamos** viajar mucho.	*Houve um tempo em que podíamos viajar muito.*
Ella **quería** ir a España a estudiar.	*Ela queria ir para a Espanha para estudar.*
Sócrates dijo que no **sabía** lo que no **sabía**.	*Sócrates disse que não sabia o que não sabia.*
Yo **iba** a la tienda cuando vi a mi amigo.	*Eu ia (estava indo) à loja quando vi meu amigo.*
Mis primos me dijeron que **venían** a verme, pero no llegaron.	*Meus primos me disseram que viriam me ver, mas não chegaram.*

 ## Exercício 4.1

Traduza as frases a seguir para o espanhol, usando o pretérito imperfeito contínuo.

1. *Eu estava limpando a casa.*

2. *Rosa continuou comendo.*

3. *Pablo estava vendendo remédios para seus amigos.*

4. *Nós estávamos aprendendo a dançar.*

5. *Por que ela estava mentindo para mim?*

6. *O que você (Ud.) estava fazendo?*

7. *Quem estava dormindo no trem?*

8. *Todos estavam saindo.*

9. Os meninos e as meninas estavam jogando bola.

10. Os políticos estavam começando suas campanhas.

O Pretérito Perfeito Contínuo

Formação do Pretérito Perfeito Contínuo

O pretérito perfeito contínuo também enfatiza uma ação que estava ocorrendo no passado. Ele é formado com o pretérito perfeito do verbo **estar** seguido pelo gerúndio do verbo principal.

yo estuve contestando	*eu estive respondendo*
tú estuviste gritando	*você esteve gritando*
ella estuvo bailando	*ela esteve dançando*
nosotros estuvimos charlando	*nós estivemos conversando*
vosotros estuvisteis leyendo	*vocês estiveram lendo*
ellas estuvieron explorando	*eles estiveram explorando*

Usos do Pretérito Perfeito Contínuo

Diferente do pretérito imperfeito contínuo, o perfeito contínuo expressa uma ação concluída no passado. O nome do tempo pode parecer contraditório, mas a ação, embora na forma contínua, já está definitivamente terminada.

Ayer, en clase de ciencias, el estudiante estuvo escuchando atentamente al profesor hasta que terminó la clase.

*Ontem, na aula de ciências, o aluno esteve ouvindo atentamente ao professor até que a aula acabou. (A frase **hasta que terminó la clase** pode ser traduzida como até que ele encerrou a aula.)*

Estuvimos riéndonos a carcajadas hasta que salimos del teatro.

Estivemos rindo às gargalhadas até sairmos do teatro.

Anoche, Sofía, una gran pianista, estuvo practicando hasta que su novio la llamó.

Noite passada, Sofia, uma grande pianista, esteve praticando até que o namorado a telefonou.

O gerúndio também é usado com os verbos **seguir**, **venir** e **ir** para criar o pretérito perfeito contínuo.

La abuela **fue poniéndose** vieja.   *A avó foi ficando velha.*
A Guillermo le gusta leer; después de apagar la televisión, **siguió leyendo**.   *Guillermo gosta de ler; depois de desligar a televisão, continuou lendo.*
Pedro **vino corriendo** a la escuela y llegó a tiempo.   *Pedro veio correndo para a escola e chegou a tempo.*

Exercício 4.2

Traduza as frases a seguir para o português.

1. Nos divertíamos hasta que la obra empezó.

2. ¿Querían Uds. darles de comer a los pájaros en el parque?

3. Sabíamos que íbamos a tener éxito.

4. Las mujeres estuvieron celebrando su jubilación hasta las once de la noche.

5. Fui conociendo México.

6. Nuestro profesor estuvo enseñando por una hora ayer.

7. Estábamos trabajando cuando nuestros amigos llegaron.

8. ¿De qué estabas hablando?

9. Ella no me estuvo escuchando.

10. El camarero no nos estaba sirviendo la comida.

11. Los maestros estuvieron repitiendo las instrucciones hasta que entendimos.

12. ¿Por qué los estabas buscando por tanto tiempo cuando sabías que tus amigos estaban escondiéndose?

13. Estuvimos bailando anoche hasta medianoche.

14. Nadie estaba andando por aquí.

Exercício 4.3

Revisão (Pretérito Perfeito Simples) *Complete as frases a seguir com a forma correta do pretérito perfeito simples dos verbos entre parênteses.*

EXEMPLO: Mi amigo no me _esperó_. (esperar)

1. Mis amigos me _____ por una hora. (esperar)

2. Ella no le _____ nada. (decir)

3. ¿Por qué no les _____ Uds. flores? (traer)

4. Las hojas _____ de los árboles. (caerse)

5. Yo nunca les _____ dinero. (dar)

6. Octavio no _____ dormir anoche. (poder)

7. Nosotros no _____ al cine el sábado. (ir)

8. Me _____ mucho la comida. (gustar)

9. Yo sé que tú me _____ en el restaurante. (ver)

10. Ella es amable. ¿Dónde la _____ Ud.? (conocer)

O Passado Contínuo

 Exercício 4.4

Revisão (Pretérito Imperfeito) *Complete as frases a seguir com a forma correta do pretérito imperfeito dos verbos entre parênteses*

EXEMPLO: ¿Dónde __estabas__ cuando la maestra entró? (estar)

1. ¿Qué hora _____ cuando la película empezó? (ser)
2. ¿Cuántos años _____ los gemelos cuando se graduaron? (tener)
3. La doctora no _____ ver a más pacientes. (querer)
4. Yo siempre _____ para los exámenes. (estudiar)
5. En su juventud, Patricio _____ al tenis. (jugar)
6. Antes de la época de la computadora, la gente _____ cartas. (escribir)
7. Ella nunca _____ contenta. Siempre _____. (estar/quejarse)
8. El hombre viejo _____ los dientes en un vaso de agua todas las noches antes de dormirse. (poner)

Exercício 4.5

Revisão (Pronomes objeto direto) *Complete as frases a seguir com o pronome objeto indireto correto, de acordo com as dicas fornecidas entre parênteses.*

1. Yo _____ traigo flores. (*para você*)
2. Susana _____ presta dinero. (*para eles*)
3. ¿Por qué _____ hablas en voz alta? (*com ela*)
4. ¿Qué _____ estás diciendo? (*para mim*)
5. Nosotros no _____ estamos escribiendo ahora. (*para você*).
6. ¿Por qué _____ cobra Ud. tanto? (*de nós*)

Exercício 4.6

Revisão (Pronomes objeto direto) *Traduza as frases a seguir para o português.*

1. Julia busca a su hermana. Ella está buscándola.

2. Cuidamos a los bebés. Los cuidamos.

3. Los dos hermanos ayudan a su familia. La familia aprecia su ayuda.

4. El jardinero mira los pájaros. Los mira volar.

5. Los estudiantes saludan a su maestra. La saludan todos los días.

6. ¿Por qué me llamas hoy? ¿Por qué me estás llamando a casa?

7. Manuel visita a la mujer en Perú. Él quiere casarse con ella en la primavera.

8. Todos los turistas esperan el tren. No les molesta esperarlo porque hace fresco.

Exercício 4.7

Revisão (Pronomes objeto duplos) *Traduza as frases a seguir para o português.*

1. Te lo juro.

2. Me pongo los guantes. Me los pongo.

3. La mujer indígena no nos vende agua; ella nos la da.

4. Me gustan los mariscos en este restaurante. El camarero me los sirve con gusto.

_____

5. Ana les trae el postre a sus amigas. Ella se lo trae.

_____

 Exercício 4.8

Revisão (Pronomes objeto direto, tempos presente e presente contínuo) *Traduza as frases a seguir para o espanhol.*

1. Você diz a verdade para seus amigos? Nós (a) dizemos a você.

_____

2. Eu sempre escrevo cartas para ele. Eu as estou escrevendo para ele agora.

_____

3. Irene dá presentes para seu filho todo Natal. Este ano ela os dará para ele no seu aniversário.

_____

4. Nós mostramos a nova loja de sapatos para minha amiga. Ela olhou os sapatos de salto alto, mas ela não os comprou para nós.

_____

5. Às vezes as pessoas não entendem o que nós dizemos. Às vezes nós temos que explicar (o que dizemos) para eles.

_____

6. Enrique lê uma história para seus filhos toda noite às oito horas. Ele a está lendo para eles agora.

_____

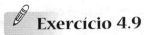# Exercício 4.9

Revisão (Pronomes objeto duplos, se e o pronome objeto indireto, o pretérito) *Traduza as frases a seguir para o português.*

1. Miguel no pudo entrar en su casa porque se le perdieron las llaves.

2. Se me cayó la cuchara y me puse brava.

3. ¡Cuidado! Se les van a caer los vasos. Ya se nos rompieron dos.

4. No se me ocurrió trabajar ayer.

5. No pudiste preparar la sopa de ajo anoche. Se te acabó el ajo.

6. Se me olvidó hacer mi tarea.

Interpretação de Texto

El hospital

La pobre mamá iba caminando para no mostrarle a su hijo que estaba preocupada. Ella sabía que no era ni catarro, ni gripe, ni pulmonía. Ella sabía que era algo grave. De repente, empezó a correr hacia un taxi para llevárselos a un hospital.

Hacía dos días que su hijo estaba quejándose de un dolor de estómago, un dolor que no lo dejaba dormir. ¿Qué tiene el hijo? Viviendo sola, Silvia no tenía nadie con quien hablar a la medianoche. El taxista los dejó en la entrada del hospital. Ella le pagó y le dio una buena propina. Estuvieron esperando solamente cinco minutos cuando los médicos llegaron. Examinaron al niño que estaba llorando. La mamá, llorando también, trató de ser valiente ante su hijo, pero no pudo. Después de un rato, que le pareció una eternidad, los médicos le ofrecieron dos opciones: operar o no. La mamá, sin duda, optó por la operación y firmó el documento de consentimiento. El niño siguió sollozando.

"Pero mamá," le dijo el niño, "no quiero que me operen."

"Yo lo sé, hijo mío, pero es necesario y vas a estar muy bien y sin dolor después. Los doctores me dijeron que es apendicitis."

Con esta última conversación, los médicos lo pusieron en la camilla de operación y ellos desaparecieron en el largo corredor del hospital. La madre se retiró a la sala de espera, sintiéndose muy desolada en su soledad.

Ella estaba allá, pensando en su hijo, cuando vinieron los doctores con las noticias.

"Todo salió bien," le dijeron, "su hijo está recuperándose en su cuarto y pronto va a estar riéndose y jugando otra vez." La mamá aliviada les agradeció profundamente.

Y dentro de poco, ella y su hijo salieron charlando, ella con la mano preciosa de su hijo en la suya. Abrazándose, entraron en la casa.

Verbos

agradecer	*agradecer*
desparecerse	*desaparecer*
recuperarse	*recuperar-se*
retirarse	*aposentar-se*
sollozar	*soluçar*

Expresiones con Verbos

dejar + *infinitivo*	*deixar (fazer algo)*
llevárselo	*levar algo ou alguém*
tratar de + *infinitivo*	*tentar (fazer algo)*

Nombres

la camilla	*a maca*
el catarro	*o resfriado*
la gripe	*a gripe*
la pulmonía	*a pneumonia*

Adjetivos

aliviado	*aliviado*
desolado	*desolado*

Pronombres

la suya	*sua* (por exemplo, *a sua mão, a mão dela*)
hijo mío	*filho meu* (mais enfático do que **mi hijo** [*meu filho*])

Expresión

de repente   *de repente*

Preguntas

1. ¿Por qué fueron al hospital a la medianoche?

2. ¿Está Ud. de acuerdo con la primera decisión de la madre?

3. ¿Qué tiene el hijo?

4. ¿Cuidaron bien los médicos al hijo y a la madre?

5. ¿Cómo se sienten la madre y su hijo al final del cuento?

5

O Presente do Subjuntivo

O presente do subjuntivo é um modo no presente, amplamente usado em espanhol. O presente do subjuntivo não existe sozinho. Outro elemento na frase sempre requer sua utilização. O subjuntivo frequentemente é necessário depois dos seguintes elementos:

- Certas expressões impessoais
- Certos verbos
- Determinadas conjunções
- Certos adjetivos subordinados
- Determinadas expressões

Formação do Presente do Subjuntivo

A maioria dos verbos forma o presente do subjuntivo a partir da primeira pessoa do singular **yo** do presente do indicativo. Remova o **-o** para obter a radical do presente do subjuntivo.

Verbos irregulares no presente do indicativo são irregulares no presente do subjuntivo.

Há apenas seis verbos que não formam o presente do subjuntivo a partir da conjugação do **yo** do presente do indicativo.

Verbos Terminados em -*ar*

Para conjugar tanto os verbos regulares quanto os verbos irregulares terminado em **-ar** no presente do subjuntivo, comece com a forma do **yo** do presente do indicativo. Remova o **-o** e acrescente **-e**, **-es**, **-e**, **-emos**, **-éis**, **-en** ao radical.

Infinitivo	Forma yo	Presente do Subjuntivo	
bailar	bailo	yo baile	nosotros bailemos
		tú bailes	vosotros bailéis
		ella baile	ellas bailen
cantar	canto	yo cante	nosotros cantemos
		tú cantes	vosotros cantéis
		él cante	ellos canten
cerrar	cierro	yo cierre	nosotros cerremos
		tú cierres	vosotros cerréis
		Ud. cierre	Uds. cierren
pensar	pienso	yo piense	nosotros pensemos
		tú pienses	vosotros penséis
		ella piense	ellas piensen
recordar	recuerdo	yo recuerde	nosotros recordemos
		tú recuerdes	vosotros recordéis
		él recuerde	ellos recuerden

Observe que as formas singulares da primeira e da terceira pessoa do singular são idênticas no presente do subjuntivo.

Os dois primeiros exemplos, **bailar** e **cantar**, são regulares no presente do indicativo. Os três últimos, **cerrar**, **pensar** e **recordar**, apresentam alterações no radical. Observe que as alterações de radical no presente do indicativo também ocorrem no presente do subjuntivo, exceto nas formas de **nosotros** e **vosotros**, que não são afetadas por essas alterações no radical.

Falando do Presente do Subjuntivo

A formação do subjuntivo vem da conjugação da primeira pessoa do singular do presente do indicativo. Qualquer irregularidade que o verbo tenha no presente do indicativo na forma do **yo** também ocorre no presente do subjuntivo. Para aprender bem o subjuntivo, pratique bastante a conjugação de **yo** dos verbos, pois esse será o radical do presente do subjuntivo.

Verbos Terminados em -er e -ir

Para conjugar tanto os verbos regulares quanto os verbos irregulares terminados em **-er** e **-ir** no presente do subjuntivo, remova o **-o** da primeira pessoa do singular do presente do indicativo e acrescente **-a**, **-as**, **-a**, **-amos**, **-áis**, **-an** ao radical.

Verbos Terminados em -er

Infinitivo	Forma do yo	Presente do Subjuntivo	
comer	como	yo coma	nosotros comamos
		tú comas	vosotros comáis
		él coma	ellos coman
querer	quiero	yo quiera	nosotros queramos
		tú quieras	vosotros queráis
		ella quiera	ellas quieran
poder	puedo	yo pueda	nosotros podamos
		tú puedas	vosotros podáis
		Ud. pueda	Uds. puedan
ver	veo	yo vea	nosotros veamos
		tú veas	vosotros veáis
		él vea	ellos vean

Verbos Terminados em -ir

Infinitivo	Forma do yo	Presente do Subjuntivo	
vivir	vivo	yo viva	nosotros vivamos
		tú vivas	vosotros viváis
		él viva	ellos vivan
mentir	miento	yo mienta	nosotros mintamos
		tú mientas	vosotros mintáis
		ella mienta	ellas mientan
pedir	pido	yo pida	nosotros pidamos
		tú pidas	vosotros pidáis
		Ud. pida	Uds. pidan
dormir	duermo	yo duerma	nosotros durmamos
		tú duermas	vosotros durmáis
		él duerma	ellos duerman

72 Ser e Estar; Presente, Pretérito Perfeito Simples, Tempos Imperfeitos...

NOTA Nos verbos irregulares terminados em **-ir**, há uma irregularidade adicional nas formas de **nosotros** e **vosotros**. Os verbos com alteração no radical de **e** > **ie** ou de **e** > **i** têm um **-i-** nas formas de **nosotros** e **vosotros**. Verbos com alteração no radical de **o** > **ue** têm um **-u-** nas conjugações de **nosotros** e **vosotros**.

Verbos Irregulares Terminados em *-er* e *-ir* com *-g-* ou *-zc-* na Forma *yo*

No presente do subjuntivo, certos verbos terminados em **-er** e **-ir** levam a irregularidade da primeira pessoa do singular do presente do indicativo para a conjugação do presente do subjuntivo. Não existem verbos terminados em **-ar** com essa irregularidade.

Infinitivo	Forma do yo	Presente do Subjuntivo	
conocer	conozco	yo conozca	nosotros conozcamos
		tú conozcas	vosotros conozcáis
		él conozca	ellos conozcan
decir	digo	yo diga	nosotros digamos
		tú digas	vosotros digáis
		ella diga	ellas digan
hacer	hago	yo haga	nosotros hagamos
		tú hagas	vosotros hagáis
		Ud. haga	Uds. hagan
poner	pongo	yo ponga	nosotros pongamos
		tú pongas	vosotros pongáis
		él ponga	ellos pongan
salir	salgo	yo salga	nosotros salgamos
		tú salgas	vosotros salgáis
		ella salga	ellas salgan
tener	tengo	yo tenga	nosotros tengamos
		tú tengas	vosotros tengáis
		Ud. tenga	Uds. tengan
traer	traigo	yo traiga	nosotros traigamos
		tú traigas	vosotros traigáis
		él traiga	ellos traigan
venir	vengo	yo venga	nosotros vengamos
		tú vengas	vosotros vengáis
		ella venga	ellas vengan

Outros verbos regulares terminados em **-ar**:

alcanzar	*alcançar, atingir*
anular	*anular*
arrancar	*arrancar, extrair*
cargar	*carregar*
colocar	*colocar*
ignorar	*ignorar*
lograr	*conseguir, obter*
madrugar	*madrugar*
masticar	*mastigar*
pagar	*pagar*
publicar	*publicar*
rezar	*rezar*
subrayar	*sublinhar*
tragar	*engolir, tragar*

Outros verbos terminados em **-er** como **conocer**:

agradecer	*agradecer*
amanecer	*amanhecer*
aparecer	*aparecer*
crecer	*crescer*
desaparecer	*desaparecer*
establecer	*estabelecer*
merecer	*merecer*
nacer	*nascer*
obedecer	*obedecer*
ofrecer	*oferecer*
padecer	*sofrer*
parecer	*parecer*
pertenecer	*pertencer*
reconocer	*reconhecer*
yacer	*jazer*

Outros verbos terminados em **-ir** com **-zc-** na forma do **yo**:

conducir	*dirigir, conduzir*
introducir	*introduzir, inserir*
lucir	*iluminar*
producir	*produzir*

reducir		*reduzir*
traducir		*traduzir*

O equivalente em espanhol ao verbo *apresentar* é **presentar**.

Te presento a mi familia.   *Apresento a você minha família.*

Verbos Irregulares

Há apenas seis verbos em que o presente do subjuntivo não é formado pela primeira pessoa do singular do presente do indicativo. Eles são irregulares pois não são formados a partir da conjugação de **yo**.

Infinitivo	Forma yo	Presente do Subjuntivo	
dar	doy	yo dé	nosotros demos
		tú des	vosotros deis
		él dé	ellos den
estar	estoy	yo esté	nosotros estemos
		tú estés	vosotros estéis
		ella esté	ellas estén
ir	voy	yo vaya	nosotros vayamos
		tú vayas	vosotros vayáis
		Ud. vaya	Uds. vayan
saber	sé	yo sepa	nosotros sepamos
		tú sepas	vosotros sepáis
		él sepa	ellos sepan
ser	soy	yo sea	nosotros seamos
		tú seas	vosotros seáis
		ella sea	ellas sean
haber	he	yo haya	nosotros hayamos
		tú hayas	vosotros hayáis
		Ud. haya	Uds. hayan

NOTA O presente do subjuntivo **dé** (do verbo **dar**) tem um acento gráfico para distingui-lo de **de** (a preposição *de*).

A palavra **hay** vem do infinitivo **haber**; você não precisará dessa conjugação para qualquer outro uso neste momento.

Verbos com Alterações Ortográficas

Os verbos com alterações ortográficas não são irregulares. A ortografia muda simplesmente para manter o som na conjugação de **yo**. Algumas das modificações mais comuns na escrita são:

- Verbos que terminam em **-car** trocam o **c** por **qu**.
- Verbos terminados em **-gar** trocam o **g** por **gu**.
- Verbos que terminam em **-zar** trocam o **z** por **c**.

Infinitivo	Forma do yo	Presente do Subjuntivo	
buscar	busco	yo busque	nosotros busquemos
		tú busques	vosotros busquéis
		Ud. busque	Uds. busquen
explicar	explico	yo explique	nosotros expliquemos
		tú expliques	vosotros expliquéis
		Ud. explique	Uds. expliquen
tocar	toco	yo toque	nosotros toquemos
		tú toques	vosotros toquéis
		Ud. toque	Uds. toquen
apagar	apago	yo apague	nosotros apaguemos
		tú apagues	vosotros apaguéis
		él apague	ellos apaguen
llegar	llego	yo llegue	nosotros lleguemos
		tú llegues	vosotros lleguéis
		ella llegue	ellas lleguen
comenzar	comienzo	yo comience	nosotros comencemos
		tú comiences	vosotros comencéis
		ella comience	ellas comiencen
empezar	empiezo	yo empiece	nosotros empecemos
		tú empieces	vosotros empecéis
		él empiece	ellos empiecen

NOTA A alteração de **z** > **c** ocorre antes da vogal **e** sem afetar o som. As consoantes **c** (antes de **i** e **e**), **s** e **z** têm todas o mesmo som.

Falando de Pronúncia do Presente do Subjuntivo

Assim como o presente do indicativo, a ênfase no presente do subjuntivo é na penúltima sílaba. Ao praticar, certifique-se de pronunciar os verbos da seguinte maneira: **yo can_te_, tú can_tes_, él can_te_, nosotros can_temos_, ellos can_ten_**. Se uma palavra contém um acento gráfico, enfatize a sílaba acentuada: **vosotros can_téis_**.

Usos do Presente do Subjuntivo

Lembre-se de que o modo subjuntivo não existe por si só; ele precisa ser provocado por algum outro elemento na frase. Esse é um modo que expressa desejos, dúvidas e uma possibilidade, em vez de uma certeza. O presente do subjuntivo em uma oração insubordinada é causado pelo tempo presente na oração principal. A seguir estão os usos específicos do presente do subjuntivo.

Depois de Determinadas Expressões Impessoais

Uma frase afirmativa ou interrogativa pode consistir em uma oração principal e uma oração subordinada ou subordinada conectada pela conjunção **que**.

A seguir veja uma frase com uma oração principal e uma subordinada, ambas no modo indicativo.

ORAÇÃO PRINCIPAL	Él sabe
ORAÇÃO SUBORDINADA	que yo cocino bien.

Entretanto, suponha que a oração principal contenha uma expressão impessoal, tal como **Es dudoso**. Essa expressão requer o uso do subjuntivo na oração subordinada.

Es dudoso que yo **cocine** bien.   *É duvidoso que eu cozinhe bem.*

A seguir veja algumas expressão impessoais comumente usadas:

es bueno (que)	*é bom (que)*
es difícil (que)	*é difícil (que)*
es dudoso (que)	*é duvidoso (que)*
es fácil (que)	*é fácil (que)*
es imposible (que)	*é impossível (que)*
es importante (que)	*é importante (que)*
es malo (que)	*é ruim (que)*
es mejor (que)	*é melhor (que)*
es necesario (que)	*é necessário (que)*

O Presente do Subjuntivo

es posible (que)	*é possível (que)*
es preciso (que)	*é preciso (que)*
es probable (que)	*é provável (que)*
es una lástima (que)	*é uma pena (que)*
es urgente (que)	*é urgente (que)*

Es dudoso que **viajemos** a España.	*É duvidoso que viajemos para a Espanha.*
Es importante que ella **coma** bien.	*É importante que ela coma bem.*
Es imposible que él **tenga** razón.	*É impossível que ele tenha razão.*
Es necesario que **estudiemos** para el examen.	*É necessário que estudemos para a prova.*
¿Es posible que ella **venga** mañana?	*É possível que ela venha amanhã?*
Es probable que mi amiga me **vea** en el restaurante.	*É provável que minha amiga me veja no restaurante.*
Es una lástima que Pedro no lo **quiera** hacer.	*É uma pena que Pedro não queira fazer isso.*

Ao começar uma frase com um das frases impessoais mostradas anteriormente, é obrigatório usar o subjuntivo na oração subordinada. Você não tem que tomar decisões, nem pode escolher usá-lo ou não. Essas expressões impessoais na oração principal sempre exigem o uso do subjuntivo na oração subordinada.

Se quiser fazer uma declaração geral com uma expressão impessoal, não haverá uma oração subordinada nem o subjuntivo. Você simplesmente usa a estrutura que já aprendeu, que segue a ordem de palavras do português.

Es bueno nadar cada día.	*É bom nadar todo dia.*
Es importante comer bien.	*É importante comer bem.*
¿Es necesario trabajar mucho?	*É necessário trabalhar muito?*
Es posible salir temprano.	*É possível sair cedo.*

Exercício 5.1

Complete as frases a seguir com a forma correta do presente do subjuntivo do verbo entre parênteses.

EXEMPLO: Es urgente que el chofer __*conduzca*__ con cuidado. (conducir)

1. Es importante que nuestros amigos _____ a la fiesta. (venir)

2. Es posible que él me _____ la verdad. (decir)

78 Ser e Estar; Presente, Pretérito Perfeito Simples, Tempos Imperfeitos...

3. Es una lástima que Sara no lo _____. (hacer)

4. ¿Es posible que Uds. _____ a mi amigo Raúl? (conocer)

5. Es necesario que nosotros _____ bien. (dormir)

6. Es importante que ella _____ bien las direcciones. (saber)

7. Es necesario que nosotros _____ mucha agua fría en el verano. (tomar)

8. Es dudoso que ellos _____ temprano. (levantarse)

9. ¿Es posible que ella _____ a tiempo? (llegar)

10. Es posible que yo _____ en Francia. (quedarse)

11. Es probable que mucha gente importante _____ en la conferencia. (estar)

12. Es difícil que yo te _____ una buena respuesta. (dar)

13. Es urgente que tú _____ al doctor hoy. (ir)

14. Es dudoso que ellos _____ ricos. (ser)

15. Es importante que los padres les _____ a sus hijos. (leer)

16. La niña acaba de comer. Es imposible que _____ hambre. (tener)

17. Es probable que nosotros le _____ flores al profesor. (traer)

18. Es bueno que Uds. _____ mejor. (sentirse)

Depois de Certos Verbos

Expressando Desejos ou Preferências

Os verbos na oração principal que expressam desejos ou preferências em relação a outras pessoas requerem o modo subjuntivo na oração subordinada. O sujeito na oração principal precisa ser diferente do sujeito na oração subordinada. A seguir veja verbos que expressam desejos ou preferências:

desear   *desejar*
preferir   *preferir*
querer   *querer*

A seguir veja uma frase com uma oração principal e uma subordinada, ambas no modo indicativo.

ORAÇÃO PRINCIPAL   Él sabe
ORAÇÃO SUBORDINADA   que yo canto.

O Presente do Subjuntivo

Entretanto, suponha que a oração principal tenha um dos verbos mostrados anteriormente, como **Él quiere**. Esse verbo faz com que o subjuntivo seja usado na oração subordinada:

Él quiere que yo **cante**. *Ele quer que eu cante.*

Mais alguns exemplos:

Deseamos que ella **esté** bien. *Desejamos que ela esteja bem.*
Ella prefiere que su hijo **juegue** *Ela prefere que seu filho jogue*
al béisbol. *beisebol.*
Quiero que él **baile**. *Eu quero que ele dance.*

Se houver apenas um sujeito para os dois verbos na frase, não há oração subordinada nem verbo no subjuntivo.

Deseamos descansar. *Desejamos descansar.*
Ella prefiere dormir. *Ela prefere dormir.*
Yo quiero cantar. *Eu quero cantar.*

Expressando Esperança, Felicidade, Tristeza ou Arrependimento

Os verbos na oração principal que expressam esperança, felicidade, tristeza ou arrependimento em relação a outras pessoas requer o uso do subjuntivo na oração subordinada. A seguir, veja alguns verbos que expressam esperança, felicidade, tristeza ou arrependimento:

alegrarse de	*alegrar-se de*
esperar	*esperar*
estar contento de	*estar contente de*
estar triste de	*estar triste de*
gustarle a uno	*gostar de, agradar-se*
sentir	*sentir, arrepender-se*
temer	*temer*
tener miedo de	*ter medo de*

Me alegro de que Uds. **estén** *(Eu) me alegro de que os senhores/*
bien. *as senhoras estejam bem.*
Esperamos que Ud. **tenga** un *Esperamos que o senhor/a senhora*
buen fin de semana. *tenha um bom fim de semana.*

La maestra está contenta de que **hagamos** la tarea.	*A professora está contente de que façamos a tarefa.*
¿Estás triste de que no **podamos** aceptar tu invitación?	*Está triste de que não possamos aceitar seu convite?*
Me gusta que mi familia **venga** a verme.	*Me agrada que minha família venha me ver.*
Lo siento que Ud. nunca se **gane** la lotería.	*Lamento que o senhor/a senhora não ganhe na loteria.*
Los padres temen que sus hijos no **quieran** estudiar.	*Os pais temem que seus filhos não queiram estudar.*
El líder tiene miedo de que el grupo no **resuelva** el problema.	*O líder tem medo de que o grupo não resolva o problema.*

Se houver apenas um sujeito para os dois verbos na frase, a estrutura básica da frase é a mesma que já aprendeu.

Me alegro de estar aquí.	*Me alegro de estar aqui.*
Él espera salir dentro de una hora.	*Ele espera sair dentro de uma hora.*
Me gusta ir al cine.	*Gosto de ir ao cinema.*
Ella tiene miedo de volar.	*Ela tem medo de voar.*

Expressando Ordens, Pedidos ou Conselhos

Os verbos na oração principal que expressam ordens, pedidos ou conselhos requerem o modo subjuntivo na oração subordinada. A seguir, veja alguns verbos que expressam ordem, pedidos ou conselhos:

aconsejar	*aconselhar*
decir	*dizer*
dejar	*deixar*
insistir en	*insistir*
mandar	*mandar*
pedir	*pedir*
permitir	*permitir*
prohibir	*proibir*
sugerir	*sugerir*

O Presente do Subjuntivo

Te aconsejo que **tomes** el tren. — *Aconselho que pegue o trem.*

Ella insiste en que yo **me quede**. — *Ela insiste que eu fique.*

Les pedimos que **vayan** de vacaciones. — *Pedimos a eles que saiam de férias.*

Le sugiero que Ud. **lea** este artículo. — *Sugiro que o senhor/a senhora leia este artigo.*

Dejar, **mandar**, **permitir** e **prohibir** podem ser usados de duas maneiras:

Les dejo que **entren**.
Les dejo entrar.
} *Eu deixo que entrem.*
Eu os deixo entrar.

Te permito que **nades** aquí.
Te permito nadar aquí.
} *Eu permito que nade aqui.*
Eu o permito nadar aqui.

Te prohíbo que **fumes** en la casa.
Te prohíbo fumar en la casa.
} *Eu proíbo que fume na casa.*
Eu o proíbo de fumar em casa.

El capitán les manda que los soldados **descansen**. — *O capitão ordena que os soldados descansem.*

Les manda descansar. — *Ele os manda descansar.*

Como já aprendeu, **decir** é usado em relação a um fato. A ideia é expressa com o indicativo.

José nos dice que el tren viene. — *José nos disse que o trem está vindo.*

Ella me dice que le gusta viajar. — *Ela me disse que gosta de viajar.*

Entretanto, quando **decir** é usado como ordem, o subjuntivo é usado na oração subordinada.

Yo te digo que **vayas** al doctor. — *Eu lhe digo que vá ao médico.*

Ud. me dice que yo **me quede**. — *O senhor/A senhora me disse que eu fique.*

Les decimos que **se acuesten** ahora. — *Dizemos a eles que se deitem agora.*

Él nos dice que **tengamos** cuidado. — *Ele nos disse que tenhamos cuidado.*

¿Puede Ud. decirle que me **llame**? — *O senhor/A senhora pode dizer a ela que me ligue?*

Expressando Dúvida ou Incerteza

Os verbos que expressam dúvida ou incerteza na oração principal requerem o modo subjuntivo na oração subordinada. A seguir, veja alguns verbos que expressam dúvida ou incerteza:

dudar	*duvidar*
no creer	*não acreditar*
no pensar	*não pensar, não achar*

Ella duda que yo **sepa** tocar el piano.	*Ela duvida que eu saiba tocar piano.*
La gente no cree que **sea** la verdad.	*As pessoas não acreditam que seja a verdade.*
No pensamos que Daniel nos **invite** a la fiesta.	*Não achamos que Daniel nos convide para a festa.*

Exercício 5.2

Complete as frases a seguir com a forma correta do subjuntivo do verbo entre parênteses.

1. ¿Qué quieres que yo te _____? (decir)
2. Él quiere que su amiga _____ la cuenta. (pagar)
3. Espero que Uds. _____ bien. (sentirse)
4. Ellos se alegran de que el bebé _____. (dejar de llorar)
5. Ellos nos piden que _____ mejor la idea. (explicar)
6. A él no le gusta que yo siempre _____ razón. (tener)
7. Rosa insiste en que su jefe le _____ más dinero. (dar)
8. No creo que Alicia _____ la fecha. (saber)
9. Ellas dudan que _____ mucho tráfico hoy. (haber)
10. Les sugiero a sus padres que _____ de vacaciones. (ir)
11. Me alegro de que no _____ nada grave. (ser)
12. Los expertos nos aconsejan que _____ ejercicio. (hacer)
13. Paula espera que su hermana _____ bien. (estar)
14. Yo dudo que ella lo _____ en la reunión. (besar)

O Presente do Subjuntivo

Exercício 5.3

Reescreva as frases a seguir no modo indicativo para o subjuntivo. Escolha qualquer verbo apropriado que exija o uso do subjuntivo na oração subordinada.

EXEMPLO: Mis estudiantes están en clase.
   Me alegro de que estén en clase.

1. A mis padres les gusta viajar.

2. Mi amigo tiene malos sueños.

3. Ella no se divierte mucho.

4. Nosotros somos buenos estudiantes.

5. No vamos a volver a los Estados Unidos.

6. Sara me trae flores a mi casa.

7. ¿Conoce Ud. a mi tío? [Escreva uma resposta.]

8. Mi hermano y yo no nos vemos mucho.

9. ¿Hay clase los lunes?

10. Carla es de Polonia.

Exercício 5.4

Indicativo ou subjuntivo? *Complete as frases a seguir com a forma correta do verbo entre parênteses.*

EXEMPLOS: Yo dudo que Cristina __cante__ bien. (cantar)
Yo sé que ella __canta__ bien. (cantar)

1. Espero que Uds. _____ un buen fin de semana. (tener)
2. Yo sé que Uds. _____ muchos amigos. (tener)
3. Ricardo prefiere que yo lo _____ en febrero. (visitar)
4. Él quiere que nosotros le _____ regalos. (traer)
5. Nos gusta que él nos _____. (amar)
6. Es importante que nosotros _____ nuestros errores. (corregir)
7. ¿Sabe Ud. que ellos _____ aquí? (estar)
8. Yo pienso que Rosario _____ poco. (quejarse)
9. Dudo que Enrique _____. (quedarse)
10. Sabemos que ellos _____. (irse)
11. El hombre espera que ella _____ con él. (bailar)
12. Sara no quiere que su novio la _____ antes de la boda. (ver)
13. Me alegro de que Uds. _____ aquí. (estar)
14. Es importante que nosotros _____ las direcciones antes de empezar nuestro viaje. (saber)
15. Yo pienso que este hombre _____ médico. (ser)
16. A mi hermano no le importa lo que _____ yo. (hacer)

Depois de Determinadas Conjunções

O subjuntivo deve ser empregado diretamente depois de uma das conjunções a seguir se a oração principal tiver um sujeito diferente da oração subordinada.

a pesar de que	apesar de que
antes de que	antes de que
después de que	depois de que
en caso de que	em caso de que
hasta que	até que

O Presente do Subjuntivo

para que	*para que*
sin que	*sem que*

Veja uma frase em que há apenas um sujeito:

Ella practica el piano **antes de cantar**.	*Ela pratica o piano antes de cantar.*

Na frase a seguir, há dois sujeitos conectados pela conjunção **que**:

Ella practica el piano **antes de que** él **cante**.	*Ela pratica o piano antes que ele cante.*

No exemplo acima, claramente há dois sujeitos: *ela* e *ele*.

Nos exemplos a seguir, há dois sujeitos em cada frase e o modo subjuntivo vem depois da conjunção:

Voy a esperar **hasta que** tú **llegues**.	*Vou esperar até que você chegue.*
Él enseña **para que** los estudiantes **aprendan**.	*Ele ensina para que os alunos aprendam.*
Lo voy a hacer **sin que** Ud. me **ayude**.	*Vou fazer isso sem que o senhor/a senhora me ajude.*

Se há um sujeito na frase, a preposição é seguida pelo infinitivo.

Después de trabajar, ella descansa.	*Depois de trabalhar, ela descansa.*
Ella estudia para aprender.	*Ela estuda para aprender.*
Él habla sin pensar.	*Ele fala sem pensar.*

Algumas conjunções de tempo sempre requerem o modo subjuntivo, insubordinadamente de haver um ou dois sujeitos na frase. A seguir, veja algumas conjunções desse tipo:

a menos que	*a menos que*
luego que	*logo que*
tan pronto como	*assim que, tão logo*

Vamos a bailar **a menos que** no **haya** música.	*Vamos dançar a menos que não haja música.*
Voy a llegar **tan pronto como** yo **pueda**.	*Vou chegar assim que puder.*

Depois de *cuando*

A forma do subjuntivo vem imediatamente depois de **cuando** se indicar futuro.

Vamos a viajar **cuando tengamos** tiempo y dinero.	*Vamos viajar quando tivermos tempo e dinheiro.*
¿Me puedes llamar **cuando llegues** a casa?	*Você pode me ligar quando chegar em casa?*
El niño quiere ser bombero **cuando sea** grande.	*O menino quer ser bombeiro quando crescer.*

Quando **cuando** introduz uma pergunta, o indicativo é usado.

¿Cuándo vas a estar en casa?	*Quando vai estar em casa?*
¿Cuándo quieren Uds. viajar?	*Quando os senhores/as senhoras querem viajar?*

Quando **cuando** introduz uma frase que envolve uma ação repetida ou uma declaração geral no presente, o modo indicativo é usado.

Cuando hace frío, los niños juegan en la nieve.	*Quando faz frio, as crianças brincam na neve.*
Ella se siente alegre cuando baila.	*Ela se sente feliz quando dança.*
Cuando voy a la playa, siempre me divierto.	*Quando vou à praia, sempre me divirto.*

Exercício 5.5

Complete as frases a seguir com a conjunção indicada e a forma correta do verbo entre parênteses.

EXEMPLOS: Vamos de vacaciones __tan pronto como__ *(tão logo)* nosotros __podamos__ *(poder)*.

1. Él va a limpiar su apartamento _____ *(antes)* su familia lo _____ *(visitar)*.

2. _____ *(depois)* yo _____ *(banhar-me)*, voy a vestirme.

O Presente do Subjuntivo

3. No voy _____ (*a menos*) Uds. _____ (*ir*) también.

4. Él va a invitar a su amiga a la fiesta _____ (*assim que*) él _____ (*ter*) confianza.

5. Les doy las instrucciones _____ (*para que*) ellos _____ (*saber*) llegar.

6. Uds. pueden jugar al baloncesto _____ (*tão logo*) Uds. _____ (*terminar*) su tarea.

7. _____ (*antes*) su novio _____ (*vir*) a verla, Rosa va a arreglarse.

8. Te presto el dinero _____ (*para que*) tú _____ (*poder*) comprar un carro usado.

9. Vamos a estar aquí _____ (*até que*) ellos _____ (*chegar*).

10. _____ (*caso*) Uds. no _____ (*ter*) nada que hacer mañana, ¿podemos ir al cine?

11. A Ricardo no le gusta estudiar. Pero va a estudiar _____ (*para que*) sus padres _____ (*estar*) contentos.

12. _____ (*apesar de*) _____ (*estar*) frío, ellos quieren dar una vuelta.

13. Tú puedes venir a mi casa _____ (*sem*) yo te _____ (*convidar*).

14. Graciela va a descansar _____ (*depois*) sus nietos _____ (*partir*).

15. _____ (*quando*) Ud. _____ (*poder*), ¿me puede acompañar al tren?

16. Elena me va a ver _____ (*quando*) nosotros _____ (*encontrar*) en México.

17. _____ (*quando*) ellos _____ (*voltar*) a los Estados Unidos, van a comprar una casa pequeña.

18. El hombre va a estar contento _____ (*quando*) _____ (*aprender*) a manejar.

Em Certas Orações Subordinadas Adjetivas

O modo subjuntivo é usado na oração subordinada se o objeto ou o sujeito descrito na oração principal for indefinido ou inexistente. Nos exemplos a seguir, os objetos e os sujeitos descritos na oração principal não são conhecidos.

Busco **un apartamento** que **sea** grande y barato.

Procuro um apartamento que seja grande e barato.

¿Conoce Ud. a **alguien** que **sepa** hablar alemán?

O senhor/A senhora conhece alguém que saiba falar alemão?

¿Hay **alguien** aquí que **baile** bien?

Tem alguém aqui que dance bem?

No hay **nadie** que siempre **tenga** razón.

Não há ninguém que sempre tenha razão.

Depois das Expressões *por más que* e *por mucho que*

Por más que ella **limpie,** su casa está siempre desordenada.

Por mais que ela limpe, sua casa está sempre bagunçada.

Por mucho que él **coma**, no se engorda.

Por mais que ele coma, não engorda.

Depois de *ojalá*

Uma interjeição de origem árabe, **ojalá** significa *que Deus permita* ou *queira Deus* e expressa um grande desejo. Embora exista a expressão equivalente *oxalá* em português, normalmente usamos *tomara, espero,* entre outras.

Ojalá que ella **tenga** suerte.

Tomara que ela tenha sorte.

Ojalá que él **se quede**.

Deus queira que ele fique.

Ojalá que Uds. **reciban** el cheque.

Espero que os senhores/as senhoras recebam o cheque.

Depois de *acaso, quizás* ou *tal vez*

Acaso él me **visite** mañana.

Talvez ele me visite amanhã.

Quizás ellos me **digan** la verdad.

Talvez eles me digam a verdade.

Tal vez me **digan** mentiras.

Talvez me digam mentiras.

Depois de *aunque*

O modo subjuntivo é usado se uma ação ainda não ocorreu.

Voy al cine **aunque** no **vayan** mis amigos.

Vou ao cinema ainda que meus amigos não vão.

Aunque Pedro **se quede** esta noche, yo voy a salir.

Ainda que Pedro fique esta noite, eu vou sair.

Aunque sea difícil, él lo puede hacer.

Ainda que seja difícil, ele pode (consegue) fazer.

Se **aunque** introduz uma afirmação ou interrogação que expresse um fato conhecido, uma ação repetida ou uma declaração geral no presente, o modo indicativo é usado.

Aunque **es** verano, la mujer siempre lleva guantes.

Ainda que seja verão, a mulher sempre usa luvas.

Aunque el doctor **está** enfermo, va al hospital.

Ainda que o médico esteja doente, vai ao hospital.

Aunque le **duele** la voz, la cantante decide cantar en la ópera.

Ainda que a voz doa, a cantora decide cantar na ópera.

Elena no quiere ir al parque aunque sus amigos siempre **van**.

Elena não quer ir ao parque ainda que seus amigos sempre vão.

Depois de Combinações com *-quiera*

Combinações com **-quiera** — **adondequiera** (*onde quer*), **cualquiera** (*qualquer*), **dondequiera** (*onde quer*) e **quienquiera** (*quem quer*) — indicam incerteza e, portanto, requerem o subjuntivo em seguida.

Adondequiera que **vayas**, te deseo lo mejor.

Onde quer que vá, desejo o melhor.

Cualquiera que **sea** sincero puede ser un buen amigo.

Qualquer um que seja sincero pode ser um bom amigo.

Dondequiera que **estén ellos**, los voy a buscar.

Onde quer que eles estejam, vou buscá-los.

Quienquiera que **esté** aquí puede salir con nosotros.

Quem quer que esteja aqui pode sair conosco.

Depois de *como*

O modo subjuntivo é usado depois de **como** apenas se o significado for *como (de qualquer forma)*.

Ellas van a preparar la comida **como** tú **quieras**.

Elas vão preparar a comida como você quiser.

Exercício 5.6

Complete as frases a seguir com a forma correta do presente do subjuntivo do verbo entre parênteses.

1. Tal vez ellos _____ por la comida. (enfermarse)
2. Ojalá que nosotros _____ hoy. (descansar)
3. Aunque él _____ mañana, no quiero lavar el baño. (llegar)
4. Por mucho que ellas _____, no van a hacer nada. (quejarse)
5. Quienquiera que _____ bien puede ser experto. (cocinar)
6. Ojalá que tú _____ bien esta noche. (dormir)
7. Aunque _____ mucho tráfico, queremos viajar. (haber)
8. Mi amiga busca un apartamento que _____ tres cuartos. (tener)
9. Carlos necesita una casa que _____ en el campo. (estar)
10. El hombre quiere hacer el proyecto como Ud. lo _____. (querer)
11. No conozco a nadie que me _____ a la playa. (acompañar)
12. Ella busca un novio que _____ inteligente. (ser)
13. Quizás él _____ la semana que viene. (venir)
14. Por más que Tomás _____, no sabe nada. (hablar)

Outros Tempos que Requerem o Presente do Subjuntivo

Você aprendeu até agora que o presente do indicativo na oração principal pode requerer o presente do subjuntivo na oração subordinada. Esse é o uso mais comum do modo subjuntivo.

Outros dois tempos, o presente contínuo e o futuro perifrástico (**ir** + **a** + *infinitivo*) também podem requerer o modo subjuntivo.

O Presente Contínuo como Causa do Presente do Subjuntivo

O presente contínuo na oração principal pode requerer o presente do subjuntivo na oração subordinada.

La preocupada mamá está esperando que su hijo regrese a casa.	A mãe preocupada está esperando que seu filho volte para casa.
El papá le está diciendo a su hijo que juegue en el parque.	O pai está dizendo ao seu filho que brinque no parque.
Los padres les están rogando que tengan cuidado.	Os pais estão lhes implorando que tenham cuidado.
Les estamos sugiriendo que los niños hagan más ejercicio.	Estamos sugerindo que os meninos façam mais exercício.

NOTA O presente simples e o presente contínuo são ambos tempos presentes.

Futuro (*ir* + *a* + infinitivo) como Causa para o Presente do Subjuntivo

O presente do subjuntivo pode ainda ser causado pelo futuro na oração principal.

Vamos a estar contentos de que Susana tenga éxito.	Vamos ficar felizes que Susana tenha sucesso.
Raimundo va a pedirle a su jefe que le compre un carro.	Raimundo vai pedir ao seu chefe que lhe compre um carro.
Voy a insistir que mis amigos me acompañen al cine.	Vou insistir que meus amigos me acompanhem ao cinema.
Marisa va a estar alegre cuando consiga un buen apartamento.	Marisa vai ficar feliz quando conseguir um bom apartamento.

Exercício 5.7

Complete as frases a seguir com a forma correta do presente do subjuntivo do verbo entre parênteses. O verbo na oração principal está no presente do indicativo. Certifique-se de saber por que o subjuntivo deve ser usado em cada caso.

EXEMPLO: El doctor me aconseja que yo __haga__ más exámenes médicos. (hacer)

1. Espero que Uds. _____ bien. (estar)
2. Nos alegramos mucho de que el sol no te _____. (picar)
3. Me gusta que mi sobrina _____ un buen trabajo. (obtener)
4. Paulina insiste en que su familia _____ a su compañero. (conocer)
5. Es imposible que Roberto _____ todo. (saber)
6. Dudamos que los inquilinos _____ contra el dueño. (ganar)
7. Ojalá que los huéspedes _____. (venir)
8. ¿Hay alguien aquí que me _____ cien dólares? (prestar)
9. Enseño para que los estudiantes _____. (aprender)
10. Presentamos la obra de teatro después de que los actores _____. (ensayar)

Exercício 5.8

Complete as frases a seguir com a forma correta do presente do subjuntivo do verbo entre parênteses. O verbo na oração principal está no presente contínuo.

EXEMPLO: La doctora está esperando que no __sea__ nada grave. (ser)

1. Catarina está aconsejándonos que _____ la puerta. (abrir)
2. Te estoy sugiriendo que _____. (irse)
3. ¿Por qué me sigues diciendo que yo te _____? (perdonar)
4. Los padres del niño le están pidiendo que no _____ en aguas peligrosas. (nadar)
5. Les estamos esperando que el tren _____ a tiempo. (llegar)

Exercício 5.9

*Complete as frases a seguir com a forma correta do presente do subjuntivo do verbo entre parênteses. O verbo na oração principal está no futuro perifrástico (**ir** + **a** + infinitivo).*

EXEMPLO: El hombre idealista va a esperar que la mujer perfecta __venga__. (venir)

1. ¿Va a ser imposible que los adolescentes _____ a sus padres? (escuchar)
2. Voy a pedir que la gente no _____ más. (fumar)

3. Vamos a esperar que el piloto no _____. (perderse)
4. El paciente no va a tomar su medicina hasta que el doctor le _____ que se la _____. (decir/tomar)
5. La obra de teatro no se va a acabar hasta que la mujer gorda _____. (cantar)

 ## Interpretação de Texto

Estimados lectores,

Espero que a Uds. les guste la siguiente historia. Está en forma de diálogo y basada en acontecimientos de la vida real. Intenten adivinar quien es el personaje principal según las claves que aparecen en esta escena. Para que gocen de lo lindo y para que aprendan de la historia, es necesario que Uds. lean con cuidado.

La autora

El juicio

La escena tiene lugar en la corte griega ante una asamblea de 501 ciudadanos.

El protagonista entra y empieza a hablar.

PROTAGONISTA Tengo sesenta años y es la primera vez que me ven en la corte. ¿Cuál es la primera acusación contra mí?

ACUSADOR Ud. es culpable de investigar bajo la tierra y en el cielo y de enseñarles a los otros las mismas cosas.

PROTAGONISTA No tengo nada que ver con estas acusaciones y no es verdad.

ACUSADOR Pero, ¿cuál es el problema, entonces? ¿Por qué hay tantos prejuicios contra Ud. si no hace algo diferente de los demás? Nos puede decir Ud. lo que es, para que le demos un veredicto justo.

PROTAGONISTA Bueno. Voy a decirles toda la verdad. Me dan esta reputación por cierta sabiduría que tengo. Menciono el dios de Delfos para que él sea mi testigo. ¿Se acuerdan Uds. de Querefón? Él fue al dios de Delfos y le preguntó si hay una persona más sabia que yo. El dios contestó que no hay nadie. Pero, ¿qué significa la idea de que yo soy el hombre más sagaz de todos? Me tocó investigar la cuestión. Yo fui a ver a un hombre que tiene la reputación de ser sagaz. Lo examiné. No es necesario que les diga su nombre, él es un político, y esto es el resultado.

94 · Ser e Estar; Presente, Pretérito Perfeito Simples, Tempos Imperfeitos...

Cuando yo hablé con él, me di cuenta que él no era sabio. Cuando me fui, pensaba, "Yo soy más sabio que este hombre; ninguno de nosotros no sabe nada que valga la pena saber, pero él piensa que él tiene la sabiduría cuando él no la tiene, y yo, sin saber nada, no pienso que yo sea sagaz. No pienso que sé lo que no sé." Después, fui a ver a los poetas, pensando que ellos iban a ser más sagaces que yo. Pero averigüé que no es por la sabiduría que los poetas crean sus poemas sino por una inspiración divina. Por fin, fui a ver a los artesanos. Ellos sabían lo que yo no sabía y por eso eran más sabios que yo. Pero me pareció que cada uno se creía extremadamente sagaz en cuestiones importantes porque eran hábiles en su propio arte.

Mucho prejuicio contra mi ha resultado de mi investigación. Y yo sigo investigando y examinando a cada persona que pienso es sagaz y si él no es sagaz yo se lo digo. Estoy tan ocupado en mi investigación que no he tenido tiempo ni para servir en posiciones del estado ni de ganar dinero. Como resultado, yo soy pobre. Es verdad lo que les dije. Y yo sé que por esta investigación de la gente hay mucha rabia contra mí. Pero lo que Uds. escuchan es mi defensa contra estas primeras acusaciones.

Verbos

adivinar	*adivinhar*
averiguar	*averiguar*
darse cuenta (de)	*perceber/dar-se conta de*
examinar	*examinar*
gozar	*desfrutar, usufruir*
ha resultado	*tem resultado* (presente perfeito)
he tenido	*tem tido* (presente perfeito)
intentar	*tentar*
servir	*servir*
tener que ver con	*ter a ver com*
valer	*custar, valer*

Nombres

los acontecimientos	*os acontecimentos*	la clave	*a chave, o código*
la acusación	*a acusação*	la corte	*a corte*
la asamblea	*a assembleia*	la cuestión	*a questão*
el ciudadano	*o cidadão*	la defensa	*a defesa*
los demás	*os demais*	el personaje	*o personagem*
el diálogo	*o diálogo*	el político	*o político*

el dios de Delfos	*o deus de Delfos*	el prejuicio	*o preconceito*
la escena	*a cena*	la sabiduría	*a sabedoria*
la investigación	*a investigação*	el/la testigo	*a testemunha*
el/la juez	*o juiz, a juíza*	el veredicto	*o veredito*
el juicio	*o julgamento*		

Adjetivos

culpable	*culpado*	sabio	*sábio*
justo	*justo*	sagaz	*sagaz*
principal	*principal*	siguiente	*seguinte*

Preguntas

1. ¿En qué sitio empieza la acción?

2. ¿Contra quién se defiende el protagonista?

3. ¿Cuántas personas hay en la asamblea griega?

4. ¿Cuál es la acusación contra él?

5. ¿Qué hizo el protagonista después de escuchar que él es el más sabio de todos?

6. ¿Qué hace el protagonista en su vida diaria?

7. Según el protagonista, ¿qué significa la sabiduría?

8. ¿Se defiende bien el protagonista?

9. ¿Es inocente o culpable el protagonista?

10. ¿Quién es el protagonista?

11. ¿Quién escribió el diálogo de la defensa?

6

Comandos

A forma do comando, também chamada de imperativo, é usada para dizer a alguém para fazer ou não fazer algo. A forma de comando é considerada um modo e existe apenas no presente imediato. O comando afirmativo em espanhol equivale a comandos em português, como *vire aqui* ou *sigas as instruções*. O comando negativo em espanhol equivale a expressões em português como *não grite* ou *não beba a água*, por exemplo. Salvo pelo comando afirmativo de **tú**, todas as construções usam uma forma igual à do presente do subjuntivo, então seu conhecimento prévio do modo subjuntivo será de grande ajuda.

Mesmo que existam outras maneiras de pedir que as pessoas façam algo, a forma de comando é necessária em muitas situações. Por exemplo, digamos que você precisa dar instruções a alguém:

> ***Vá*** *em frente e depois* ***vire*** *à direita.*
> ***Siga*** *a linha vermelha.*
> ***Caminhe*** *na direção do trânsito.*

Às vezes é preciso uma forma de comando para dizer às pessoas para não fazer algo, e não se tem muito tempo para isso.

> ***Não toque*** *na tomada!*
> ***Não pule*** *na água — tem tubarões!*
> ***Não se mova****.*
> ***Não se preocupe****.*

Comandos Afirmativos da forma *tú*

A forma de comando afirmativo no **tú** familiar é a mesma da terceira pessoa do singular do presente do indicativo. Se a forma do indicativo da terceira pessoa for irregular, então é uma forma de comando.

Verbos Terminados em *-ar*

REGULAR NO PRESENTE	Baila. Canta.	*Dance. Cante.*
	Mira. Escucha.	*Olhe. Escute.*
IRREGULAR NO PRESENTE	Empieza. Piensa.	*Comece. Pense.*

Verbos Terminados em *-er* e *-ir*

REGULAR NO PRESENTE	Come. Bebe.	*Coma. Beba.*
	Lee. Escribe. Decide.	*Leia. Escreva. Decida.*
IRREGULAR NO PRESENTE	Duerme. Sonríe.	*Durma. Sorria.*

Comandos *tú* Irregulares

A seguir estão os únicos comandos irregulares na forma afirmativa de **tú**. É uma boa ideia aprender esses imperativos agora mesmo.

Infinitivo	Comando tú	Português
decir	di	*diga*
hacer	haz	*faça*
ir	ve	*vá*
poner	pon	*ponha*
salir	sal	*saia*
ser	sé	*seja*
tener	ten	*tenha*
venir	ven	*venha*

Haz tus ejercicios, por favor.	*Faça seus exercícios, por favor.*
Ven acá.	*Venha aqui.*
Pon tus zapatos en el armario.	*Ponha seus sapatos no armário.*
Ten cuidado.	*Tenha cuidado.*

NOTA A forma do comando pode ser suavizada pelo acréscimo de **por favor** (*por favor*).

Exercício 6.1

*Traduza os comandos regulares de **tú** para o português.*

1. Toma tu medicina y llama al doctor en la mañana.

2. Sigue a la derecha, por favor.

3. Cierra la puerta, por favor, y abre la ventana.

4. Corre a la tienda y compra la leche.

5. Prepara la comida esta noche y después, saca la basura, por favor.

6. Lee *Don Quixote* para la clase y escribe tu opinión acerca del tema principal.

7. Come más frutas y verduras.

8. Cuenta conmigo.

Exercício 6.2

*Escreva a forma de comando afirmativa de **tú** para os verbos a seguir.*

1. apagar   *apagar* _____
2. compartir   *compartilhar* _____
3. decidir   *decidir* _____
4. devolver   *devolver* (um objeto) _____
5. doblar   *virar, dobrar* _____
6. mirar   *olhar* _____
7. oír   *ouvir* _____

8. regresar *voltar, regressar* _____
9. terminar *terminar* _____
10. tirar *jogar* _____

 Exercício 6.3

*Complete as frases a seguir com a forma de comando de **tú** do verbo entre parênteses. Tanto os comandos regulares quanto os irregulares são incluídos.*

EXEMPLO: ¿Por qué no vienes acá? __Ven__ acá.

1. Tú nunca dices la verdad. _____ la verdad. (decir)
2. Tú debes portarte bien. _____ un buen niño. (ser)
3. _____ tu pregunta, por favor. (leer)
4. _____ el correo electrónico. (escribir)
5. Hay mucho peligro en la selva. _____ cuidado. (tener)
6. _____ la ropa en el cajón, por favor. (poner)
7. _____ acá. (venir)
8. Tú te vas a engordar si no haces ejercicios. _____ ejercicios por lo menos tres veces a la semana. (hacer)
9. Necesitamos arroz para preparar la comida. _____ el arroz, por favor. (traer)
10. _____ a tu hermanita. (esperar)

Posição dos Pronomes Objeto com Comandos Afirmativos de *tú*

Todos os pronomes objeto são anexados à forma afirmativa do imperativo. Quando dois pronomes objetos ocorrem juntos, o pronome objeto indireto precede o direto.

Escribe la carta.	*Escreva a carta.*
Escríbeme la carta.	*Escreva a carta para mim.*
Escríbemela.	*Escreva-a para mim.*
Enseña la lección.	*Ensine a lição.*
Enséñanos la lección.	*Ensine-nos a lição.*
Enséñanosla.	*Ensine-nos (a lição).*

Presta el dinero.	*Empreste o dinheiro.*
Préstale el dinero a María.	*Empreste o dinheiro para María.*
Préstaselo.	*Empreste-o.*
Tráeles las galletas a tus colegas.	*Traga os biscoitos para seus colegas.*
Tráeselas.	*Traga-os.*
Dame la sartén.	*Dê-me a frigideira.*
Dámela.	*Dê-me.*
Dinos la idea.	*Diga-nos a ideia.*
Dínosla.	*Diga-nos.*
Perdóname.	*Desculpe-me.*

NOTA O acento gráfico mantém a ênfase na sílaba correta no imperativo: **es<u>cri</u>be**, **es<u>crí</u>beme**, **es<u>crí</u>bemela**, por exemplo.

Em espanhol, a forma de comando reflexivo é muito importante. O pronome reflexivo é anexado à forma afirmativa de comando e o acento gráfico é novamente usado para manter a ênfase na sílaba correta. Pratique estes exemplos em voz alta.

Infinitivo	Comando tú	Português
acordarse	Acuérdate.	*Lembre-se.*
acostarse	Acuéstate.	*Vá para cama.*
despertarse	Despiértate.	*Acorde.*
dormirse	Duérmete.	*Durma.*
levantarse	Levántate.	*Levante.*
sentarse	Siéntate.	*Sente-se.*

Quando um pronome reflexivo e um pronome objeto direto ocorrem juntos, o pronome reflexivo precede o pronome objeto direto.

Lávate las manos.	*Lave as mãos.*
Lávatelas.	*Lave-as.*
Quítate los zapatos.	*Tire os sapatos.*
Quítatelos.	*Tire-os.*
Ponte el abrigo.	*Coloque o casaco./ Vista o casaco.*
Póntelo.	*Coloque-o./ Vista-o.*

Exercício 6.4

Escreva a forma afirmativa do comando **tú** para os verbos a seguir. Todas as respostas requerem um acento gráfico para manter a ênfase na sílaba correta, exceto **irse**. Pronuncie cada resposta em voz alta.

1. fijarse   *notar, perceber*   _____
2. animarse   *animar-se*   _____
3. callarse   *calar-se*   _____
4. arreglarse   *aprontar-se*   _____
5. moverse   *mover-se*   _____
6. irse   *partir*   _____
7. quedarse   *ficar*   _____
8. pararse   *parar*   _____
9. cepillarse   *escovar os dentes*   _____
10. vestirse   *vestir-se*   _____
11. divertirse   *divertir-se*   _____
12. dormirse   *dormir*   _____

Comandos Negativos de *tú*

A forma negativa do comando de **tú** é a mesma do presente do subjuntivo.

Para formar o comando negativo de **tú**, comece com a conjugação de **yo** do presente do indicativo. Remova a terminação **-o** para obter o radical do presente do subjuntivo.

- Para verbos terminado em **-ar**, acrescente **-es** ao radical.
- Para verbos terminados em **-er** e **-ir**, acrescente **-as** ao radical.

Verbos Terminados em *-ar*

No grites.   *Não grite.*
No fumes en mi casa, por favor.   *Não fume na minha casa, por favor.*

No juegues con fósforos.   *Não brinque com fósforos.*
No toques el enchufe.   *Não toque na tomada.*

Verbos Terminados em *-er* e *-ir*

No mientas.	*Não minta.*
No corras con tijeras.	*Não corra com tesouras.*
No comas comida rápida.	*Não coma fast food.*
No subas la montaña solo.	*Não suba a montanha sozinho.*
No bebas esa agua.	*Não beba essa água.*

Pronuncie o comandos listados acima em voz alta. Escreva as formas negativa e afirmativa dos comandos que usa diariamente, pronuncie em voz alta e tente memorizá-los. Os comandos negativos são muito importantes.

Posição dos Pronomes Objeto com os Comandos Negativos de *tú*

Todos os pronomes objeto precedem o verbo em um comando negativo. O pronome objeto indireto precede o átono se ambos aparecerem juntos.

No abras la ventana.	*Não abra a janela.*
No la abras.	*Não a abra.*
No cierres la puerta.	*Não feche a porta.*
No la cierres.	*Não a feche.*
No lo hagas.	*Não faça isso.*
No me lo digas.	*Não me diga isso.*
No me traigas las tortas.	*Não me traga os bolos.*
No me las traigas.	*Não me traga.*
No nos cuentes el mismo cuento.	*Não me conte a mesma história.*
No nos lo cuentes.	*Não me conte-as.*
No le escribas una carta a Federico.	*Não escreva uma carta para Federico.*
No se la escribas.	*Não lhe escreva.*
No les prestes dinero.	*Não lhe empreste dinheiro.*
No se lo prestes.	*Não lhe empreste.*
No le des nada a Dorotea.	*Não dê nada a Dorotea.*

Comandos

O pronome reflexivo também precede o verbo no comando negativo **tú**.

No te enfades.	*Não se irrite.*
No te vayas.	*Não se vá.*
No te quejes.	*Não se queixe.*
No te asustes.	*Não se assuste.*

Se o verbo reflexivo e o pronome objeto direto aparecem na mesma frase, o pronome reflexivo precede o pronome objeto direto.

No te pongas el abrigo en el verano.	*Não vista o casaco no verão.*
No te lo pongas.	*Não o vista.*
No te quites el sombrero en el invierno.	*Não tire seu chapéu no inverno.*
No te lo quites.	*Não o tire.*

Revisão dos Comandos de *tú*

Comandos Regulares de *tú*

	Afirmativo	Negativo
cantar	canta	no cantes
beber	bebe	no bebas
abrir	abre	no abras

Comandos Irregulares de *tú*

	Afirmativo	Negativo
decir	di	no digas
hacer	haz	no hagas
ir	ve	no vayas
poner	pon	no pongas
salir	sal	no salgas
ser	sé	no seas
tener	ten	no tengas
venir	ven	no vengas

Exercício 6.5

Traduza os seguintes comandos para o português.

1. Hazme un favor. _____
2. Dinos la verdad. _____
3. Vete. _____
4. Ponte las medias. _____
5. Sal ahora. _____
6. Sé un buen perro. _____
7. Ten cuidado. _____
8. Ven acá. _____

Exercício 6.6

*Escreva a forma correta dos comandos afirmativos e negativos de **tú** dos verbos a seguir, de acordo com o exemplo dado. Pronuncie cada um dos comandos em voz alta.*

		AFIRMATIVO	NEGATIVO
EXEMPLO:	cruzar	*cruza (tú)*	*no cruces*
1.	correr	_____	_____
2.	caminar	_____	_____
3.	beber	_____	_____
4.	seguir	_____	_____
5.	repetir	_____	_____
6.	hablar	_____	_____
7.	mirar	_____	_____
8.	romper	_____	_____
9.	vender	_____	_____
10.	abrir	_____	_____
11.	subir	_____	_____

Comandos 105

12. empezar   _____   _____
13. mentir   _____   _____
14. salir   _____   _____
15. poner   _____   _____
16. tocar   _____   _____

Exercício 6.7

*Traduza as seguintes frases para o espanhol. Use a forma **tú** dos comandos.*

1. *Não coma a salada na Guatemala. Não a coma.*

_____

2. *Não corra; outro trem está vindo.*

_____

3. *Não me conte o segredo. Não me conte-o.*

_____

4. *Não faça isso.*_____

5. *Não toque nisso.*_____

6. *Não tenha medo.*_____

7. *Não empreste dinheiro a ela. Não lhe empreste.*

_____

8. *Não venha tarde para o desfile.*

_____

9. *Não nos dê más notícias.*

_____

10. *Não traga doces para as crianças. Não lhes traga-os.*

_____

11. *Não se vá.* _____

12. *Não se preocupe.*

_____

13. *Não me espere.* _____

14. *Não seja ciumento.*

_____

Comandos com *Ud.* e *Uds.*

As formas de comandos usadas com **Ud.** e **Uds.** são idênticas ao presente do subjuntivo.

- Para formar os comandos com **Ud./Uds.** dos verbos terminados em **-ar**, comece com a forma de **yo** do presente do indicativo. Remova a terminação **-o** e acrescente **-e** (**Ud.**) ou **-en** (**Uds.**) ao radical.

- Para formar os comandos com **Ud./Uds.** dos verbos terminados em **-er** e **-ir**, comece com a forma de **yo** do presente do indicativo. Remova a terminação **-o** e acrescente **-a** (**Ud.**) ou **-an** (**Uds.**) ao radical.

- Há apenas cinco formas de comando irregulares com **Ud./Uds.** Todos os comandos regulares com **Ud./Uds.** são formados a partir da forma **yo** do presente do indicativo.

Comandos Afirmativos com *Ud.*

Verbos Terminados em *-ar*

Tome una aspirina si tiene dolor de cabeza.	*Tome uma aspirina se tiver dor de cabeça.*
Firme aquí.	*Assine aqui.*
Entre Ud., por favor.	*Entre, por favor.*
Cante. Baile. Escuche música.	*Cante. Dance. Escute música.*
Espere Ud.	*Espere.*

NOTA O comando pode ser suavizado pela adição de **Ud.** ou **Uds.**

Verbos Terminados em *-er* e *-ir*

Abra la ventana, por favor.	*Abra a janela, por favor.*
Coma. Beba.	*Coma. Beba.*
Venga a mi casa a las siete.	*Venha à minha casa às sete.*
Tenga cuidado.	*Tenha cuidado.*
Haga sus ejercicios.	*Faça seus exercícios*

Comandos Negativos com *Ud.*

A forma verbal negativa dos comandos com **Ud.** é igual ao presente do subjuntivo. As formas de comando afirmativas e negativas com **Ud.** são idênticas.

No tome una aspirina.	*Não tome uma aspirina.*
No entre Ud.	*Não entre.*
No grite Ud.	*Não grite.*
No abra la ventana.	*Não abra a janela.*
No coma, no beba.	*Não coma, não beba.*
No venga a mi casa a las siete; sino a las ocho.	*Não venha à minha casa às sete; e sim às oito.*

Comandos Afirmativos com *Uds.*

Acrescente um **-n** à forma do **Ud.** do imperativo para criar o comando com **Uds.**

Verbos Terminados em *-ar*

Compren la casa.	*Comprem a casa.*
Apaguen la luz.	*Apaguem a luz.*
Caminen Uds.	*Caminhem.*

Verbos Terminados em *-er* e *-ir*

Repitan la frase, por favor.	*Repitam a frase, por favor.*
Lean el periódico.	*Leiam o jornal.*

Comandos Negativos com *Uds.*

No hablen.	*Não falem.*
No fumen en la casa.	*Não fumem na casa.*
No griten.	*Não gritem.*
No salgan.	*Não saiam.*
No prendan la luz.	*Não acendam a luz.*
No pongan su ropa en el piso.	*Não coloquem suas roupas no chão.*

Pronuncie os comandos listados acima em voz alta. Agora liste os comandos que usa no dia a dia. Crie uma lista própria de comandos e pratique.

Posição dos Pronomes Objeto com Comandos Afirmativos com *Ud./Uds.*

Os pronomes objeto direto, indireto e os pronomes reflexivos são anexados ao comando afirmativo. Quando um objeto é acrescentado à forma do comando um acento gráfico é colocado sobre a sílaba tônica para manter o som do verbo.

Comandos Afirmativos com *Ud.*

Diga. Dígame. Dígamelo.	*Diga. Diga-me. Diga-me isso.*
Escúcheme.	*Ouça-me.*
Bésela.	*Beije-a.*
Siéntese Ud.	*Sente-se, por favor.*
Sirva el postre, por favor.	*Sirva a sobremesa, por favor.*
Sírvalo.	*Sirva-a.*
Créame.	*Creia-me.*

Comandos Afirmativos com *Uds.*

Ayúdenla.	*Ajudem-na.*
Denles su dinero.	*Deem-lhes seu dinheiro.*
Espérenme, por favor.	*Esperem-me, por favor.*
Siéntense Uds.	*Sentem-se, por favor.*
Quédense.	*Fiquem.*
Enséñennos la idea. Enséñennosla.	*Ensinem-nos a ideia. Ensinem-nos.*

NOTA A combinação **-nn-** é muita rara em espanhol.

Posição dos Pronomes Objeto com Comandos Negativos com *Ud./Uds.*

Os pronomes reflexivos, objeto direto e indireto precedem o verbo no comando negativo com **Ud./Uds.** As formas do verbo para os comando afirmativos e negativos são as mesmas.

Comandos Negativos com *Ud.*

No me traiga agua.	*Não me traga água.*
No le diga nada a nadie.	*Não diga nada a ninguém.*
No nos espere.	*Não nos espere.*
No se caiga.	*Não caia.*
No se desespere.	*Não se desespere.*
No se preocupe.	*Não se preocupe.*

Comandos Negativos com *Uds.*

No lo toquen.	*Não toquem nisso.*
No se preocupen.	*Não se preocupem.*
No se vayan.	*Não vão.*
No se rían.	*Não riam.*

Revisão dos Comandos com *Ud./Uds.*

Comandos Regulares com *Ud./Uds.*

	Afirmativo		Negativo	
	Ud.	Uds.	Ud.	Uds.
caminar	camine	caminen	no camine	no caminen
comer	coma	coman	no coma	no coman
escribir	escriba	escriban	no escriba	no escriban

Comados Irregulares com *Ud./Uds.*

Há apenas cinco formas de comando com **Ud./Uds.** que não são formadas a partir da forma do **yo** no presente do indicativo.

	Afirmativo		Negativo	
	Ud.	Uds.	Ud.	Uds.
dar	dé	den	no dé	no den
estar	esté	estén	no esté	no estén
saber	sepa	sepan	no sepa	no sepan
ser	sea	sean	no sea	no sean
ir	vaya	vayan	no vaya	no vayan

NOTA Lembre-se de que comandos como **diga**, **haga** e **tenga** não são irregulares. Eles são formados a partir da conjugação de **yo** do presente do indicativo.

Outras Maneiras de Pedir às Pessoas que Façam Coisas

- **Favor de** + *infinitivo* (fácil de usar e muito educado)

Favor de abrir la ventana.	*Por favor, abra a janela.*
Favor de sentarse al frente.	*Por favor, sente-se em frente.*
Favor de esperarnos.	*Por favor, nos espere.*

- **Tener la bondad de** + *infinitivo*

¿Tiene Ud. la bondad de acompañarme al hotel?	*O senhor/A senhora teria a bondade de me acompanhar ao hotel?*
¿Tienes la bondad de regalarme el anillo?	*Você teria a bondade de me dar o anel?*
¿Tienen Uds. la bondad de prestarnos su carro?	*Os senhores/as senhoras teriam a bondade de nos emprestar seu carro?*

- **Puede Ud.** + *infinitivo*

  ¿Puede Ud. cerrar la ventana?   Os senhores/as senhoras poderiam fechar a janela?

  ¿Puedes ayudarme, por favor?   Você poderia me ajudar, por favor?

- **Hacer el favor de** + *infinitivo* com *pronome objeto indireto* (similar a **favor de**)

  ¿Me hace Ud. el favor de traernos el libro?   O senhor/A senhora nos faria o favor de nos trazer o livro?

  ¿Nos haces el favor de escribirle?   Você faria o favor de lhe escrever?

  ¿Me hace Ud. el favor de bailar conmigo?   O senhor/A senhora faria o favor de dançar comigo?

- Presente do indicativo com *pronome objeto indireto ou direto*

  ¿Me ayudas, por favor?   Ajuda-me, por favor?

  ¿Nos acompaña Ud. al tren?   O senhor/A senhora nos acompanharia até o trem?

  ¿Me prestas tu carro?   Me emprestaria seu carro?

  ¿Nos da dinero?   Daria-nos dinheiro?

  ¿Nos llevan Uds. al hotel?   Os senhores/As senhoras nos levariam ao hotel?

Falando do Futuro do Pretérito

Em todas as construções acima, o modo mais educado é usar o futuro do pretérito.

Exercício 6.8

Traduza as frases a seguir para o português, depois pronuncie os comandos em voz alta.

1. No naden en este lago.

   _____

2. No caminen en el lodo.

   _____

3. No se acueste tarde.

4. No nos lo dé.

5. No dejen los platos sucios en la mesa.

6. No trabajen tanto.

7. No venga a clase el lunes.

8. No lleguen tarde.

 Exercício 6.9

Escreva os comandos afirmativos e negativos com **Ud.** *para os verbos a seguir. Pratique as pronúncias em voz alta.*

		AFIRMATIVO	NEGATIVO
EXEMPLO:	cantar	*Cante.*	*No cante.*
1.	decir		
2.	hacer		
3.	trabajar		
4.	entrar		
5.	leer		
6.	esperar		
7.	beber		

Exercício 6.10

*Escreva os comandos negativos e afirmativos com **Uds.** para os verbos reflexivos a seguir. Pratique as pronúncias em voz alta.*

		AFIRMATIVO	NEGATIVO
EXEMPLO:	irse	*Váyanse.*	*No se vayan.*
1.	quedarse		
2.	sentarse		
3.	levantarse		
4.	acostarse		
5.	dormirse		

Interpretação de Texto

Perdida en Nicaragua

"Vaya recto hasta llegar a la iglesia. Cuando llegue a la iglesia, doble a la derecha.

"Siga recto hasta llegar al ayuntamiento; camine diez minutos más, suba una colina, cruce la calle y ya está en la universidad. Si sale ahora, va a llegar mucho antes de su primera clase a las diez."

El año era 1987. Eran las siete de una mañana caliente y húmeda como siempre era en agosto en Managua. Empecé mi caminata con mucha confianza y alegría, siendo muy independiente. Caminé con las direcciones escritas en un papelito. Después de quince minutos comencé a prestar mucha atención, buscando la iglesia blanca y grande como era la descripción de ella. La temperatura siguió subiendo. No vi a nadie para pedir direcciones. No hallé ninguna iglesia, ni grande, ni pequeña, ni blanca ni de otros colores.

Desesperada, di la vuelta y seguí la misma pista que me trajo hasta este punto y volví a la pensión. Sudada, miré al grupo, todos alegres, comiendo el desayuno y charlando.

"Nunca vi la iglesia," les relaté a los dueños. Mis colegas me miraron sin poder aguantar la risa.

"Ah," me contestaron. "Ud. no es nicaragüense y no conoce bien ni la ciudad ni esta área. Le dirigimos adonde la iglesia estaba antes de la guerra."

Verbos

aguantar la risa	*segurar o riso*
cruzar	*cruzar*
dar una vuelta	*dar uma volta*
doblar	*virar, dobrar*
hallar	*achar*
relatar	*relatar*

Nombres

el ayuntamiento	*a prefeitura*
la colina	*a colina*
la pista	*a pista*

Adjetivo

sudado	*suado*

Direcciones

a la derecha	*à direita*
recto	*reto*

Preguntas

1. ¿A qué hora es la clase de la protagonista?

_____

2. ¿Cómo se siente ella al empezar el camino?

_____

3. ¿Estaba ella sola o acompañada?

_____

4. ¿Cómo volvió a la pensión?

_____

5. ¿Por qué se rieron sus colegas?

_____

Os Comandos com *nosotros*:

Os comandos com **nosotros** são iguais ao presente do subjuntivo.

Comece com o presente do indicativo da conjugação de **yo** do verbo, e remova o **-o**. A forma restante é o radical do comando.

- Para verbos terminados em **-ar**, acrescente **-emos** ao radical.
- Pra verbos terminados em **-er** e **-ir**, acrescente **-amos** ao radical.
- Os comandos afirmativos e negativos de **nosotros** têm a mesma forma.

Verbos Terminados em *-ar*

Cantemos. Bailemos.	*Cantemos. Dancemos.*
Esperemos un momento.	*Esperemos um momento.*
Tomemos un café.	*Tomemos um café.*
Empecemos la lección.	*Comecemos a aula.*

Verbos Terminados em *-er* e *-ir*

Salgamos ahora.	*Saiamos agora.*
Abramos el libro.	*Abramos o livro.*
Leamos este capítulo en clase.	*Leiamos este capítulo na aula.*

Os pronomes objeto indireto e direto são anexados ao comando afirmativo.

Digamos la verdad.	*Digamos a verdade.*
Digámosla.	*Digamo-la.*
Hagamos la tarea.	*Façamos a tarefa.*
Hagámosla.	*Façamo-la*
Traigámosle las flores al maestro.	*Tragamos as flores ao professor.*
Besemos a los niños.	*Beijemos os meninos.*
Besémoslos.	*Beijemo-los.*
Crucemos la calle.	*Cruzemos a rua.*
Crucémosla.	*Cruzemo-la.*

Os comandos negativos com **nosotros** são iguais à forma afirmativa do comando com **nosotros**. Os pronomes objeto (reflexivo, átono e tônico) precedem o comando.

No fumemos.	*Não fumemos.*
No le digamos nada al doctor.	*Não digamos nada ao médico.*
No les compremos nada.	*Não o compremos nada.*
No nos acostemos tarde.	*Não nos deitemos tarde.*

Vamos é usado em vez de **vayamos** para *vamos*. Na forma negativa, usa-se **vayamos**.

Vamos al cine. No vayamos al museo.	*Vamos ao cinema. Não vamos ao museu.*

Na forma do comando afirmativo de **nosotros** de um verbo reflexivo, o **-s** final é removido antes de se acrescentar **-nos**.

irse	vamos + nos	Vámonos.
		Vamo-nos.
sentarse	sentemos + nos	Sentémonos.
		Sentemo-nos.
acostarse	acostemos + nos	Acostémonos.
		Deitemo-nos.
ducharse	duchemos + nos	Duchémonos.
		Banhemo-nos.
levantarse	levantemos + nos	Levantémonos.
		Levantemo-nos.

O **-s** final do comando é removido se o pronome objeto indireto **se** for acrescentado. O **-s** é removido antes que o **se** seja acrescentado. Isso é feito para que se elimine a combinação **-ss-**.

Ella quiere un perro.	*Ela quer um cachorro.*
Comprémoselo.	*Comprar-lhe-emos*
(compremos + se + lo)	
Gloria necesita nuestra ayuda.	*Gloria precisa de nossa ajuda.*
Démosela.	*Dar-lhe-emos*
(demos + se + la)	

Nos verbos terminado em **-ir** com alteração do radical, há uma irregularidade na forma do comando para **nosotros**. Verbos com alteração de **e** > **ie** ou de **e** > **i** no radical têm um **-i-** acrescido ao radical do comando com **nosotros**. Verbos com alteração no radical de **o** > **u** tem um **-u-** acrescido ao radical do comando com **nosotros**. Essa é a mesma alteração de radical que aparece no presente do subjuntivo.

e > ie

    Advirtamos a los otros.   *Advirtamos aos outros.*

e > i

    Repitamos la pregunta.   *Repitamos a pergunta.*
    Sirvamos la cena.   *Sirvamos o jantar.*
    Sigamos las señales.   *Sigamos os sinais.*

o > u

    Durmámonos ahora. Ya es tarde.   *Durmamos agora. Já é tarde.*

Exercício 6.11

*Escreva a forma afirmativa do comando para **nosotros** dos verbos a seguir.*

1. decir _____
2. empezar _____
3. seguir _____
4. irse _____
5. despertarse _____
6. jugar _____
7. esperar _____
8. entrar _____
9. tomar _____
10. cruzar _____
11. dormirse _____
12. almorzar _____
13. comer _____
14. descansar _____
15. volver _____

Comandos Afirmativos com *vosotros*

A forma de **vosotros** é usada apenas na Espanha. O comando afirmativo, familiar plural de **vosotros** é formado pela remoção do **-r** final e pelo acréscimo do **-d**. Não há exceções.

Mirad. Escuchad. Caminad.	*Olhem. Escutem. Caminhem.*
Bebed. Comed. Tened cuidado.	*Bebam. Comam. Tenham cuidado.*
Id. Salid. Venid. Decid.	*Vão. Saiam. Venham. Digam.*

Nos comandos afirmativos com **vosotros**, tanto os pronomes objeto direto quanto os indiretos são anexados à forma verbal.

Leed el libro. Leedlo.	*Leiam o livro. Leiam-no.*
Cerrad la puerta. Cerradla.	*Fechem a porta. Fechem-na.*
Abrid la ventana. Abridla.	*Abram a janela. Abram-na.*

Nos comandos afirmativos com **vosotros** de um verbo reflexivo, o **-d** final é removido antes que o **-os** seja acrescentado:

despertad + os − -d- = desperta(d)os = despertaos

Desayunaos. Bañaos.	*Tomem café da manhã.*
	Banhem-se.
Poneos la chaqueta. Ponéosla.	*Vistam a jaqueta. Vistam-na.*
Divertíos en vuestras vacaciones.	*Divirtam-se em suas férias.*

Comandos Negativos com *vosotros*

O comando negativo com **vosotros** é igual ao subjuntivo. Os pronomes reflexivos, objeto direto e indireto precedem o verbo.

No cantéis esa canción.	*Não cantem essa canção.*
No bailéis aquí.	*Não dancem aqui.*
No comáis este pescado.	*Não comam esse peixe.*
No lo comáis.	*Não o comam.*
No bebáis el agua.	*Não bebam a água.*
No la bebáis.	*Não a bebam.*
No le traigáis el paquete a Susana.	*Não tragam o pacote para Susana.*
No se lo tragáis.	*Não o tragam a ela.*

No cerréis aquella puerta.	Não fechem aquela porta.
No la cerréis.	Não a fechem.
No os sentéis en esta silla rota.	Não se sentem nesta cadeira quebrada.
No os vayáis.	Não se vão.
No os caigáis.	Não caiam.
No os preocupéis.	Não se preocupem.

Para o comando negativo de **vosotros**, assim como o afirmativo de **nosotros**, os verbos terminados em **-ir** com alteração no radical apresentam irregularidade no comando. Verbos com alteração de **e > ie** ou de **e > i** no radical têm um **-i-** acrescentado ao radical do comando com **vosotros**. Verbos com alteração de radical de **o > u** têm um **-u-** acrescentado ao radical nos comandos com **vosotros**. O mesmo acontece no presente do subjuntivo.

No mintáis.	Não mintam.
No os muráis.	Não morram.
No me corrijáis.	Não me corrijam.
No repitáis vuestra idea.	Não repitam suas ideias.
No sigáis a un mal líder.	Não sigam um mau líder.

Falando do Comando com *vosotros*

O comando da conjugação de **vosotros** é usado apenas na Espanha. No entanto, é bom conhecer essa forma, especialmente se começar a ler literatura espanhola ou planeja viajar para a Espanha.

Exercício 6.12

Escreva a tradução em espanhol dos comandos a seguir o mais rápido que puder, de acordo com a dica entre parênteses. Normalmente, você tem pouco tempo para pedir a alguém que faça ou não faça algo. (Tente dizer cada um dos comandos em espanhol em cinco segundos ou menos).

1. *Não toque nisso.* (tú) _____
2. *Não diga isso.* (tú) _____
3. *Não faça isso.* (tú) _____
4. *Me ajude.* (Ud.) _____

5. Dê a ela o livro. (Ud.) _____
6. Dê isso para ela. (Ud.) _____
7. Não dê isso a ela. (Ud.) _____
8. Me beije. (tú) _____
9. Sentem-se, por favor. (Uds.) _____
10. Comecemos. (nosotros) _____
11. Esperem por nós. (Uds.) _____
12. Virem à direita. (Uds.) _____
13. Tenha cuidado. (tú) _____
14. Preencha este formulário, por favor. (Ud.) _____
15. Não beba demais. (tú) _____
16. Jogue o lixo. (tú) _____
17. Não se vá. (Ud.) _____
18. Não se preocupem. (Uds.) _____
19. Sigamos as direções. (nosotros) _____
20. Dirija mais devagar, por favor. (Ud.) _____
21. Por favor, fiquem. (Uds.) _____
22. Me ligue. (tú) _____
23. Não compre nada. (Ud.) _____
24. Não riam. (Uds.) _____
25. Vamos. (nosotros) _____

Exercício 6.13

Subjuntivo, presente do indicativo ou infinitivo? *Complete as frases a seguir com a forma correta do verbo entre parênteses.*

1. Quiero que Ud. _____. (quedarse)
2. ¿Qué quieres que yo te _____? (decir)
3. Es importante _____ bien. (comer)
4. Esperamos que Jorge y su hermana _____. (mejorase)
5. Paulina sabe que yo la _____. (buscar)
6. Es cierto que a los niños les _____ jugar. (gustar)

7. No me gusta que ella _____ a verme. (venir)
8. Los turistas buscan un hotel que _____ cómodo. (ser)
9. No sabemos quien _____ ser presidente. (querer)
10. Ojalá que toda la familia nos _____. (visitar)
11. Helena nos dice que el tren _____. (llegar)
12. El profesor les dice a los estudiantes que _____ la tarea. (hacer)
13. Vamos a estar alegres cuando _____ un buen apartamento. (comprar)
14. Me alegro _____ aquí. Me alegro de que tú _____ aquí también. (estar/estar)
15. Antes de _____ al concierto, las mujeres se visten bien. (ir)
16. ¿Es verdad que a la gente le _____ usar la computadora? (gustar)
17. Espero que a Uds. les _____ esta lección. (gustar)
18. Mi amigo me va a esperar hasta que yo lo _____. (llamar)
19. Buscamos una piscina que _____ limpia. (estar)
20. ¿Conoce Ud. a alguien que _____ tocar el violín? (saber)
21. ¿Sabe ella de donde _____ tú? (ser)
22. Yo le aconsejo a Alicia que ella _____ al dentista. (ir)
23. Es imposible que la mayoría siempre _____ razón. (tener)
24. Dudo que _____ mucho tráfico hoy. (haber)

Ao ler a história a seguir, sublinhe as formas de comando.

 ## Interpretação de Texto

La Noche de Brujas

"Ven acá m'hija," dijo su padre. "Ven acá para que yo pueda verte de cerca. Qué bonita estás en tu disfraz."

"Vuelve a las nueve como nos prometiste," le pidió su madre. "Y no hables con nadie, sino con tu grupito de chicas."

"Sí, no se preocupen." Y después, le murmura a su papá para que su mamá no la oiga: "Tú sabes, papá, que mamá va a seguirme, escondiéndose, detrás de los árboles."

"Eres muy lista. Yo no sabía que tú sabías. Ten cuidado, niñita, y no cruces la calle sin mirar en ambas direcciones."

"Sí, sí, papá." Les cantó a sus padres el canto de la Noche de Brujas: "Triqui triqui Halloween, quiero dulces para mí," y se fue.

El papá las mira salir; primero su hija, y después su esposa. Sus dos mujeres; una mayor, la otra menor. Él se sienta en su sillón favorito, en la casa cómoda, entre sus libros. Pasan las nueve; pasan las diez y nadie llegó. Empezó a oír todos los sonidos de la casa, el reloj, la radio, el viento contra la ventana, menos el sonido que él quería oír—las voces de su esposa e hija, llenas de cuentos de sus aventuras.

Verbos

esconderse	*esconder-se*
murmurar	*murmurar, sussurrar*
ser listo	*ser esperto* (**Estar listo** significa estar pronto.)

Nombre

el disfraz	*o disfarce*

Expresiones

m'hija	*minha filha* (combinação de **mi** e **hija**; um expressão de afeto)
grupito	*grupinho* (quando você acrescenta **-ito** ou **-ita** a uma palavra, equivale ao diminutivo -inho/ -inha.)
niñita	*menininha (querida menina)* (quando você acrescenta **-ito** ou **-ita** *a uma* palavra, pode significar uma expressão de afeto.)
triqui triqui	*doces ou travessuras* (surgiu do som da expressão em inglês *trick or treat*)

Preguntas

1. ¿Adónde van la madre e hija?

2. ¿Por qué no va con ellas el papá?

3. ¿Piensa Ud. que ellas van a regresar?

4. ¿Es una familia feliz o infeliz?

II

Substantivos, Artigos, Adjetivos, Pronomes; Presente e Pretérito Perfeito Composto

7

Substantivos, Artigos, Adjetivos e Pronomes

Substantivos e Artigos

Um substantivo é uma pessoa, lugar ou coisa. Em espanhol, assim como em português, eles podem ser masculinos ou femininos, mas isso não significa que o gênero sempre coincida nos dois idiomas. Os artigos definidos (**el**, **la**, **los**, **las**), concordam com seu substantivo em gênero e número, assim como os artigos indefinidos (**uno**, **una**, **unos**, **unas**).

Na maioria das vezes, o uso do artigo em espanhol e em português são iguais.

El carro rojo cuesta treinta mil dólares.	*O carro vermelho custa trinta mil dólares.*
La comida estaba deliciosa.	*A comida estava deliciosa.*
Los guantes de cuero son costosos.	*As luvas de couro são caras.*
Las revistas están en la mesa.	*As revistas estão na mesa.*
Una muchacha fue al concierto.	*Uma garota foi ao concerto.*
Un adulto la acompañó.	*Um adulto a acompanhou.*
Unos músicos tocaron bien.	*Alguns músicos tocaram bem.*
Unas personas salieron contentas.	*Algumas pessoas saíram felizes.*

Da mesma forma, a omissão do artigo em espanhol geralmente coincide com o uso em português.

Escuchamos música.	*Ouvimos música.*
Escuchamos la música clásica.	*Ouvimos música clássica.*
El hombre enfermo toma medicina.	*O homem doente toma remédio.*
Él toma la medicina que el doctor le dio.	*Ele toma o remédio que o médico lhe deu.*

Substantivos, Artigos, Adjetivos e Pronomes

Falando de Artigos Definidos
Mesmo sem muitas regras, você será capaz de usar os artigos corretamente.

Inclusão e Omissão de Artigos

O espanhol não usa o artigo definido *um/uma* antes de um substantivo que expressa uma profissão não modificada por um adjetivo, em português seu uso é opcional. Se a profissão é modificada, o artigo indefinido (**un/una**) passa a ser necessário, como em português.

NÃO MODIFICADO	Juan es pintor.	*Juan é [um] pintor.*
MODIFICADO	Juan es un pintor maravilloso.	*Juan é um pintor maravilhoso.*
NÃO MODIFICADO	Paula es doctora.	*Paula é médica.*
MODIFICADO	Paula es una buena doctora.	*Paula é uma boa médica.*
NÃO MODIFICADO	José es maestro.	*José é professor.*
MODIFICADO	José es un mal maestro.	*José é um mau professor.*
NÃO MODIFICADO	Eres estudiante.	*Você é estudante.*
MODIFICADO	Eres una estudiante fantástica.	*Você é uma estudante fantástica.*

O artigo definido é usado com os dias da semana. A preposição anexada ao artigo definido em português, *em* ou *a* não é usada.

Ella salió el martes. *Ela saiu na [em + a] terça-feira.*
Ramón va a volver el sábado. *Ramón vai voltar no sábado.*
Tenemos clase los jueves. *Temos aula às [a + as] quintas-feiras.*

O único caso em que o artigo é omitido ao expressar os dias da semana é depois do verbo **ser**.

Hoy es miércoles. *Hoje é quarta-feira.*
¿Qué día es? Hoy es viernes. *Que dia é hoje? Hoje é sexta.*

O artigo definido é usado com as estações do ano, assim como em português.

La primavera es bonita. *A primavera é bonita.*
El verano es ideal. *O verão é ideal.*
Me encanta viajar en el otoño. *Adoro [me encanta] viajar no outono.*
No nos gusta esquiar en el invierno. *Não gostamos de esquiar no inverno.*

126   Substantivos, Artigos, Adjetivos, Pronomes; Presente e Pretérito Perfeito

O artigo definido é usado depois de formas do verbo **gustar** e outros usados da mesma maneira que **gustar** (por exemplo, **doler**, **encantar**, **fascinar**, **importar**).

Me gustan los vegetales.	*Gosto de vegetais.*
A Paula le encanta el cine.	*Paula adora cinema.*
A Fernando y a sus amigos lesimporta la verdad.	*A Fernando e seus amigos importa a verdade.*

Os artigos definidos (**el**, **la**, **los**, **las**) nunca vêm depois do verbo **haber**, mas substantivos, adjetivos e artigos indefinidos, sim.

Hay una persona aquí.	*Há uma pessoa aqui.*
Había algunos libros en la mesa, pero ahora no los veo.	*Havia alguns livros na mesa, mas agora não os vejo.*
No hay ningún buen hotel por aquí.	*Não há nenhum bom hotel por aqui.*
Hay poca gente en la ciudad.	*Há pouca gente na cidade.*
Hubo mucho tráfico ayer.	*Havia muito tráfego ontem.*
Había dos fiestas el día de las madres.	*Havia duas festas no dia das mães.*

Quando o verbo **hablar** é seguido pelo nome de um idioma, o artigo definido é omitido.

Ella habla español, pero no habla inglés.	*Ela fala espanhol, mas não fala inglês.*
Los portugueses hablan francés y portugués.	*Os portugueses falam francês e português.*

O artigo definido é usado na frente de cada substantivo se houver mais de um substantivo em sequência.

El museo tiene el arte, la escultura y los dibujos.	*O museu tem arte, esculturas e desenhos.*
El estudiante tiene el lápiz, la pluma y la computadora en su cuarto.	*O aluno tem o lápis, a caneta e o computador em seu quarto.*

Substantivos, Artigos, Adjetivos e Pronomes

O artigo definido é usado com o nome de uma disciplina ou área de estudo.

Enrique estudia la ley.	*Enrique estuda direito.*
María escribe la historia de su país.	*María escreve a história de seu país.*
Platón enseñó la filosofía.	*Platão ensinou filosofia.*
Oscar y Fernanda escriben sobre el periodismo.	*Oscar e Fernanda escrevem sobre jornalismo.*

Antes de um substantivo em uma afirmação genérica, usa-se o artigo definido.

Los cigarrillos son malos.	*Os cigarros são ruins.*
El agua es buena.	*A água é boa.*

O artigo definido é usado antes de substantivos abstratos, diferentemente do português.

La sinceridad es importante.	*Sinceridade é importante.*
La honestidad es rara.	*Honestidade é rara.*

Para se referir a todos os membros de uma classe, usa-se o artigo definido.

Los delfines son inteligentes.	*Os golfinhos são inteligentes.*
Las computadoras son necesarias.	*Os computadores são necessários.*
Los bebés duermen mucho.	*Os bebês dormem muito.*

E antes de um título pessoal em espanhol.

El señor Muñoz está aquí.	*O sr. Muñoz está aqui.*
La profesora Hernández llegó ayer.	*A professora Hernández chegou ontem.*
La señorita López cantó anoche.	*A srta. López cantou ontem à noite.*

O artigo definido é omitido antes de um título pessoal quando se está falando diretamente com a pessoa.

Hola, señorita López.	*Oi, srta. López.*
¿Cómo está Ud., señor Rodríguez?	*Como está você, sr. Rodriguez?*

NOTA O artigo definido não é usado antes de **don/doña** ou **Santo/San/Santa**. **Santo** é usado apenas antes de palavras começadas com **Do-** ou **To-** (**Santo Domingo** e **Santo Tomás**, por exemplo). **Santo** passa a ser **San** quando usado antes de palavras começadas com quaisquer outras letras.

128 Substantivos, Artigos, Adjetivos, Pronomes; Presente e Pretérito Perfeito

Don Juan tiene una mala reputación.

Dom Juan tem uma má reputação.

Doña Barbara vive en Santo Domingo.

Dona Barbara mora em Santo Domingo.

Santa Clara y Santo Tomás la visitan allá.

Santa Clara e Santo Tomás a visitam lá.

San Pedro quiere ir a San Juan.

São Pedro quer ia a San Juan.

Desean ver San Diego, California.

Desejam visitar San Diego, Califórnia.

O artigo definido é usado antes de substantivos de medida, com o sentido de *por*.

Pagamos cien dólares la libra.

Pagamos cem dólares por libra.

Los bananos cuestan cincuenta centavos el kilo.

As bananas custam cinquenta centavos o quilo.

Ella vendió el perfume a diez dólares la onza.

Ela vendeu o perfume a dez dólares a[por] onça.

Quando dois substantivos são unidos por **de** para formar um substantivo composto, o artigo definido é omitido antes do segundo substantivo.

Ella tiene un dolor de cabeza.

Ela está com uma dor de cabeça.

A ella le gusta la casa de vidrio.

Ela gosta da casa de vidro.

María leyó dos libros de historia.

María leu os livros de história.

La novia recibió un anillo de diamantes.

A namorada recebeu um anel de diamantes.

O artigo é omitido antes de números romanos, que são pronunciados como ordinais ou cardinais, usados em nomes de reis, rainhas e outros governantes.

Carlos V (quinto)

Carlos V (quinto)

Louis XIV (catorce)

Luis XIV (catorze)

Antes de um aposto, que é um substantivo ou locução substantiva usada da mesma forma e que descreve a mesma coisa que o substantivo anterior, o artigo definido é omitido.

Cervantes, **escritor**, era de España.

Cervantes, escritor, era da Espanha.

Hugo Chávez, **presidente** de Venezuela, fue elegido en 2000.

Hugo Chávez, presidente da Venezuela, foi eleito em 2000.

Substantivos, Artigos, Adjetivos e Pronomes

Baryshnikov, **bailarín**, empezó a bailar en Moscú.

Baryshnikov, bailarino, começou a dançar em Moscou.

Bogotá, **capital** de Colombia, tiene una población de siete millones de habitantes.

Bogotá, capital da Colômbia, tem uma população de sete milhões de habitantes.

Exercício 7.1

Usar ou não o artigo definido? *Complete as frases a seguir com a forma correta do artigo definido. Marque um **X** onde o artigo não é necessário.*

1. Quiero que mi hermano me dé _____ libro de _____ medicina.

2. Yo soy _____ abogado pero no me gusta _____ ley.

3. Francamente, yo fumo pero sé que _____ cigarrillos son malos para _____ salud.

4. ¿Qué quiere hacer _____ verano que viene?

5. El gobernador tuvo un accidente y le dolieron mucho _____ costillas.

6. ¿Son buenas _____ computadoras?

7. Hugo Chávez, _____ presidente de Venezuela, le da gasolina a _____ gente pobre.

8. A _____ familia le encantan _____ vacaciones.

9. Sinceramente, el mesero no sabe si _____ comida está buena en este restaurante.

Pronomes Adjetivos Possessivos

Um adjetivo possessivo concorda em gênero e número com o substantivo que modifica.

Adjetivos Possessivos de Forma Curta

Um adjetivo possessivo de forma curta precede o substantivo que modifica.

mi, **mis** *meu/minha, meus/minhas*

Mi cumpleaños es bueno.

Meu aniversário é bom.

Mis regalos son malos.

Meus presentes são ruins.

130 Substantivos, Artigos, Adjetivos, Pronomes; Presente e Pretérito Perfeito

tu, **tus** *seu/sua, seus/suas* (forma do **tú**)

Tu jardín tiene muchas flores.	*Seu jardim tem muitas flores.*
Tus hijos siembran las semillas.	*Seus filhos semeiam as sementes.*

su, **sus** *seu/sua, seus, suas* (forma do **Ud./Uds.**)

Su hermano tiene varias casas.	*Seu irmão tem várias casas.*
Sus amigos lo visitan.	*Seus amigos o visitam.*

Em espanhol, uma única forma (**su/sus**) expressa o pronome possessivo das terceiras pessoas do singular e do plural (formas **Ud./Uds.**), *seu, sua, seus, suas*. Isso significa que **su/sus** pode ser ambíguo, portanto, a construção de substantivo + **de** + pronome é normalmente usada para esclarecer o sentido.

El hermano de Ud. tiene varias casas.	*Seu irmão tem várias casas.*
Los amigos de él lo visitan.	*Os amigos dele o visitam.*

nuestro, **nuestra**, **nuestros**, **nuestras** *nosso, nossa, nossos, nossas*

Nuestro abuelo es viejo.	*Nosso avô é velho.*
Nuestra abuela es mayor.	*Nossa avó é mais velha.*
Nuestros hermanos son jóvenes.	*Nossos irmãos são jovens.*
Nuestras hijas son menores.	*Nossas filhas são mais jovens.*

vuestro, **vuestra**, **vuestros**, **vuestras** *seu, sua, seus, suas* (forma **vosotros**)

Assim como **vosotros**, essas formas são usadas apenas na Espanha. Elas são explicadas aqui para que você as conheça, mas quando precisar usar a palavra para *seu, sua, seus, suas* em espanhol, use **su/sus**.

Vuestro sobrino tiene suficiente dinero.	*Seu sobrinho tem dinheiro suficiente.*
Vuestra sobrina vive en Portugal.	*Sua sobrinha vive em Portugal.*
Vuestros tíos viven en España.	*Seus tios moram na Espanha.*
Vuestras parientes van a viajar a ambos países.	*Suas parentes vão viajar para ambos os países.*

Substantivos, Artigos, Adjetivos e Pronomes   131

Exercício 7.2

Complete as frases a seguir com a forma mais apropriada do pronome possessivo a partir da lista abaixo.

mi, mis, tu, tus, su, sus, nuestro, nuestra, nuestros, nuestras

1. Soy estudiante: _____ libros están en la mesa.
2. Él es un buen profesor; _____ cursos son interesantes.
3. Ellos son abogados; _____ clientes pueden ser culpables o inocentes.
4. Nuestra amiga es maestra; _____ padres enseñan también.
5. Ella es mi suegra; _____ casa está en México.
6. El cuñado de Cecilia es carpintero: _____ nombre es Manuel.
7. Liliana está en Texas; _____ familia vive en Arizona.
8. Vivo con cuatro amigos, un gato y un conejo; _____ casa es grande.
9. Somos principiantes; _____ tarea es difícil.
10. La hija de Beatriz es doctora; _____ hijo es arquitecto.

Adjetivos Possessivos de Forma Longa

A língua espanhola também tem um conjunto de adjetivos possessivos de forma longa que são usados para enfatizar um possuidor em relação ao outro:

*Esse é **meu** carro, não o **seu** carro.*

Eles são usados com menos frequência do que os adjetivos possessivos de forma curta.

- Adjetivos possessivos de forma longa são usados depois de um substantivo, e devem concordar em gênero e número com o substantivo que modificam. Todos têm quatro formas que indicam gênero e número.
- São usados para enfatizar o possuidor, e eles são equivalentes a *meu(s)/minha(s), seu(s)/sua(s), dele(s)/dela(s), nosso(s)/nossa(s), de vocês.*
- São usados ao se falar diretamente com uma pessoa ou em exclamações: **¡Dios mío!**, por exemplo.

mío, **mía**, **míos**, **mías** *meu, minha, meus, minhas*

Tu carro es viejo. El carro **mío** es nuevo.	*Seu carro é velho. **Meu** carro é novo.*
Tu casa es azul. La casa **mía** es blanca.	*Sua casa é azul. **Minha** casa é branca.*
Queridos amigo **míos**, ¿cómo están Uds.°?	*Queridos amigos **(meus)**, como estão vocês?*

tuyo, **tuya**, **tuyos**, **tuyas** *seu, sua, seus, suas* (forma **tú**)*, de vocês*

No me gusta mi apartamento. Prefiero el apartamento **tuyo**.	*Eu não gosto do meu apartamento. Prefiro o **seu**.*
Mis plumas no tienen tinta. ¿Me puedes prestar las plumas **tuyas**?	*Minhas canetas não têm tinta. Pode me emprestar as **suas**?*

suyo, **suya**, **suyos**, **suyas** *seu, sua, seus, suas* (formas **Ud./Uds.**)*, de vocês, dele; dela; deles, delas*

Tomás y Helena están aquí.	*Tomás e Helena estão aqui.*
Necesito el carro **suyo**.	*Eu preciso do **seu** carro.* (também possível: *do carro dele[s]*).
¿El carro de él o el carro de ella?	*O carro é dele ou dela?*

Lembre-se de que, em espanhol, há apenas uma forma para o pronome possessivo de terceira pessoa. Isso significa que **suyo/suya/suyos/suyas** podem ser ambíguos. A construção substantivo + **de** + pronome ou substantivo é usada para esclarecer o sentido.

Sara y José escriben cuentos.	*Sara e José escrevem contos.*
Los artículos de ella son aburridos, pero los artículos **suyos** son interesantes.	*Os artigos dela são chatos, mas os artigos **dele** são interessantes.*
A Ana le agrada David.	*Ana gosta de David.*
Ana es una amiga **suya**.	*Ana é uma amiga **dele**.*
A David le agrada Ana.	*David gosta de Ana.*
David es un amigo **suyo**.	*David é amigo **dela**.*
Las ideas **suyas** son estupendas.	*As [**suas**] ideias **dele/dela** são ótimas.*
¿Las ideas de quiénes?	*As ideias de quem?*
Las ideas de Uds.	*Suas ideias. As ideias de vocês.*

Substantivos, Artigos, Adjetivos e Pronomes

nuestro, **nuestra**, **nuestros**, **nuestras** *nosso, nossa, nossos, nossas*

Ud. tiene una familia grande.	*Você tem uma família grande.*
La familia **nuestra** es pequeña.	*Nossa família é pequena.*
Los parientes de Enrique viven en Ecuador.	*Os parentes de Enrique vivem no Equador.*
Los parientes **nuestros** viven en Inglaterra.	**Nossos** *parentes vivem na Inglaterra.*

vuestro, **vuestra**, **vuestros**, **vuestras** *seu, sua, seus, suas* (forma **vosotros**), *de vocês*

Mis amigos son de los Estados Unidos.	*Meus amigos são dos Estados Unidos.*
Los amigos **vuestros** son de España.	**Seus** *amigos são da Espanha.*
Mis primas viven en California.	*Minhas primas vivem na Califórnia.*
Las primas **vuestras** viven en Madrid.	**Suas** *primas vivem em Madrid.*

Adjetivos possessivos de forma longa também podem ocorrer com um artigo indefinido — **un**, **uno**, **una**, **unos**, **unas**.

Un estudiante **suyo** recibe buenas notas.	*Um aluno **seu** recebe boas notas.*
El maestro explica una idea **nuestra**.	*O professor explica uma ideia **nossa**.*
Unos amigos **míos** van de vacaciones.	*Alguns amigos **meus** vão sair de férias.*
Unas amigas **tuyas** prefieren trabajar.	*Algumas amigas **suas** preferem trabalhar.*

Exercício 7.3

Complete as frases a seguir com a forma correta do pronome possessivo, de acordo com a dica entre parênteses.

1. Querido amigo _____, ¿vienes a visitarme? (*meu*)

2. El libro _____ es más pesado que el libro _____. (*seu/meu*)

3. Tus zapatos son viejos; los zapatos _____ son costosos y nuevos. (*dela*)

134   Substantivos, Artigos, Adjetivos, Pronomes; Presente e Pretérito Perfeito

4. A los dos compañeros de cuarto siempre se les pierden las llaves. Afortunadamente, tienen otras llaves _____. (*deles*)

5. Unas primas _____ quieren ir a México; la otra no quiere viajar. (*minhas*)

6. La idea de Ofelia es mala; la idea _____ es mejor. (*nossa*)

7. Favor de venir acá, hijo _____. (*meu*)

8. Los guantes de Rebeca son de cuero; los guantes _____ son de algodón. (*deles*)

Pronomes Possessivos

Um pronome possessivo substitui um substantivo. Ele nos diz quem tem a posse ou a propriedade do substantivo que está substituindo.

*Sua bicicleta é amarela. A **minha** é vermelha.*

Minha é usada no lugar de *minha bicicleta*, e é um pronome possessivo porque substitui o substantivo, *bicicleta*, e diz quem é dono do substantivo.

Formação e Usos dos Pronomes Possessivos

- Um pronome possessivo concorda em número e gênero com a coisa possuída.
- Ele é semelhante ao pronome adjetivo possessivo. Na maioria das frases afirmativas e interrogativas, ele é usado com o artigo definido.
- O artigo definido é omitido antes do pronome possessivo apenas quando o pronome possessivo é seguido por uma forma do verbo **ser**.

el mío, **la mía**, **los míos**, **las mías** *o meu, a minha, os meus, as minhas*

Tu carro es nuevo; **el mío** es viejo y feo.	*Seu carro é novo; **o meu** é velho e feio.*
Tu casa es grande; **la mía** tiene cuatro cuartos.	*Sua casa é grande; **a minha** tem quatro quartos.*
Yo sé que tus amigos están aquí, pero ¿dónde están **los míos**?	*Eu sei que seus filhos estão aqui, mas onde estão **os meus**?*

Observe o quanto o gênero é importante no uso dos pronomes possessivos em espanhol. Fica evidente que **el mío** substitui **tu carro**, porque é masculino. Da mesma forma, **la mía** substitui **su casa** porque é feminino.

Substantivos, Artigos, Adjetivos e Pronomes

el tuyo, **la tuya**, **los tuyos**, **las tuyas** *o seu, a sua, os seus, as suas* (forma **tú**)

No tengo una pluma. ¿Puedo usar **la tuya**?	*Não tenho uma caneta. Posso usar **a sua**?*
Dejé mis libros en la oficina. ¿Me puedes prestar **los tuyos**?	*Deixei meus livros no escritório. Pode me emprestar **os seus**?*

el suyo, **la suya**, **los suyos**, **las suyas** *o seu, a sua, os seus, as suas* (formas **Ud./Uds.**), *o(s) dele, a(s) dela, o(s) deles, a(s) delas*

Compré mi libro ayer. ¿Compró Ud. **el suyo**?	*Comprei meu livro ontem. O senhor/A senhora comprou **o seu**?*
La casa de Susana es grande. Mi casa es pequeña. No me gusta la mía. Prefiero **la suya**.	*A casa de Susana é grande. Minha casa é pequena. Não gosto da minha. Prefiro **a dela**.*
Jaime no tiene mis zapatos. Tengo **los suyos**.	*Jim não está com meus sapatos. Eu estou com **os dele**.*
David no sabe dónde están mis llaves. **Las suyas** están en el carro.	*David não sabe onde estão minhas chaves. **As suas** estão no carro.*

Lembre-se de que as terceiras pessoas dos pronomes possessivos, singular e plural, são geralmente ambíguas. **Prefiero la suya** pode significar *Prefiro a dele*, *Prefiro a dela*, *Prefiro a sua*, *Prefiro a deles*, *Prefiro a delas*, além de *Prefiro a de vocês*. A ambiguidade pode ser desfeita da seguinte maneira: **Prefiero la casa de él / de ella / de Ud. / de ellos / de ellas / de Uds.**

el nuestro, **la nuestra**, **los nuestros**, **las nuestras** *o nosso, a nossa, os nossos, as nossas*

La guitarra de Gloria es vieja. **La nuestra** es nueva y costosa.	*O violão de Gloria é velho. **O nosso** é novo e caro.*
Elena tiene su propio radio. No quiere **el nuestro**.	*Elena tem seu próprio rádio. Ela não quer **o nosso**.*
¿Dónde pusieron Uds. sus libros?	*Onde os senhores/as senhoras puseram seus livros?*
Encontramos **los nuestros** en el estudio.	*Encontramos **os nossos** no escritório.*

el vuestro, la vuestra, los vuestros, las vuestras *os seus, as suas, os seus, as suas* (forma **vosotros**)

Mi tren llega de Barcelona el lunes.	*Meu trem chega de Barcelona às segundas.*
El vuestro llega de Madrid.	*O seu chega de Madrid.*
Mis revistas están encima del piano.	*Minhas revistas estão em cima do piano.*
No puedo ver **las vuestras**.	*Não estou vendo **as suas**.*

Exercício 7.4

Complete as seguintes frases com a forma correta do pronome possessivo, de acordo com as dicas entre parênteses.

1. El himno nacional de Canadá es más bonito que _____. (*nosso*)

2. Nuestros tíos vinieron a vernos ayer. ¿Cuándo vienen _____? (*seus*)

3. Enrique quiere vender su cámara. Me gusta _____, pero voy a comprar _____. (*dele/sua*)

4. La mujer quería llevar su chaqueta en clase, pero yo tenía calor, y me quité _____. (*minha*)

5. Los hijos de Sonia se duermen a las ocho todas las noches; _____ se duermen a las nueve. (*nossos*)

6. Esta alcoba es más pequeña que _____. (*minha*)

7. Este hotel de tres estrellas es menos cómodo que _____. (*nosso*)

8. ¿Cuál de los pasteles desea Ud.? El pastel que deseo es más sabroso que _____. (*seu*)

Omissão do Artigo Depois do Verbo *ser* com Pronomes Possessivos

Quando um pronome possessivo vem depois de qualquer forma do verbo **ser**, o artigo (**el, la, los, las**) é omitido.

El gusto es mío.	*O prazer é meu.*
La casa es mía.	*A casa é minha.*
Los zapatos son míos.	*Os sapatos são meus.*
Estas opiniones son mías.	*Essas opiniões são minhas.*

El vestido es tuyo.	O vestido é seu.
La corbata es tuya.	A gravata é sua.
Los trajes son tuyos.	Os ternos são seus.
Las faldas son tuyas.	As saias são suas.
El piano es suyo.	O piano é seu. (também é possível: é dele/dela/deles)
La camisa es suya.	A camisa é sua. (também é possível: é dele/dela/deles/delas)
Los tambores son suyos.	Os tambores são seus. (também é possível: são dele/dela/deles/delas)
Las flautas son suyas.	As flautas são suas. (também é possível: são dele/dela/deles/delas)
El violín es nuestro.	O violino é nosso.
La mesa es nuestra.	A mesa é nossa.
Los coches son nuestros.	Os carros são nossos.
Las bicicletas son nuestras.	As bicicletas são nossas.

Exercício 7.5

Complete as frases a seguir com a forma correta do pronome possessivo, de acordo com as dicas entre parênteses. Nestas frases, eles aparecem depois de uma forma do verbo **ser**.

1. El libro es _____. (*meu*)
2. Estos espejos son _____. (*seus*)
3. Los mapas son _____. (*nossos*)
4. Los gatos son _____. (*dele*)
5. La planta es _____. (*dela*)
6. La televisión es _____. (*deles*)

Exercício 7.6

Complete as frases a seguir com a forma correta do pronome possessivo, de acordo com as dicas entre parênteses. Nestas frases, ele aparece depois de uma palavra diferente do verbo **ser**.

1. Mi libro está aquí. ¿Dónde está _____? (*seu*)
2. El chaleco guatemalteco cuesta veinte pesos. ¿Cuánto cuesta _____? (*dele*)

138   Substantivos, Artigos, Adjetivos, Pronomes; Presente e Pretérito Perfeito

3. El maestro tiene su libro. ¿Quién tiene _____? (*meu*)

4. Los carros de Jaime son costosos; son mejores que _____. (*nossos*)

5. No tengo una buena maleta para mi viaje. ¿Me puedes prestar _____? (*sua*)

6. ¿Hay platos para la fiesta? ¿Nos pueden Uds. traer _____? (*seus*)

Pronomes Relativos

Pronomes relativos referem-se a um substantivo anteriormente expresso.

Que

Que, significando *que*, *qual* ou *quem* é o pronome relativo mais versátil e usado em espanhol. Ele se refere a pessoas, lugares ou coisas, e é usado imediatamente depois do substantivo a que se refere.

Este hombre, que habla mucho, es mi amigo.	*Este homem, que fala muito, é meu amigo.*
Tengo la información que necesitas.	*Tenho a informação que você precisa.*

Que também é usado depois de preposições. Como o objeto de uma preposição, **que** se refere apenas a uma ou mais coisas, não a uma pessoa ou mais.

El edificio en que vivo es viejo.	*O edifício em que moro é velho.*
Tengo la pluma con que él escribe.	*Tenho a caneta com que escreve [está escrevendo].*
Los libros de que hablo son interesantes.	*Os livros de que falo são interessantes.*

Quien

Quien significa *quem* e é usado no lugar de **que** quando uma forma do verbo **ser** é usada na oração principal.

Es ella **quien** canta bien.	*É ela quem canta bem.*
Son ellos **quienes** bailan.	*São eles quem dançam.*
Soy yo **quien** escribe.	*Sou eu quem escreve.*

Substantivos, Artigos, Adjetivos e Pronomes 139

Quien e **quienes**, significando *quem,* são usados depois das preposições para se referir a pessoas.

Ella es la mujer con quien Eduardo vive.	*Ela é a mulher com quem Eduardo vive.*
El cantante a quien conozco llegó hoy.	*O cantor a quem conheço chega hoje.*
Los estudiantes a quienes vi ayer no están aquí hoy.	*Os alunos a quem vi ontem não estão aqui hoje.*

Cuyo, cuya, cuyos, cuyas

Cuyo, que significa *cujo*, pode servir como pronome relativo ou adjetivo relativo. Frequentemente, ele atua como um adjetivo, porque normalmente precede o substantivo que modifica e concorda com ele em gênero e número.

Los niños **cuya familia** vive lejos se sienten solos.	*As crianças cuja família vive longe se sentem sós.*
El hombre **cuyo libro** tengo se fue ayer.	*O homem cujo livro está comigo partiu ontem.*
La doctora **cuyos clientes** son exigentes trabaja duro.	*A médica cujos clientes são exigentes trabalha duro.*
El guitarrista **cuyas canciones** son originales gana mucho dinero.	*O guitarrista cujas canções são originais ganha muito dinheiro.*

Lo que

Lo que significa *o que.* Ele é um pronome relativo neutro e se refere a uma ideia abstrata.

Julia siempre entiende lo que le enseñamos.	*Julia sempre entende o que lhe ensinamos.*
Lo que quiero decirles es la verdad.	*O que quero lhes dizer é a verdade.*
Lo que Ud. hizo me sorprendió.	*O que o senhor/a senhora fez me surpreendeu.*
Fernando tiene lo que necesitas.	*Fernando tem o que [você] precisa.*
¿Oyen Uds. lo que yo oigo?	*Os senhores/as senhoras ouvem o que eu ouço?*

Quando **lo que** é usado para significar *qualquer um* ou *o que* é seguido pelo presente do subjuntivo.

El día de tu cumpleaños, puedes hacer lo que quieras.

No dia de seu aniversário, pode fazer o que quiser.

Exercício 7.7

Complete as frases a seguir com o pronome relativo apropriado. Escolha da lista abaixo.

lo que, que, quien, quienes, cuyo

1. Sabemos _____ Luisa sabe.
2. Los hombres, _____ jugaban tenis contra sus esposas, perdían.
3. Este hotel, en _____ pasamos nuestras vacaciones, es maravilloso.
4. Samuel y su hermano, _____ viven en el décimo piso, son carpinteros.
5. Graciela tiene dos nietos con _____ viaja.
6. Ella tiene un bastón con _____ caminar.
7. _____ Raúl hace no le sirve.
8. ¿Eres tú _____ baila bien?
9. Somos nosotros _____ cantan bien.
10. ¿Entendieron Uds. _____ yo les enseñé?
11. ¿Compraste la casa _____ me gustó?
12. No tengo nadie con _____ hablar.
13. A este hombre _____ esposa tiene tres coches no le gusta manejar.
14. Mi mejor amigo, _____ hermanos bailan y cantan, toca bien el violín.

Exercício 7.8

Traduza as frases a seguir para o português.

1. Rita vendió la casa que me gustó.

2. Lo que Ud. dijo era verdad.

3. No sé si este hombre conocido, que estudia la filosofía, quiere ir a Grecia con sus amigos.

El que, la que, los que, las que

El que e suas formas derivadas significam *o que, a que, o qual, a qual, quem, aquele que* e *aquela que*. Eles se referem a pessoas ou coisas, demonstram gênero e número e podem ser usadas no lugar de **que** para acrescentar ênfase ou esclarecer o sentido. **Que** é usado muito mais em conversas, enquanto as formas de **el que** são usadas na linguagem escrita. Essas formas não são comumente usadas na linguagem oral como conector. É bom conhecê-las, mas em conversas, provavelmente usará **que**.

Mi hermana, la que es baja, compró tacones.	*Minha irmã, a que é baixa, comprou sapatos de salto.*
El turista, el que llegó ayer, está cansado.	*O turista, o que chegou ontem, está cansado.*
Las mesas, las que son de vidrio, son caras.	*As mesas, as que são de vidro, são caras.*
Mis sobrinos, los que estudian la ley, quieren ser abogados.	*Meus sobrinhos, os que estudam direito, querem ser advogados.*

El cual, la cual, los cuales, las cuales

El cual e suas formas derivadas também significam *o que, a que, a qual, o qual* ou *quem*. Todas as formas podem ser substituídas por **el que**, **la que**, **los que** e **las que**. Assim como os pronomes apresentados na seção anterior, esses também são mais usados na linguagem escrita do que na oral.

Essa forma substitui **que** quando há dúvidas sobre a referência, ou se o pronome relativo estiver distante do antecedente. Esses pronomes relativos também apresentam gênero e número, e são usados para evitar confusão quando há mais de um substantivo possível a que ele possa se referir.

El padre de mi amiga, **el cual** es científico, fue a Alemania a estudiar.
O pai da minha amiga, o que é cientista, foi para a Alemanha estudar.

La madre de Federico, **la cual** canta y baila, es actriz.
A mãe de Federico, a que canta e dança, é atriz.

Los hermanos de Susana, **los cuales** trabajan en España, hablan español.
Os irmãos de Susana, os quais trabalham na Espanha, falam espanhol.

Las hijas de Gabriel, **las cuales** están alegres, viajan mucho.
As filhas de Gabriel, as que estão felizes, viajam muito.

El cual e suas formas derivadas são mais usados depois de preposições diferentes de **a**, **de**, **con** e **en**. Eles são especialmente comuns com preposições compostas.

La razón por la cual Isabel viaja es un misterio.
A razão pela qual Isabel viaja é um mistério.

Había una guerra durante la cual muchas personas murieron.
Havia uma guerra durante a qual muitas pessoas morreram.

Éste es el edificio enfrente del cual vi el accidente.
Este é o edifício em frente do qual vi o acidente.

Éstas son las calles debajo de las cuales hay varias líneas de metro.
Estas são as ruas sob as quais há várias linhas de metrô.

Aquí está la fuente detrás de la cual Lorenzo y Laura se enamoraron.
Aqui está a fonte atrás da qual Lorenzo e Laura se apaixonaram.

NOTA **La razón por la cual** é traduzido como *a razão pela qual*.

Exercício 7.9

Complete as frases a seguir com a forma de pronome relativo mais apropriada.

1. Es ella _____ lo ama.
2. Yo sabía _____ los estudiantes estaban alegres.

Substantivos, Artigos, Adjetivos e Pronomes

3. Muchas personas murieron durante la guerra _____ no era necesaria.

4. La razón por _____ Paulina y Raúl se enamoraron es obvia.

5. Las vacas y los búfalos comen hierba, _____ dan leche.

6. Susana necesita un bastón con _____ andar.

7. Ella necesita una persona con _____ estar.

8. Es un buen barrio en _____ vivir.

9. ¿Cuál es el tema de _____ tú hablas?

10. ¿A _____ buscan Uds.?

11. ¿Es ésta la puerta por _____ entramos?

Pronomes e Adjetivos Demonstrativos

Os adjetivos demonstrativos e os pronomes demonstrativos são parecidos.

Adjetivos Demonstrativos

Masculino	Feminino	
este	esta	*este, esta*
estos	estas	*estes, estas*
ese	esa	*esse, essa*
esos	esas	*esses, essas*
aquel	aquella	*aquele, aquela*
aquellos	aquellas	*aqueles, aquelas*

Pronomes Demonstrativos

Pronomes demonstrativos contêm acento gráfico.

Eles substituem o substantivo. Enquanto **este libro** significa *este livro*, **éste** (referindo-se a **el libro**) significa *este [aqui]* e substitui **el libro** (*o livro*). A pronúncia é a mesma para ambas as formas.

144   Substantivos, Artigos, Adjetivos, Pronomes; Presente e Pretérito Perfeito

	Masculino	**Feminino**	
PERTO DO FALANTE	éste	ésta	*este, esta (aqui)*
	éstos	éstas	*estes, estas (aqui)*
PERTO DO OUVINTE	ése	ésa	*esse, essa aí*
	ésos	ésas	*esses aí, essas aí*
LONGE DE AMBOS	aquél	aquélla	*aquele, aquela (lá)*
FALANTE E OUVINTE	aquéllos	aquéllas	*aqueles, aquelas (lá)*

Los zapatos suyos son más elegantes que **éstos** que están en la ventana.	*Seus sapatos são mais elegantes que **estes** que estão na janela.*
Estos perros feroces ladran mucho, pero **aquéllos** son mansos.	*Esses cães ferozes latem muito, mas **aqueles** são mansos.*
Nos gusta este carro, pero vamos a comprar **ése**.	*Gostamos deste carro, mas vamos comprar **esse**.*
Esta vista de la ciudad es hermosa, pero prefiero **ésa**.	*Esta vista da cidade é charmosa, mas prefiro **essa**.*

O pronome demonstrativo também é usado para expressar o primeiro e o último citados.

Dos personas, Julia y Ana, se quieren mucho.	*Duas pessoas, Julia e Ana, se amam muito.*
Ésa es alta y delgada; **ésta** es baja y cariñosa.	***Aquela** é alta e magra; **esta** é baixa e carinhosa.*

Existem três pronomes demonstrativos neutros que não levam acento agudo [a única forma existente em espanhol]. Eles se referem a um objeto que não é conhecido, uma afirmação ou ideia geral.

esto	*isto*
eso	*isso*
aquello	*aquilo* (mais distante em tempo ou lugar)

¿Qué es **esto**?	*O que é **isto**?*
¡**Eso** es imposible!	***Isso** é impossível!*
Aquello me molesta.	***Aquele** me incomoda.*

Interpretação de Texto

Mi viaje

Estoy preparándome para mis vacaciones en México y se me perdió el pasaporte. ¿Es necesario que yo tenga un pasaporte? Pienso que sí. ¿A quién le pregunto? Debo llamar a mi amigo Juan que viaja mucho. Ojalá que sepa. El año pasado viajó a Oaxaca, una ciudad en México la cual está a seis horas por bus desde la capital. Le gustó mucho o me dijo que le gustó.

Estoy pensando en ir a los Galápagos también donde las tortugas viven más de cien años y los animales y los pájaros actúan como dueños de la isla porque no les tienen miedo a los turistas, los cuales pasean por las islas todo el día, día tras día. Si Juan no está en casa, lo voy a llamar a su celular, el que lleva consigo todo el tiempo. ¿Cuál es su número de teléfono? Se me olvidó.

Verbos

actuar	*atuar*
olvidarse	*esquecer-se (sem querer)*
pasear	*passear*
perderse	*perder-se (sem querer)*

Preposición

consigo	*consigo*

Preguntas

1. ¿Adónde quiere viajar el protagonista?

2. ¿Quién es Juan?

3. ¿Puede Ud. describir los Galápagos?

4. ¿Cómo son los animales de la isla?

O artigo *lo* Neutro + Adjetivo Usado como Substantivo

O artigo neutro **lo** seguido de um adjetivo masculino age como um substantivo.

> Lo difícil es pensar por sí mismo.
> *O difícil é pensar por si mesmo.*
>
> Lo más importante es preguntar.
> *O mais importante é perguntar.*
>
> Lo mejor de todo es poder vivir bien.
> *O melhor de tudo é poder viver bem.*
>
> Se ve lo bueno y lo malo por todas partes.
> *Vê-se o bom e o mal por todas as partes.*

O artigo neutro **lo** seguido por **de** significa *o assunto, o tema*.

> Lo de la mujer le interesa a José.
> *O tema da mulher interessa a José.*
>
> Lo de la tecnología le fascina al científico.
> *O tema de tecnologia fascina o cientista.*

Expressões com *lo*

lo antes posible	*o quanto antes*
lo más posible	*o máximo possível*
lo más pronto posible	*o mais rápido possível*
lo menos posible	*o menos possível*

 Exercício 7.10

Complete as frases a seguir com a forma correta do artigo: **el**, **la**, **los**, **las**, *ou* **lo**. *Em alguns casos, o artigo faz parte da contração* **al**. *Lembre-se de que o artigo também pode ser omitido. Se não houver necessidade de artigo, marque um* **X**.

Hoy es (1.) _____ domingo, (2.) _____ 27 de junio. Eduardo fue (3.) _____ cine ayer. Le gustó (4.) _____ película *María Llena de Gracia*. (5.) _____ público le gustó mucho también. Me dijo que (6.) _____ bueno de la película era (7.) _____ de (8.) _____ vida actual en Bogotá, (9.) _____ capital de Colombia. A Eduardo todo (10.) _____ del cine

Substantivos, Artigos, Adjetivos e Pronomes 147

le interesa. Él va todos (11.) _____ sábados por (12.) _____ noche. Cuando tiene tiempo, estudia (13.) _____ historia del cine. A veces, (14.) _____ películas que ve son malas, pero no le importa. (15.) _____ importante es que Eduardo goza mucho de (16.) _____ experiencia. A mí no me gusta ir (17.) _____ cine. Prefiero (18.) _____ teatro donde (19.) _____ actores actúan ante nosotros. Cuando yo fui joven, quería ser (20.) _____ actriz, pero a la edad de cuarenta, decidí hacerme (21.) _____ directora.

Exercício 7.11

Complete as frases a seguir com **el cual**, **la cual**, **los cuales**, **las cuales**, **cuyo**, **cuya**, **cuyos**, **cuyas**, **quien**, *ou* **quienes**. *Use cada pronome relativo apenas uma vez.*

1. La radio de mi hermano, _____ me gustó, era un regalo de mi amigo.

2. Olivia es la persona de _____ hablábamos.

3. La ciudad construyó un nuevo rascacielos desde _____ hay vistas maravillosas.

4. Los estudiantes _____ maestro es excelente ganaron todos los premios académicos.

5. Conozco a esa mujer _____ madre es de Colombia.

6. Roberto y Jorge vinieron a vernos, _____ son de México.

7. Los muchachos con _____ el jefe hablaba son los mejores estudiantes de la clase.

8. Este hombre, _____ opiniones son interesantes, se llama Teodoro.

9. Tengo buenas gafas por _____ puedo ver bien.

10. A Leonardo le molesta su vecino _____ perros ladran toda la noche.

Adjetivos Usados como Substantivos

Os adjetivos em espanhol podem ser usados como substantivos quando o substantivo que eles modificam é omitido.

Me gusta la camisa azul.	Eu gosto da camisa azul.
También me gusta la camisa roja.	Também gosto da camisa vermelha.
A Paula le gusta la camisa roja.	Paula gosta da camisa vermelha.
Le gusta **la roja**.	Ela gosta **da vermelha**.
Íbamos a comprar un carro viejo, pero cambiamos la decisión y escogimos el carro nuevo.	Íamos comprar um carro velho, mas mudamos de ideia e escolhemos o carro novo.
Escogimos **el nuevo**.	Escolhemos **o novo**.
No nos gustó **el viejo**.	Não gostamos **do velho**.
¿Por qué compró Ana la casa azul, si le gusta la casa amarilla?	Por que Ana comprou a casa azul, se ela gosta da casa amarela?
¿Por qué no compró **la amarilla**?	Por que ela não comprou **a amarela**?

Exercício 7.12

Complete as frases a seguir com a forma correta do adjetivo usado como um substantivo, de acordo com as dicas entre parênteses.

exemplo   El hombre viejo no camina bien. La mujer vieja usa un bastón. __Los dos viejos__ dan un paseo cada mañana. (*os dois idosos*)

1. ¿Por qué no te gusta este nuevo restaurante chino?
   ¿Prefieres _____? (*o velho*)

2. Los dos carros son económicos: uno es verde; el otro es blanco.
   Voy a comprar _____. (*o branco*)

3. Al hombre le gustan dos apartamentos: un apartamento grande y costoso y otro apartamento mediano y barato. Decide comprar _____. (*o grande*)

Pronomes Usados como Substantivos

Pronomes são palavras que se referem a um substantivo ou o substituem.

El de, la de, los de, las de

Os artigos **el**, **la**, **los**, **las** seguido por **de** podem substituir um substantivo quando ele é omitido.

El libro de Olivia y **el** (libro) **de** su hermano son interesantes.	*O livro de Olivia e **o** (livro) **de** seu irmão são interessantes.*
Tu blusa y la (blusa) de María son hermosas.	*Sua blusa e **a de** María são bonitas.*
Los perros feroces viven en el campo.	*Os cães ferozes vivem no campo.*
Los de mi hermano son animales domesticados.	***Os de** meu irmão são animais de estimação.*
Estas camisas son caras.	*Estas camisas são caras.*
Las de Alicia son baratas.	***As de** Alicia são baratas.*

El que, la que, los que, las que

Os artigos **el**, **la**, **los**, **las** seguidos de **que** podem substituir um substantivo quando ele é omitido.

Los dos hombres son amigos.	*Os dois homens são amigos.*
El que se llama Alonso juega al baloncesto.	***O que** se chama Alonso joga basquete.*
Hay dos mujeres que aman a David.	*Há duas mulheres que amam David.*
La que está a su lado es su esposa.	***A que** está ao seu lado é sua esposa.*
Hay documentos en mi escritorio.	*Há documentos em meu escritório.*
Los que están en el banco son de mi sobrina.	***Os que** estão em branco são de minha sobrinha.*

Interpretação de Texto

Pratique a leitura do texto abaixo em voz alta

Los maderos de San Juan
Un poema por José Asunción Silva

José Asunción Silva nació en 1865 y se murió en 1896 en Bogotá, Colombia. Él comparte con Rubén Darío y otros la estética literaria conocida bajo el nombre de modernismo.

Y aserrín
aserrán
los maderos
de San Juan
piden queso,
piden pan;
los de Roque
Alfandoque;
los de Rique,
Alfeñique;
los de Trique,
Triquitrán.
¡Trique, trique, trique, tran!
¡Trique, trique, trique, tran!

Nombres

aserrán	*palavra sem sentido*
aserrín	*serragem*
los maderos	*as madeiras (toras)*

Interpretação de Texto

Lo fatal
Un poema por Rubén Darío

Rubén Darío nació en 1867 en Metapa, Nicaragua, y se murió en su país en 1916. Es considerado como la figura más representativa del modernismo.

Dichoso el árbol que es apenas sensitivo,
y más la piedra dura porque ésa ya no siente,
pues no hay dolor más grande que el dolor de ser vivo,
ni mayor pesadumbre que la vida consciente.

Ser, y no saber nada, y ser sin rumbo cierto,
y el temor de haber sido y un futuro terror…
Y el espanto seguro de estar mañana muerto,
y sufrir por la vida y por la sombra y por

lo que no conocemos y apenas sospechamos,
y la carne que tienta con sus frescos racimos,
y la tumba que aguarda con sus fúnebres ramos,

¡y no saber adónde vamos,
ni de dónde venimos!...

Verbos

aguardar	*aguardar*
haber sido	*haver sido* (presente perfeito)
sospechar	*suspeitar*
tentar	*tentar*

Nombres

el espanto	*o susto*
la pesadumbre	*a tristeza*
los racimos	*os pacotes*
los ramos	*os ramalhetes, os bouquets*
el rumbo	*a rota, o rumo*

Expresiones

apenas	*raramente*
sin rumbo	*sem rumo*

Preguntas

1. Según el poema, ¿por qué son dichosos el árbol y la piedra?

2. ¿De qué sufre el poeta?

3. ¿Cuál es el tema del poema?

4. ¿Cuál es la opinión de Ud. acerca de las ideas del poema?

8

O Presente Perfeito Composto

O presente perfeito composto expressa uma ação passada relacionada ao presente.

É um tempo composto formado pelo presente do verbo auxiliar **haber** e o particípio passado do verbo principal. Em português, equivale ao pretérito perfeito composto.

O presente perfeito composto expressa as seguintes situações:

- Uma ação que você está esperando, mas ainda não ocorreu.
- Uma ação que começou no passado e continua no presente.
- Uma ação que ocorreu várias vezes e pode ocorrer novamente.

Formação do Particípio Passado

Verbos Terminados em *-ar*

Para formar o particípio passado de todos os verbos terminados em **-ar**, remova a terminação e acrescente **-ado** ao radical.

alquilar	alquil**ado**	*alugado*
apretar	apret**ado**	*apertado*
aumentar	aument**ado**	*aumentado*
borrar	borr**ado**	*apagado*
decepcionar	decepcion**ado**	*decepcionado*
empujar	empuj**ado**	*empurrado*

estacionar	estacion**ado**	*estacionado*
estar	est**ado**	*estado*
llegar	lleg**ado**	*chegado*
marcar	marc**ado**	*assinalado, digitado*
tomar	tom**ado**	*tomado*
usar	us**ado**	*usado*
viajar	viaj**ado**	*viajado*

Verbos Terminados em -*er* e -*ir*

Para formar o particípio passado da maioria dos verbos terminados em **-er** e **-ir**, remova as terminações e acrescente **-ido** ao radical.

Verbos Terminados em -*er*

beber	beb**ido**	*bebido*
comer	com**ido**	*comido*
entender	entend**ido**	*entendido*
perder	perd**ido**	*perdido*
ser	s**ido**	*sido*
torcer	torc**ido**	*torcido*

Verbos Terminado em -*ir*

advertir	advert**ido**	*advertido*
añadir	añad**ido**	*adicionado*
convertir	convert**ido**	*convertido*
dormir	dorm**ido**	*dormido*
hervir	herv**ido**	*fervido*
ir	**ido**	*ido*
oprimir	oprim**ido**	*comprimido, apertado*
recibir	recib**ido**	*recebido*

Lembrete de Pronúncia

Em todos os particípios passados regulares, o **d** em espanhol é pronunciado igual ao **d** em português. Pratique a pronúncia dos particípios passados do mesmo modo que os particípios em português.

Verbos das conjugações **-er** e **-ir** terminados em vogal têm um acento gráfico [agudo, pois não existe acento circunflexo em espanhol] no **-i-** no particípio passado para manter o som de **-ido**.

atraer	atra**ído**	*atraído*
caer	ca**ído**	*caído*
creer	cre**ído**	*acreditado*
leer	le**ído**	*lido*
oír	o**ído**	*ouvido*
traer	tra**ído**	*traído*

Verbos terminados em **-uir** não levam acento agudo no particípio passado.

construir	constru**ido**	*construído*
destruir	destru**ido**	*destruído*
huir	hu**ido**	*fugido*

Particípios Passados Irregulares

A seguir estão os 12 particípios passados irregulares básicos do espanhol. Pronuncie cada um deles enquanto os aprende.

abrir	abierto	*aberto*
cubrir	cubierto	*coberto*
decir	dicho	*dito*
escribir	escrito	*escrito*
freír	frito	*frito*
hacer	hecho	*feito*
morir	muerto	*morto*
poner	puesto	*posto*
pudrir	podrido	*apodrecido*
romper	roto	*quebrado*
ver	visto	*visto*
volver	vuelto	*devolvido*

Quando um prefixo é adicionado a qualquer um dos verbos irregulares acima, o particípio passado apresenta a mesma irregularidade.

describir	descrito	*descrito*
descubrir	descubierto	*descoberto*
devolver	devuelto	*devolvido*
disolver	disuelto	*dissolvido*
envolver	envuelto	*envolto*
oponer	opuesto	*oposto*
resolver	resuelto	*resolvido*

Exercício 8.1

Escreva o particípio passado dos verbos a seguir. Pronuncie cada particípio passado em voz alta, e certifique-se de saber o significado do verbo.

1. jugar	_____	11. romper	_____
2. buscar	_____	12. tener	_____
3. conocer	_____	13. querer	_____
4. entrar	_____	14. hacer	_____
5. devolver	_____	15. decir	_____
6. ser	_____	16. ir	_____
7. estar	_____	17. abrir	_____
8. dar	_____	18. cerrar	_____
9. ver	_____	19. morir	_____
10. escribir	_____	20. amar	_____

Formação do Presente Perfeito Composto

Para formar o presente perfeito em espanhol, conjugue o verbo auxiliar **haber** (*haver, ter*) no presente e adicione o particípio passado do verbo principal.

yo he comido	*eu [já] comi/eu tenho comido.*
tú has hablado	*você tem falado/ você já falou*
él ha vuelto	*ele [já] retornou*
nosotros hemos sonreído	*nós sorrimos*
vosotros habéis ido	*vocês têm ido*
ellos han dicho	*eles têm dito*

NOTA O verbo **haber** é usado como auxiliar para formar o presente perfeito. O verbo **tener** significa *ter* no sentido de posse: **yo tengo dos libros**. **Tener** nunca é usado como verbo auxiliar, diferentemente do português.

O Presente Perfeito Composto

O verbo auxiliar **haber** não pode ser separado do particípio passado. Em uma pergunta, coloque o sujeito depois da forma verbal.

¿Dónde **han estado** Uds.?   Onde os senhores/as senhoras têm estado?
¿**Han salido** las mujeres?   As mulheres têm saído?

Exercício 8.2

Complete as frases a seguir com o particípio passado do verbo entre parênteses. Pratique a pronúncia de cada frase em voz alta.

1. yo he _____ (ser)
2. tú has _____ (tener)
3. ella ha _____ (poder)
4. nosotros hemos _____ (estar)
5. vosotros habéis _____ (querer)
6. ellas han _____ (saber)
7. yo he _____ (decir)
8. tú has _____ (dar)
9. Ud. ha _____ (volver)
10. nosotros hemos _____ (poner)
11. vosotros habéis _____ (hacer)
12. Uds. han _____ (llegar)

Complete as frases a seguir com a forma do presente perfeito composto do verbo entre parênteses.

13. yo _____ (dormir)
14. tú _____ (romper)
15. ella _____ (abrir)
16. nosotros _____ (estar)
17. vosotros _____ (escribir)
18. ellas _____ (ver)

Usos do Presente Perfeito Composto

O presente perfeito composto expressa uma ação relacionada fortemente ao presente. Quanto à forma, o equivalente em português é o pretérito perfeito composto. Mas nem sempre usamos a mesma forma composta.

O presente perfeito composto expressa as seguintes situações:

- Uma ação que estamos esperando, mas que ainda não aconteceu.
- Uma ação que começou no passado e continua no presente.
- Uma ação que já aconteceu várias vezes no passado e que pode acontecer novamente.

¿Por qué han apagado Uds. las luces?	*Por que os senhores/as senhoras apagaram a luz?*
¿Has comido ya?	*Você já comeu?*
Los viajeros no han vuelto de México todavía.	*Os viajantes não retornaram do México ainda.*
¿Jamás ha estado en Europa?	*Você esteve na Europa?*
He andado por este pueblo antes.	*Já andei por essa cidade antes.*

NOTA As palavras **jamás** (significando *nunca* em uma frase afirmativa ou interrogativa), **ya** (significando *já*) e **todavía** (significando *ainda*) frequentemente ocorrem em frases com o presente perfeito composto.

Ação Esperada ou Aguardada

Todavía no he llamado.	*Eu ainda não o telefonei* (ainda posso ligar.)
Mis invitados no han llegado.	*Meus convidados ainda não chegaram.*

Compare as frases a seguir. A primeira frase de cada par está no pretérito e a segunda, no presente perfeito composto.

No llamaron.	*Eles não ligaram.* (A ação está concluída.)
No han llamado.	*Eles [ainda] não ligaram.* (Existe a possibilidade de ligarem.)
No llegaron.	*Eles não chegaram.*
No han llegado.	*Eles[ainda] não chegaram.*

Ação que Começou no Passado e Continua no Presente

He dormido aquí por cinco horas. *Dormi aqui por cinco horas.*

Hemos vivido en Londres por dos meses. *Moramos aqui em Londres há dois meses.*

Ação que Aconteceu no Passado e Pode Ocorrer Novamente

Frequentemente as ações expressadas podem ser contadas.

Eva ha estado en Nueva York tres veces. *Eva esteve em Nova York três vezes.*

¿Cuantas veces han comido Uds. en este restaurante? *Quantas vezes vocês já comeram neste restaurante?*

Hemos comido allí cinco veces. *Já comemos lá cinco vezes.*

¿Cuántas veces han visitado México? *Quantas vezes já visitaram o México?*

Camillo ha visitado México siete veces; Antonio ha ido dos veces. *Camillo já visitou o México sete vezes; Antonio já foi duas vezes.*

Yo he viajado a la ciudad de México cuatro veces. Me he quedado en el mismo hotel dos veces. *Eu já viajei para a cidade do México quatro vezes. Me hospedei no mesmo hotel duas vezes.*

Posição dos Pronomes Objeto com o Presente Perfeito Composto

Os pronomes objeto direto, indireto e reflexivos são usados imediatamente antes do verbo auxiliar. Essa é a única posição possível para os pronomes objetos junto com o presente perfeito composto. Os pronomes objetos nunca são anexados ao particípio passado.

Ellos no **me** han llamado. *Eles não me ligaram.*

¿Por qué no **le** has hablado a Oscar? *Por que não falou com Oscar?*

Paula **se lo** ha dicho. *Paula lhe disse.*

Yo **te** he devuelto el dinero. *Eu lhe devolvi o dinheiro.*

Yo **la** he visto antes. *Eu já a vi antes.*

¿**Te** has duchado hoy? *Você tomou banho hoje?*

El doctor **se** ha lavado las manos tres veces.   O médico lavou as mãos três vezes.

No **nos** hemos levantado todavía.   Não nos levantamos ainda.

Exercício 8.3

Complete as frases a seguir com a forma correta do presente perfeito composto do verbo entre parênteses.

1. Laura nos _____ la carta. (traer)
2. Nosotros todavía no la _____. (recibir)
3. Los hoteleros no me _____. (llamar)
4. Sus hermanos nunca le _____ dinero. (prestar)
5. ¿Por qué jamás me _____ tú? (amar)
6. Por fin, mis amigos _____. (volver)
7. El bisabuelo que tenía cien años _____. (morirse)
8. ¿Adónde _____ ellos? (irse)
9. Uds. _____ bien el trabajo. (hacer)
10. Tus colegas siempre _____ bien de ti. (hablar)
11. Irene y su hermano jamás _____. (viajar)
12. Yo la _____ recientemente. (ver)
13. Yo no _____ dormir. (poder)
14. Ellas ya _____. (acostarse)
15. Nosotros _____ a otra casa. (mudarse)

Uso do Infinitivo *haber* e o Particípio Passado

A forma infinitiva do verbo auxiliar **haber** é usada depois de uma preposição.

Me alegro de **haber llegado** a tiempo.   Me alegro de ter chegado a tempo.

Ella se alegra de **haber hecho** su tarea.   Ela se alegra de ter feito sua tarefa.

Después de **haber encontrado** sus llaves, el taxista empezó su trabajo.

Depois de ter encontrado suas chaves, o taxista começou seu trabalho.

Después de **haber ido** al dentista, Monica se sintió mejor.

Depois de ter ido ao dentista, Monica se sentiu melhor.

Como os pronomes nunca podem ser usados anexados ao particípio passado, quando eles são necessários em uma forma de infinitivo + particípio passado, precisam ser anexados ao infinitivo, neste caso **haber**.

Me alegro de **haberte** conocido.

Me alegro de ter lhe conhecido.

Los padres de Laura están muy felices después de **habernos** visto.

Os pais de Laura estão muito felizes depois de terem nos visto.

Pedro está contento de haber cerrado la puerta.

Pedro está feliz de ter fechado a porta.

Está contento de **haberla** cerrado.

Ele está contente de a ter fechado.

Exercício 8.4

*Complete as frases a seguir com a forma correta de **haber**.*

1. Después de _____ leído el párrafo, los estudiantes están contentos.
2. Nosotros _____ corrido a casa.
3. Sus padres les _____ dado una bienvenida.
4. Después de _____ comido galletas y leche, los niños están listos para acostarse.
5. Nosotros ya _____ leído el libro.
6. El muchacho _____ entendido la lección.
7. Sus profesores les _____ enseñado bien.
8. Después de _____ aprobado el examen, ellos se sienten satisfechos.
9. ¿_____ hecho bien los niños?
10. Los alumnos _____ empezado a aprender mucho.

Exercício 8.5

Reescreva as frases a seguir no presente perfeito composto. Você pode incluir palavras ou expressões adicionais se desejar.

EXEMPLO   Julia no toma mucha cerveza.
   Julia no ha tomado mucha cerveza (todavía).

1. Cruzo la calle a la escuela.

2. Jamás entro en la clase.

3. Mis compañeros entran también.

4. Le decimos "hola" al profesor.

5. Nos sentamos.

6. Escribo con lápiz.

7. Mis amigos usan una computadora.

8. Contestamos las preguntas.

9. Almorzamos juntos.

10. Nos despedimos del profesor.

11. Vamos en bus a casa.

12. Les saludamos a nuestros padres al llegar a casa.

O Presente Perfeito Composto

163

Exercício 8.6

Traduza as frases a seguir para o espanhol.

1. *Como você tem passado?*

2. *Aonde foram todas as flores?*

3. *Quem acaba de ligar?*

4. *O que você tem feito?*

5. *Nós enviamos o documento.*

6. *Eles tomaram café da manhã hoje?*

7. *Eu liguei o forno e coloquei o frango. Tenho que assá-lo por uma hora.*

8. *Não está mais quente, porque os alunos abriram todas as janelas na sala de aula.*

9. *Os exterminadores mataram todas as baratas.*

10. *Laura e sua filha acabam de chegar na Itália.*

Falando de *acabar de*

Lembrete: Quando você quiser dizer que *acabou de fazer alguma coisa*, use a expressão **acabar de** no presente, não o verbo **haber** com o presente perfeito composto.

Yo **acabo de** llegar.	*Eu acabo de chegar.*
Tú **acabas de** cantar.	*Você acaba de cantar.*
Él **acaba de** salir.	*Ele acaba de sair.*
Nosotros **acabamos de** decidir.	*Nós acabamos de decidir.*
Vosotros **acabáis de** pagar.	*Vocês acabam de pagar.*
Ellos **acaban de** volver.	*Eles acabam de voltar.*

 Interpretação de Texto

El apartamento

¿Desde cuándo viven los inquilinos en este edificio en la calle cuarenta y seis con la novena avenida? ¿Quién sabe? La gente no se mete en la vida de nadie. Pero yo sí sé porque me gusta observar la ida y vuelta de la muchedumbre. Es verdad que hay muchos inquilinos que ya se han ido o les han alquilado su apartamento a otros. Los apartamentos son pequeños, pero agradables, y bastante baratos en comparación a otros lugares en la ciudad. Por mi parte, sigo firmando el contrato de arrendamiento año de por medio con muchísimas ganas de quedarme. Los porteros son agradables y el superintendente, que vive solo en el primer piso, nos trata bien.

    Una pareja del octavo piso ha tenido un bebé hace ocho meses y están viviendo felices. En el décimo piso, dos personas, una mujer que está vieja ya, aunque tiene solamente cuarenta y cinco años, y su compañero (nunca se han casado) se pelean, gritan, y comen mucha comida rápida de restaurantes. (Veo a los mensajeros con pizza o con comida china todo el tiempo). Una mujer muy simpática del tercer piso se ha muerto, y otra mujer del cuarto piso, pelirroja, cuyo perro se ha desaparecido, vive desesperada y triste. En el piso once, un hombre amargado sin amigos sube y baja en el ascensor todos los días. Cuando voy vagando por el edificio, escucho a veces sonidos de amor por la noche en el sexto y el séptimo. En el quinto piso vive un hombre a quien le gusta patinar. Hace muchos años, él tenía una novia bonita e inteligente. Se separaron de repente, y este hombre, tan fuerte y guapo en días pasados, nunca ha tenido otra compañera. Un día voy a escribir un libro, pero por ahora, estoy satisfecha, mirando a la gente, escuchándola ir y venir en la vida cotidiana.

Verbos

estar viejo	*estar velho, sentir-se velho*
meterse	*se meter, se envolver*
patinar	*patinar*
pelear	*lutar/brigar*
vagar	*vagar*

Nombres

el contrato de arrendamiento	*o contrato de locação [ou arrendamento]*
el inquilino	*o inquilino*
la muchedumbre	*a multidão*
el portero	*o porteiro*
el superintendente	*o superintendente*

Adjetivos

bonita e inteligente	*bonita e inteligente* (A palavra **e** é usada em vez de **y** antes de palavras que começam com um **i-** ou **hi-** tônico.)
cotidiano	*cotidiano, diário*
pelirrojo	*ruivo*

Expresión

año de por medio	*bienalmente*

Preguntas

1. ¿Se conoce la gente en este edificio?

_____

2. ¿Cuántos pisos hay?

_____

3. ¿Cuántas personas están felices en el edificio?

_____

4. ¿Cómo sabe tanto de la gente la protagonista?

_____

9

O Pretérito Mais-que-perfeito

O pretérito mais-que-perfeito [*pluscuamperfecto*, em espanhol] se refere a uma ação ocorrida no passado antes de outra ação também no passado. Ele é um tempo composto e corresponde ao pretérito mais-que-perfeito composto em português: *Eu tinha comido*, por exemplo.

Formação do Pretérito Perfeito

Para formar o pretérito perfeito em espanhol, conjugue o verbo auxiliar **haber** no imperfeito seguido do particípio passado do verbo principal.

yo había vuelto	*eu havia voltado*
tú habías empezado	*você havia começado*
ella había hecho	*ela havia feito*
nosotros habíamos sabido	*nós havíamos sabido*
vosotros habíais dicho	*vocês haviam dito*
ellas habían comido	*eles haviam comido*

Usos do Pretérito Mais-que-perfeito

O pretérito mais-que-perfeito ocorre em frases afirmativas e interrogativas que estão diretamente ligadas ao passado. Ele expressa uma ação que precede outra ação: uma frase pode começar com o pretérito imperfeito ou perfeito e continuar com o pretérito mais-que-perfeito.

Ud. sabía	que habíamos salido.
O senhor/A senhora sabia	*que havíamos saído.* (pretérito
(imperfeito)	mais-que-perfeito)

O Pretérito Mais-que-perfeito

Yo creí
Eu *acreditei* (pretérito perfeito)

que él se había muerto.
que ele havia morrido. (pretérito mais-que-perfeito composto)

Ellos vieron a la mujer
Eles *viram a mulher* (pretérito perfeito)

que no había dicho nada.
que não havia dito nada. (pretérito mais-que-perfeito)

Os pronomes objetos diretos, indiretos e reflexivos precedem o verbo auxiliar **haber**.

Ella sabía que él no **me** había escrito.
Ela sabia que ele não havia me escrito.

Me di cuenta de que ellos no **lo** habían hecho.
Me dei conta de que eles não o haviam feito.

A forma infinitiva do verbo auxiliar **haber** é usada depois de uma preposição.

Después de **haber llegado** a Perú, los aventureros buscaron un hotel en Cuzco.
Depois de haver [ter] chegado no Peru, os aventureiros procuraram um hotel em Cuzco.

Después de **haber comido**, fui a la plataforma del tren.
Depois de haver [ter] comido, fui para a plataforma do trem.

El actor aprendió el diálogo sin **haber ensayado** mucho.
O ator aprendeu o diálogo sem haver [ter] ensaiado muito.

Exercício 9.1

Traduza as frases a seguir para o espanhol.

1. *As crianças pensavam que seus pais haviam saído.*

2. *Eu já havia posto a mesa quando minha família chegou.*

3. *Roberto foi para um país que ele nunca havia visitado antes.*

4. *Meus colegas me disseram que eles haviam terminado seu trabalho.*

Exercício 9.2

Traduza as frases a seguir para o português.

1. El profesor sabía que yo había estudiado.

2. La niña pensaba que su perro había vuelto.

3. Ellos dijeron que habían devuelto los libros a la biblioteca.

4. Creíamos que nuestros amigos nos habían escrito.

5. Estuvimos seguras que los jóvenes habían tenido éxito.

6. Pensábamos que los ladrones habían estado en el banco.

7. El policía creía que nosotros los habíamos visto.

8. Les dijimos a los detectives que no habíamos sido buenos testigos.

Exercício 9.3

Complete as frases a seguir com a forma correta do verbo entre parênteses.

1. Todo el mundo había _____ para el verano. (ir)

2. ¿Habían _____ Uds. mucho tiempo antes de _____ al doctor? (esperar/ver)

3. Yo había _____ antes de _____. (descansar/cenar)

4. Antes de _____, Anita había _____ sus deudas. (jubilarse/pagar)

5. ¿Por qué no le habías _____ al camarero una buena propina antes de _____ del restaurante? (dar/salir)

6. Nadie le había _____ a la senadora que ella había _____ la elección. (decir/perder)

 ## Interpretação de Texto

El sueño

Después de haber leído su libro y de haber apagado la tele, Octavio se acostó. Las noches anteriores él no había podido dormir bien por sus sueños, digamos, pesadillas, pero esta noche él tenía la determinación de soñar con buenas cosas. Trató de pensar en algo bueno. ¿Qué será?, pensaba. El martes, había pensado en el amor y eso le cogió mal, el miércoles, había pensado en el dinero, pero tampoco le salió bien el sueño. El jueves pensó en tomar algunas vacaciones en Hawái y muchos tiburones llenaban sus sueños. Se despertó exhausto, luchando contra los peces. Hoy siendo viernes, se quedó despierto toda la noche, la única solución en la cual Octavio podía pensar.

Verbos

cogerle bien/mal a alguien	*correr bem/mal para alguém*
digamos	*digamos* (a forma imperativa de **nosotros** de **decir**)
luchar	*lutar*
salirle bien/mal a alguien	*sair bem/mal para alguém*
soñar con	*sonhar com*
tratar de	*tratar de*

Nombres

la pesadilla	*o pesadelo*
el pez, los peces	*o peixe, os peixes*
el tiburón	*o tubarão*

Adjetivos

despierto	*desperto*
exhausto	*exausto*

Expresión

¿qué será? *que será?, o que acontecerá?*

Preguntas

1. ¿En qué trata de pensar Octavio?

   _____

2. ¿Cómo son sus sueños?

   _____

3. ¿Cuál es su solución?

   _____

 ## Interpretação de Texto

Recordando Nicaragua

En el año 1987 Nicaragua estaba sufriendo los fines de su guerra civil. Los sandinistas luchaban contra el ejército de Somoza, los contras luchaban contra los sandinistas. Daniel Ortega era presidente y líder de los sandinistas, el nombre y el movimiento inspirados por Augusto César Sandino, héroe nacional de Nicaragua que había muerto muchos años atrás.

Era mucho que entender—quien estaba luchando contra quien y por qué.

Fui a Managua, capital de Nicaragua, con un grupo de intérpretes y científicos. Llegamos en agosto a una casa agradable entre gente amable. Desde el principio, nos sentíamos cómodos en nuestra pensión; los dueños nicaragüenses nos trataban bien, nos servían las comidas, y nos mostraban su poesía. (Nos parecía que toda la gente era poeta.)

Después de haber estado en Managua dos días, empezamos nuestro trabajo en la universidad, enseñándoles a los estudiantes avanzados las matemáticas, la ciencia, la medicina, y la astrofísica.

Por la noche volvíamos a la casa y pasábamos muchas noches agradables con amigos; hablábamos de la guerra, de las drogas, de la felicidad. Lo increíble era que a pesar de todo, los nicaragüenses habían mantenido un amor profundo por la vida. Mientras tanto, la guerra continuaba.

Preguntas

1. ¿Por qué estaba sufriendo Nicaragua?

   _____

2. ¿Cómo eran los nicaragüenses?

   _____

3. ¿Quién escribía poesía?

   _____

4. ¿De qué hablaban en las noches?

   _____

O Particípio Passado como um Adjetivo

Agora que você já aprendeu o particípio passado, seu vocabulário se expandirá ainda mais, porque o particípio passado também é usado como adjetivo. Como adjetivo, ele vem depois do substantivo que descreve e concorda com seu substantivo em gênero e número.

el restaurante preferido	o restaurante preferido
el teléfono perdido	o telefone perdido
los huevos podridos	os ovos apodrecidos
el enemigo conocido	o inimigo conhecido
la ventana cerrada	a janela fechada
las puertas abiertas	as portas abertas

Exercício 9.4

Complete as frases a seguir com o particípio passado do verbo entre parênteses usado como um adjetivo. Lembre-se de que o adjetivo concorda em gênero e número com seu substantivo. Pratique a pronúncia das frases em voz alta.

1. la comida _____ (quemar)
2. la mesa _____ (romper)
3. el pájaro _____ (morir)
4. la tarea bien _____ (hacer)

172 Substantivos, Artigos, Adjetivos, Pronomes; Presente e Pretérito Perfeito

5. las ideas bien _____ (expresar)

6. el niño _____ (dormir)

7. el amigo _____ (querer)

8. los carros _____ (vender)

9. las blusas _____ (comprar)

10. el año _____ (pasar)

11. los problemas _____ (resolver)

12. el apartamento _____ (alquilar)

13. el tesoro _____ (esconder)

14. las cartas _____ (entregar)

15. la telenovela _____ (grabar)

O Particípio Passado como um Adjetivo com o Verbo *estar*

O particípio passado como adjetivo é normalmente usado com o verbo **estar**.

Estoy cansada.	*Estou cansada.*
¿Estás vestido?	*Está vestido?*
El baño está ocupado.	*O banheiro está ocupado.*
La mesa está puesta.	*A mesa está posta.*
El televisor está prendido.	*A televisão está ligada.*
Estamos enojados.	*Estamos irritados.*
Estamos sentados.	*Estamos sentados.*
Uds. están equivocados.	*Os senhores/As senhoras estão equivocados.*
Los trabajadores están preocupados.	*Os trabalhadores estão preocupados.*

Quando o particípio passado é usado como um adjetivo com **estar**, ele indica que a ideia expressada é o resultado de uma ação.

Susana va a escribir un libro. > Ella está escribiendo un libro. > El libro **está escrito**.

Susana va a escribir un libro.	*Susana vai escrever um livro.*
Ella está escribiendo un libro.	*Ela está escrevendo um livro.*
El libro **está escrito**.	*O livro está escrito.*

Los músicos van a grabar la canción. > Están grabando la canción. > La canción **está grabada**.

Los músicos van a grabar la canción.	Os músicos vão gravar a música.
Están grabando la canción.	Eles estão gravando a música.
La canción **está grabada**.	A música está gravada.

La niña va a esconder su muñeca. > Ella está escondiendo su muñeca. > La muñeca **está escondida**.

La niña va a esconder su muñeca.	A menina vai esconder sua boneca.
Ella está escondiendo su muñeca.	Ela está escondendo a boneca.
La muñeca **está escondida**.	A boneca está escondida.

El hombre va a morir. > Él está muriendo. > El hombre **está muerto**.

El hombre va a morir.	O homem vai morrer.
Él está muriendo.	Ele está morrendo.
El hombre **está muerto**.	O homem está morto.

NOTA Independentemente de você conhecer esse conceito, você ainda pode usar o verbo **estar** + particípio passado com confiança ao descrever algo ou alguém.

Exercício 9.5

Complete as frases a seguir com a forma correta do verbo **estar** + particípio passado como um adjetivo.

1. El dueño va a cerrar la tienda. Está cerrando la tienda. La tienda _____.

2. En la mañana, este hombre va a abrir la tienda. Está abriéndola. La tienda _____.

3. Shakira va a escribir una canción. Está escribiéndola. La canción _____.

4. Vamos a construir una casa. Estamos construyéndola. La casa _____.

5. Los estudiantes van a hacer su tarea. Están haciéndola. La tarea
   _____.

6. Las abejas van a morir. Están muriendo. Las abejas
   _____.

7. Los padres van a freír unos huevos. Están friéndolos. Los huevos
   _____.

8. Vamos a resolver nuestros problemas. Estamos resolviéndolos. Los problemas
   _____.

Exercício 9.6

Escreva os particípios passados que aparecem nas rimas a seguir. Pratique sua pronúncia repetindo as rimas em voz alta.

1. La mujer está triste

   Triste está la mujer

   La tienda está cerrada

   Y no sabe qué hacer.

   _____

2. El doctor está herido

   Herido está el doctor

   Los médicos preocupados

   Lo cuidan con amor.

   _____

3. El cielo está nublado

   Parece que va a llover

   La gente no quiere mojarse

   Y empieza a correr.

   _____

4. El baúl está arreglado

   Arreglado está el baúl

   La pareja va al Caribe

   A nadar en el agua azul.

   _____

5. La pareja está separada

Dividido está el hogar

Los amantes no se acuerdan

Cuando se dejaron de amar.

O Particípio Passado com o Verbo *ser* e a Voz Passiva

O particípio passado também é usado com o verbo **ser**. Quando usado com o verbo **ser**, o particípio passado expressa a própria ação, neste caso, a voz passiva, em vez do resultado de uma ação. A voz passiva consiste em **ser** + particípio passado e normalmente é seguida de **por**. O particípio passado concorda em gênero e número com o sujeito da frase.

- No pretérito perfeito simples

El libro *Don Quixote* **fue escrito por** Cervantes.	*O livro* Don Quixote *foi escrito por Cervantes.*
La puerta **fue abierta por** el portero.	*A porta foi aberta pelo porteiro.*
Las casas **fueron robadas por** los ladrones.	*As casas foram roubadas pelos ladrões.*
Las iglesias en Guatemala **fueron construidas por** los españoles.	*As igrejas na Guatemala foram construídas pelos espanhóis.*
La comida **fue servida por** el camarero.	*A comida foi servida pelo garçom.*

- No pretérito perfeito e pretérito mais-que-perfeito

La carta **ha sido entregada por** el cartero.	*A carta tem sido entregue pelo carteiro.*
Los impuestos **han sido preparados por** los contadores.	*Os impostos têm sido preparados pelos contadores.*
Los testigos **habían sido advertidos por** el juez.	*As testemunhas tinham sido advertidas pelo juiz.*
El apartamento **había sido alquilado por** dos amigos.	*O apartamento havia [tinha] sido alugado por dois amigos.*

Em conversas, geralmente, é muito melhor usar a voz ativa. A voz passiva é raramente usada em espanhol, como, por exemplo, na frase a seguir:

El almuerzo **fue preparado por** el cocinero.   *O almoço foi preparado pelo cozinheiro.*

Entretanto, é melhor usar a voz ativa que você já conhece.

El cocinero preparó el almuerzo.   *O cozinheiro preparou o almoço.*

 ## Exercício 9.7

Reescreva as frases passivas a seguir na voz ativa.
EXEMPLO: La carta fue escrita por Carla.
 Carla escribió la carta.

1. Los vasos fueron hallados por los antropólogos.

2. El país ha sido gobernado por un dictador.

3. La clase fue enseñada por el maestro.

4. El criminal fue reconocido por la víctima.

5. Los regalos fueron ofrecidos por los padres.

6. Las camisas habían sido planchadas por Catalina.

7. Las luces fueron apagadas por los inquilinos.

8. Se dice que las Américas fueron descubiertas por Colón en 1492.

Interpretação de Texto

El conde Lucanor
por Don Juan Manuel

Don Juan Manuel nació en Escalona, Toledo, y se murió en 1348 en Peñafiel, Valladolid. Él pertenece a la tradición literaria-didáctica de la Edad Media.

Había en la corte de Castilla un hombre de gran inteligencia y virtud llamado don Sancho, el cual era muy estimado por el rey. Una de las expresiones favoritas de don Sancho era la siguiente: "Todo lo que nos pasa es siempre para lo mejor."

Algunos nobles le tenían envidia y lo acusaron de que preparaba una revolución. El rey les creyó y envió un mensajero para que don Sancho viniera inmediatamente a la corte. Al mismo tiempo, el rey daba órdenes para matarlo en camino.

Don Sancho se apresuró a obedecer, pero al bajar de prisa las escaleras de su casa, se cayó y se rompió una pierna. En medio del dolor, repetía: "Todo lo que nos pasa es siempre para lo mejor."

A causa del accidente, no pudo ir a la corte del rey. Mientras tanto, éste descubrió la falsedad de las acusaciones contra don Sancho y castigó a los culpables. Don Sancho se dirigió, por fin, a la corte, donde fue recibido con grandes honores.

Verbos

apresurarse	*apressar-se*	enviar	*enviar*
caerse	*cair*	romperse	*quebrar*
dirigirse	*dirigir-se*	viniera	*viesse* (forma do pretérito imperfeito do subjuntivo do verbo **venir**)

Preguntas

1. ¿En qué año nació el autor del cuento?

2. ¿Por qué lo acusaron a don Sancho de ser revolucionario?

3. ¿Por qué no lo mataron los mensajeros del rey?

4. ¿Cuál es la moraleja del cuento?

III

Futuro e Condicionais; Pretérito do Subjuntivo; Expressões Idiomáticas

10

O Futuro

O futuro é usado para expressar ações que ocorrem no futuro. Ele se refere tanto ao futuro imediato quanto ao remoto. É um tempo simples, ou seja não emprega verbo auxiliar em espanhol.

Formação do Futuro

A maioria dos verbos no futuro são regulares. Para formar o tempo futuro, use o infinitivo como radical e acrescente as seguintes terminações: **-é**, **-ás**, **-á**, **-emos**, **-éis**, **-án**. As terminações são as mesmas para os verbos de todas as terminações **-ar**, **-er** e **-ir**. Observe que apenas a forma de **nosotros** não leva acento agudo. A lista a seguir inclui novos verbos para que você possa expandir seu vocabulário enquanto pratica a pronúncia.

Verbos Regulares

Verbos Terminados em -ar

cantar

yo cantaré	*eu cantarei*	nosotros cantaremos	*nós cantaremos*
tú cantarás	*você cantará*	vosotros cantaréis	*vocês cantarão*
él cantará	*ele cantará*	ellos cantarán	*eles cantarão*
ella cantará	*ela cantará*	ellas cantarán	*elas cantarão*
Ud. cantará	*o senhor/a senhora cantará*	Uds. cantarán	*os senhores/ as senhoras cantarão*

O Futuro

cobrar

yo cobraré	nosotros cobraremos
tú cobrarás	vosotros cobraréis
ella cobrará	ellas cobrarán

dar

yo daré	nosotros daremos
tú darás	vosotros daréis
él dará	ellos darán

estar

yo estaré	nosotros estaremos
tú estarás	vosotros estaréis
ella estará	ellas estarán

gozar *gozar, desfrutar*

yo gozaré	nosotros gozaremos
tú gozarás	vosotros gozaréis
ella gozará	ellas gozarán

marchar *andar, funcionar, ir*

yo marcharé	nosotros marcharemos
tú marcharás	vosotros marcharéis
él marchará	ellos marcharán

opinar

yo opinaré	nosotros opinaremos
tú opinarás	vosotros opinaréis
Ud. opinará	Uds. opinarán

patinar

yo patinaré	nosotros patinaremos
tú patinarás	vosotros patinaréis
él patinará	ellos patinarán

pegar

yo pegaré	nosotros pegaremos
tú pegarás	vosotros pegaréis
Ud. pegará	Uds. pegarán

regresar *regressar, voltar*

yo regresaré	nosotros regresaremos
tú regresarás	vosotros regresaréis
él regresará	ellos regresarán

triunfar

yo triunfaré	nosotros triunfaremos
tú triunfarás	vosotros triunfaréis
Ud. triunfará	Uds. triunfarán

Falando de Pronúncia

Assim como em português, o acento agudo indica a sílaba tônica: certifique-se de pronunciar os verbos da seguinte maneira: **yo cantaré, tú cantarás, él cantará, nosotros cantaremos, vosotros cantaréis, ellos cantarán**. Pratique a pronúncia desses verbos em voz alta com confiança.

Verbos Terminados em *-er*

atender

yo atenderé	nosotros atenderemos
tú atenderás	vosotros atenderéis
ella atenderá	ellas atenderán

caer *cair*

yo caeré	nosotros caeremos
tú caerás	vosotros caeréis
Ud. caerá	Uds. caerán

comer

yo comeré	nosotros comeremos
tú comerás	vosotros comeréis
Ud. comerá	Uds. comerán

leer *ler*

yo leeré	nosotros leeremos
tú leerás	vosotros leeréis
Ud. leerá	Uds. leerán

O Futuro

merecer

yo mereceré	nosotros mereceremos
tú merecerás	vosotros mereceréis
él merecerá	ellos merecerán

responder

yo responderé	nosotros responderemos
tú responderás	vosotros responderéis
ella responderá	ellas responderán

ser

yo seré	nosotros seremos
tú serás	vosotros seréis
ella será	ellas serán

vencer

yo venceré	nosotros venceremos
tú vencerás	vosotros venceréis
Ud. vencerá	Uds. vencerán

ver

yo veré	nosotros veremos
tú verás	vosotros veréis
él verá	ellos verán

Verbos Terminados em -ir

asistir *assistir, auxiliar*

yo asistiré	nosotros asistiremos
tú asistirás	vosotros asistiréis
Ud. asistirá	Uds. asistirán

cumplir *fazer, executar*

yo cumpliré	nosotros cumpliremos
tú cumplirás	vosotros cumpliréis
ella cumplirá	ellas cumplirán

compartir *compartilhar*

yo compartiré	nosotros compartiremos
tú compartirás	vosotros compartiréis
él compartirá	ellos compartirán

corregir *corrigir*

yo corregiré	nosotros corregiremos
tú corregirás	vosotros corregiréis
Ud. corregirá	Uds. corregirán

dirigir

yo dirigiré	nosotros dirigiremos
tú dirigirás	vosotros dirigiréis
ella dirigirá	ellas dirigirán

inscribirse *inscrever-se*

yo me inscribiré	nosotros nos inscribiremos
tú te inscribirás	vosotros os inscribiréis
él se inscribirá	ellos se inscribirán

ir

yo iré	nosotros iremos
tú irás	vosotros iréis
ella irá	ellas irán

vivir *viver*

yo viviré	nosotros viviremos
tú vivirás	vosotros viviréis
él vivirá	ellos vivirán

Falando de Verbos Terminados em *-ir* **com Acento Agudo no Infinitivo**

Verbos terminados em **-ir** que contêm um acento agudo na forma infinitiva, como **oír** (*ouvir*), **reír** (*rir*) e **sonreír** (*sorrir*), perdem o acento no radical para formar o futuro: **oiré**, **reiré**, **sonreiré**.

Verbos Irregulares

Há apenas 12 verbos irregulares básicos no futuro. Esses verbos mostram uma alteração no radical, mas as terminações são as mesmas que acabou de aprender. Acrescente **-é, -ás, -á, -emos, -éis, -án** ao radical irregular. Pratique ler esses verbos em voz alta e grave as conjugações para que possa usar o futuro livremente.

caber

yo **cabr**é	nosotros **cabr**emos
tú **cabr**ás	vosotros **cabr**éis
ella **cabr**á	ellas **cabr**án

decir *dizer*

yo **dir**é	nosotros **dir**emos
tú **dir**ás	vosotros **dir**éis
Ud. **dir**á	Uds. **dir**án

hacer *fazer*

yo **har**é	nosotros **har**emos
tú **har**ás	vosotros **har**éis
él **har**á	ellos **har**án

poder

yo **podr**é	nosotros **podr**emos
tú **podr**ás	vosotros **podr**éis
Ud. **podr**á	Uds. **podr**án

poner *por*

yo **pondr**é	nosotros **pondr**emos
tú **pondr**ás	vosotros **pondr**éis
él **pondr**á	ellos **pondr**án

querer

yo **querr**é	nosotros **querr**emos
tú **querr**ás	vosotros **querr**éis
ella **querr**á	ellas **querr**án

saber

yo sabré	nosotros sabremos
tú sabrás	vosotros sabréis
Ud. sabrá	Uds. sabrán

salir *sair*

yo saldré	nosotros saldremos
tú saldrás	vosotros saldréis
él saldrá	ellos saldrán

tener *ter*

yo tendré	nosotros tendremos
tú tendrás	vosotros tendréis
ella tendrá	ellas tendrán

valer

yo valdré	nosotros valdremos
tú valdrás	vosotros valdréis
Ud. valdrá	Uds. valdrán

Lembrete

Valer é mais usado na terceira pessoa.

¿Cuánto vale?	Quanto vale?
¿Cuánto valdrá?	Quanto valerá?

venir *vir*

yo vendré	nosotros vendremos
tú vendrás	vosotros vendréis
Ud. vendrá	Uds. vendrán

Falando do Verbo haber

Habrá significa *haverá*. É o futuro do verbo **haber**.

¿Habrá una fiesta al fin del año?	Haverá uma festa no fim do ano?
¿Habrá clases de literatura el próximo semestre?	Haverá aulas de literatura no próximo semestre?
¿Habrá mucho que hacer mañana?	Haverá muito a fazer amanhã?

As formas compostas dos verbos são conjugadas da mesma forma que o verbo principal.

decir

    contradecir *contradizer*   contra**diré** *etc.*

hacer

    deshacer *desfazer*   des**haré** *etc.*

poner

    componer *compor*   com**pondré** *etc.*

    proponer *propor*   pro**pondré** *etc.*

tener

    contener *conter*   con**tendré** *etc.*

    detener *deter, interromper*   de**tendré** *etc.*

    mantener *manter*   man**tendré** *etc.*

    retener *reter*   re**tendré** *etc.*

venir

    prevenir *prevenir*   pre**vendré** *etc.*

Usos do Futuro

O futuro é usado tanto em espanhol quanto em português para expressar um momento futuro. O futuro simples transmite um compromisso ou decisão mais forte do que o futuro perifrástico (**ir** + **a** + *infinitivo*). A diferença também existe em português: *Chegarei às 7 da noite* é um pouco mais forte em termos de comprometimento do que *Eu vou chegar às 7 da noite*.

¿A qué hora estarás en casa?	*A que horas estará em casa?*
Paula llegará más rápido por avión.	*Paula chegará mais rápido de avião.*
Yo haré la tarea para la semana que viene.	*Eu farei a tarefa para a semana que vem.*
Carlos vendrá a verme cuando quiera.	*Carlos virá me ver quando quiser.*
El cantante cantará si le gusta la música.	*O cantor cantará se gostar da música.*
¿Quién será el próximo presidente de los Estados Unidos?	*Quem será o próximo presidente dos Estados Unidos?*

188   Futuro e Condicionais; Pretérito do Subjuntivo; Expressões Idiomáticas

 Exercício 10.1

Complete as frases a seguir com a forma correta do futuro do verbo entre parênteses. Todos os verbos neste exercício são regulares.

1. Si Isabel va a Italia, yo _____ también. (ir)
2. Sara dice que _____ el martes. (llegar)
3. Yo te _____ mañana, si quieres. (ver)
4. El profesor sabe que nosotros _____ durante las vacaciones. (estudiar)
5. El amigo no _____ la pronunciación de Manuel. (corregir)
6. Los artistas piensan que la gente _____ sus pinturas. (comprar)
7. El hombre nos promete que _____ de fumar. (dejar)
8. Nadie me _____ a México; yo _____ solo. (acompañar/viajar)
9. ¿Dónde _____ tú más tarde? (estar)
10. Los periodistas izquierdistas dicen que _____. (triunfar)
11. Después de la escuela secundaria, los estudiantes _____ a la universidad. (asistir)
12. ¿Cuánto me _____ Ud. por este chaleco? (cobrar)
13. Nosotros _____. (vencer)
14. Si yo te hago una pregunta, ¿me _____? (responder)

 Exercício 10.2

Complete as frases a seguir com a forma correta do verbo entre parênteses. Todos os verbos neste exercício são irregulares.

1. Yo lo _____. (hacer)
2. El novio piensa que ella _____ a verlo. (venir)
3. Él no _____. (salir)
4. Nosotros no le _____ nada a nadie. (decir)

O Futuro 189

5. ¿_____ tú ir de vacaciones en julio? (poder)

6. Si los padres no los vigilan, sus hijos _____ la ropa en el piso. (poner)

7. ¿Cuánto _____ esta chaqueta? (valer)

8. ¿Quién _____ las llaves? (tener)

9. El espía no sabe nada hoy, pero _____ mucho mañana. (saber)

10. ¿_____ mucha gente en el gimnasio el primero de enero? (haber)

Exercício 10.3

Traduza as frases a seguir para o espanhol, usando os verbos da lista abaixo. Use cada verbo apenas uma vez.

aprender, comprar, decir, fijarse, gustar, perderse, poder, practicar, quejarse, reírse, repetir, ser, tener cuidado

1. *Se ela não tiver cuidado, se perderá.*

_____

2. *Se Jorge me disser, eu não repetirei para ninguém.*

_____

3. *Se praticarmos, poderemos aprender um idioma novo.*

_____

4. *Eles comprarão a casa se gostarem do jardim e da varanda.*

_____

5. *Se a peça de teatro for divertida, a plateia rirá.*

_____

6. *Ele nunca perceberá nada. Não reclamará nunca.*

_____

Exercício 10.4

Rescreva as frases a seguir no futuro. Este exercício inclui verbos regulares e irregulares.

EXEMPLO: Como mucho el día de acción de gracias.
             <u>Comeré mucho el día de acción de gracias.</u>

1. Él viene a verme. _____
2. Tengo una cita con el dentista en febrero.
   _____
3. ¿Cuánto vale el carro? _____
4. ¿Qué me dices? _____
5. Salimos para México en julio. _____
6. Trabajo en un teatro. _____
7. Hay once estudiantes aquí. _____
8. Empezamos a estudiar. _____
9. El muchacho tiene éxito. _____
10. Los deportistas tienen sed. _____
11. ¿Cuánto me cobra Ud.? _____
12. Yo patino porque me gusta. _____
13. Ella no se mete en la vida de los otros.
    _____
14. El pueblo vence. _____
15. Triunfamos. _____
16. La muchacha cumple diez años el miércoles.
    _____
17. Olivia vive en Perú. _____
18. La maestra corrige la tarea. _____
19. Yo asisto a la universidad. _____
20. Elena sueña que te vio. _____

Exercício 10.5

Traduza as frases a seguir para o português.

1. Sabré más mañana de lo que sé hoy.

2. Tres sillas y ocho estudiantes no cabrán en el salón.

3. Los médicos no dormirán hasta las cuatro de la mañana.

4. Pronto volveré.

5. De vez en cuando, te visitaré en Brasil.

6. Si Uds. quieren ir de compras, yo los llevaré.

7. Si él se pone nervioso, hablará en voz baja.

8. Si corres mucho, podrás perder peso.

9. Si Ud. pierde sus llaves, ¿qué hará?

10. Ellos me dicen que Uds. se casarán el año que viene.

Expressando Dúvida ou Probabilidade no Presente

A partir do contexto é possível saber se a frase afirmativa ou interrogativa está no futuro simples ou é uma probabilidade no presente.

¿Qué hora será?   *Que horas serão?*
Serán las diez.   *Devem ser dez.*

Expressando o Futuro Usando o Presente

¿Dónde estará Enrique?	*Onde estará Henrique?*
Estará en casa.	*Deve estar em casa.*
¿Quién será?	*Quem será?*
¿Cuántos años tendrán ellas?	*Quantos anos terão elas?*
No vendrá hoy.	*[Provavelmente] Não virá hoje.*

Expressando o Futuro Usando o Presente

- O presente do indicativo frequentemente é usado quando há outro elemento na frase que indica o futuro.

Ella canta mañana.	*Ela canta amanhã.*
Bailamos el viernes.	*Dançamos na sexta.*

- O presente, e não o futuro, é usado ao pedir instruções.

¿Doblo aquí?	*Viro aqui?*
¿Camino a la derecha?	*Caminho para a direita?*

- O presente, e não o futuro, é usado ao pedir coisas. Essas não são ações que ocorrem no futuro.

¿Me da el bolígrafo, por favor?	*Me dá a caneta, por favor?*
¿Me prestas tu carro?	*Me empresta seu carro?*
¿Me llamas cuando llegues?	*Me ligue quando chegar?*
¿Le traes flores?	*Você trouxe flores para ele?*
¿Nos dan Uds. regalos?	*Os senhores/as senhoras nos dão presentes?*

Exercício 10.6

Reescreva as frases a seguir para que indiquem probabilidade.

EXEMPLO: El libro no cabe en mi bolsa.
   El libro no cabrá en mi bolsa.

1. ¿Tiene hambre el niño? _____
2. ¿Qué hace la mujer? _____
3. ¿Quién pone la mesa? _____
4. Ella sabe las direcciones. _____
5. ¿Cuánto vale este apartamento lujoso?
   _____

Posição dos Pronomes Objeto Direto, Objeto Indireto e Reflexivo

Revise os pronomes objetos (oblíquos) enquanto avançamos no estudo dos tempos verbais. Os pronomes objeto direto, indireto e reflexivo têm duas posições possíveis quando usados com o futuro.

- Pronomes objeto (oblíquos) podem ser posicionados imediatamente antes do verbo conjugado.
- Pronomes objeto (oblíquos) podem ser anexados a um infinitivo se houver um na frase ou na oração.

Paula le dará direcciones.	*Paula lhe dará instruções.*
Esta noche leeré un libro y después me acostaré.	*Esta noite lerei um livro e depois me deitarei.*
¿Quién me podrá contestar? ¿Quién podrá contestarme?	*Quem poderá me responder?*
¿Lo podrás llamar más tarde? ¿Podrás llamarlo más tarde?	*Você pode ligar para ele mais tarde?*

O Futuro Contínuo

O futuro contínuo enfatiza ações que estarão em progresso no futuro. Quando você não precisa expressar uma ação que estará em progresso no futuro, use o futuro simples.

Formação do Futuro Contínuo

O futuro contínuo é um tempo composto. Para formar esse tempo, conjugue o verbo **estar** no futuro seguido do gerúndio do verbo principal.

yo estaré comiendo	*eu estarei comendo*
tú estarás jugando	*você estará jogando*
Ud. estará festejando	*o senhor/a senhora estará festejando*
nosotros estaremos bebiendo	*nós estaremos bebendo*
vosotros estaréis bailando	*vocês estarão dançando*
Uds. estarán celebrando	*os senhores/as senhoras estarão celebrando*

Usos do Futuro Contínuo

O futuro contínuo enfatiza uma ação que ocorrerá no futuro: *Eu estarei chegando às 10 horas,* por exemplo. Se você não precisa enfatizar a ação, use o futuro simples: *Eu chegarei às 10 horas.*

Estaré llegando a medianoche.	*Estarei chegando à meia-noite.*
¿Cuándo estarás saliendo para el Canadá?	*Quando você estará partindo para o Canadá?*
Mi amigo estará escuchando música toda la mañana.	*Meu amigo estará escutando música toda manhã.*
Estaremos leyendo su libro esta noche.	*Estaremos lendo seu livro esta noite.*
Los muchachos estarán jugando al tenis hasta las cinco cuando oscurezca.	*Os meninos estarão jogando tênis até as cinco, quando escurece.*

O Futuro Perfeito

Em espanhol, assim como no português, o futuro perfeito se refere a uma ação que será concluída no futuro antes que outra ação ocorra ou antes de um certo momento no futuro.

Formação do Futuro Perfeito

O futuro perfeito é um tempo composto. Para formar esse tempo, conjugue o verbo **haber** no futuro seguido do particípio passado do verbo principal. O verbo haver é mais usado em espanhol enquanto em português usamos mais o verbo ter como auxiliar.

yo habré comido	*eu terei comido*
tú habrás cocinado	*você terá cozinhado*
Ud. habrá visto	*o senhor/a senhora terá visto*
nosotros habremos limpiado	*nós teremos limpado*
vosotros habréis vuelto	*vocês terão voltado*
Uds. habrán ido	*os senhores/as senhoras terão ido*

Usos do Futuro Perfeito

O futuro perfeito expressa uma ação que ocorrerá em um momento específico no futuro.

La muchacha habrá leído el artículo para el viernes.	*A garota terá lido o artigo até sexta.*
Yo habré visto esta película antes de que el grupo se reúna.	*Eu terei visto este filme antes que o grupo se reúna.*
Las mujeres habrán terminado su conversación antes de preparar la cena.	*As mulheres terão terminado sua conversa antes de preparar o jantar.*
Julia habrá bailado con este hombre tres veces antes de salir de la fiesta.	*Julia terá dançado com este homem três vezes antes de sair da festa.*
En agosto, la camarera habrá trabajado en el restaurante un año.	*Em agosto, a garçonete terá trabalhado no restaurante por um ano.*

Exercício 10.7

Traduza as frases a seguir para o português.

1. ¿Adónde habrás ido después de salir de tu casa?

2. Habremos comprado nuestros tiquetes para el sábado.

3. Habré visto a los estudiantes antes de que viajen a México.

4. En un mes, habré vivido aquí por diez años.

5. ¿Habrás terminado tu trabajo para la semana que viene?

 Interpretação de Texto

El porvenir

"Volveré," dice el amante,
"comeré," dice el glotón,
"bailaré," dice el cojo,
"trabajaré," dice él sin profesión.

"Votaré," dice el ciudadano,
"me reiré," dice el juglar,
"dormiré," dice el insomne,
"te cuidaré," dice su mamá.

"Prometeré," dice el político,
"curaré" dice el doctor,
"recordaré" dice el amnésico,
"enseñaré" dice el profesor.

Y todos se encontrarán
Y todos se hablarán
Todos dirán la verdad y mentiras
Y todos se morirán.

O Futuro

Verbos

cuidar	*cuidar*
encontrarse	*encontrar-se*
votar	*votar*

Nombres

el amante	*o amante*
el amnésico	*o amnésico*
el cojo	*o manco, o inválido*
el glotón	*o glutão*
el insomne	*o insone*
el juglar	*o malabarista*
el porvenir	*o futuro*

Preguntas

1. ¿Cuáles personas dicen la verdad?

_____

2. ¿Cuáles mienten?

_____

3. ¿Con quiénes se identifica Ud.?

_____

11

O Condicional

O condicional é usado para descrever ações incertas no futuro. Ao contrário do futuro, que expressa certeza futura, o condicional expressa uma ação que ocorreria se outra condição se concretizasse. Ele é um tempo simples, ou seja, não usa verbo auxiliar em espanhol. Ele corresponde ao futuro do pretérito em português: *Eu iria, mas não tenho tempo,* por exemplo.

Formação do Condicional

A maioria dos verbos são regulares no condicional. Para formar o condicional, use o infinitivo como radical e acrescente as terminações: **-ía**, **-ías**, **-ía**, **-íamos**, **-íais**, **-ían**. Essas terminações são usadas para todos os verbos, tanto regulares quanto irregulares no condicional. Pratique a pronúncia das seguintes formas condicionais dos verbos em voz alta e certifique-se de enfatizar a sílaba acentuada.

Verbos Regulares

Verbos Terminados em -ar

ayudar *ajudar*

yo ayudaría	nosotros ayudaríamos
tú ayudarías	vosotros ayudaríais
Ud. ayudaría	Uds. ayudarían

O Condicional

disfrutar *desfrutar, aproveitar*

yo disfrutaría	nosotros disfrutaríamos
tú disfrutarías	vosotros disfrutaríais
él disfrutaría	ellos disfrutarían

estar

yo estaría	nosotros estaríamos
tú estarías	vosotros estaríais
ella estaría	ellas estarían

felicitar *felicitar*

yo felicitaría	nosotros felicitaríamos
tú felicitarías	vosotros felicitaríais
Ud. felicitaría	Uds. felicitarían

festejar *festejar, celebrar*

yo festejaría	nosotros festejaríamos
tú festejarías	vosotros festejaríais
él festejaría	ellos festejarían

fracasar

yo fracasaría	nosotros fracasaríamos
tú fracasarías	vosotros fracasaríais
Ud. fracasaría	Uds. fracasarían

llenar *preencher, encher*

yo llenaría	nosotros llenaríamos
tú llenarías	vosotros llenaríais
ella llenaría	ellas llenarían

recordar *lembrar*

yo recordaría	nosotros recordaríamos
tú recordarías	vosotros recordaríais
él recordaría	ellos recordarían

Verbos Terminados em -er

beber

yo bebería	nosotros beberíamos
tú beberías	vosotros beberíais
Ud. bebería	Uds. beberían

conocer *conhecer*

yo conocería	nosotros conoceríamos
tú conocerías	vosotros conoceríais
él conocería	ellos conocerían

proteger

yo protegería	nosotros protegeríamos
tú protegerías	vosotros protegeríais
ella protegería	ellas protegerían

ser

yo sería	nosotros seríamos
tú serías	vosotros seríais
él sería	ellos serían

traer *trazer*

yo traería	nosotros traeríamos
tú traerías	vosotros traeríais
ella traería	ellas traerían

volver *voltar, retornar*

yo volvería	nosotros volveríamos
tú volverías	vosotros volveríais
Ud. volvería	Uds. volverían

Verbos Terminados em -ir

admitir

yo admitiría	nosotros admitiríamos
tú admitirías	vosotros admitiríais
ella admitiría	ellas admitirían

O Condicional

dormir
yo dormiría	nosotros dormiríamos
tú dormirías	vosotros dormiríais
él dormiría	ellos dormirían

exigir
yo exigiría	nosotros exigiríamos
tú exigirías	vosotros exigiríais
él exigiría	ellos exigirían

fingir
yo fingiría	nosotros fingiríamos
tú fingirías	vosotros fingiríais
Ud. fingiría	Uds. fingirían

Lembrete de Pronúncia

O **g** antes de **i** é pronunciado como o **rr** de corríamos.

ir
yo iría	nosotros iríamos
tú irías	vosotros iríais
ella iría	ellas irían

medir
yo mediría	nosotros mediríamos
tú medirías	vosotros mediríais
Ud. mediría	Uds. medirían

Verbos Irregulares

Há 12 verbos básicos irregulares no condicional. Os tempos condicional e futuro têm os mesmos radicais nos verbos irregulares. Acrescente **-ía**, **-ías**, **-ía**, **-íamos**, **-íais**, **-ían** ao radical irregular. Pratique a pronúncia dessas formas verbais em voz alta e grave-as para que seja capaz de usar o condicional livremente.

202   Futuro e Condicionais; Pretérito do Subjuntivo; Expressões Idiomáticas

caber

yo **cabría**	nosotros **cabríamos**
tú **cabrías**	vosotros **cabríais**
ella **cabría**	ellas **cabrían**

decir *dizer*

yo **diría**	nosotros **diríamos**
tú **dirías**	vosotros **diríais**
Ud. **diría**	Uds. **dirían**

hacer *fazer*

yo **haría**	nosotros **haríamos**
tú **harías**	vosotros **haríais**
él **haría**	ellos **harían**

poder

yo **podría**	nosotros **podríamos**
tú **podrías**	vosotros **podríais**
Ud. **podría**	Uds. **podrían**

poner *por*

yo **pondría**	nosotros **pondríamos**
tú **pondrías**	vosotros **pondríais**
él **pondría**	ellos **pondrían**

querer

yo **querría**	nosotros **querríamos**
tú **querrías**	vosotros **querríais**
ella **querría**	ellas **querrían**

saber

yo **sabría**	nosotros **sabríamos**
tú **sabrías**	vosotros **sabríais**
Ud. **sabría**	Uds. **sabrían**

salir *sair*

yo **saldría**	nosotros **saldríamos**
tú **saldrías**	vosotros **saldríais**
él **saldría**	ellos **saldrían**

tener *ter*

yo **tendría**	nosotros **tendríamos**
tú **tendrías**	vosotros **tendríais**
ella **tendría**	ellas **tendrían**

valer

yo **valdría**	nosotros **valdríamos**
tú **valdrías**	vosotros **valdríais**
Ud. **valdría**	Uds. **valdrían**

Lembrete

Conforme observado, **valer** é mais frequentemente usado na terceira pessoa:

¿Cuánto vale?	*Quanto vale?*
¿Cuánto valdría?	*Quanto valeria?*
Valdría la pena.	*Valeria a pena.*

venir *vir*

yo **vendría**	nosotros **vendríamos**
tú **vendrías**	vosotros **vendríais**
Ud. **vendría**	Uds. **vendrían**

Falando do Verbo haber

Habría significa *haveria*. É o condicional do verbo **haber**.

Sin estudiantes, no habría universidades.	*Sem alunos, não haveria universidades.*
¿Habría luz sin sol?	*Haveria luz sem o Sol?*
¿Habría comida sin plantas?	*Haveria comida sem as plantas?*

As formas compostas dos verbos são conjugadas da mesma maneira que o verbo principal.

decir

    contradecir *contradizer*   contra**diría** *etc.*

hacer

    deshacer *desfazer*   des**haría** *etc.*

poner

componer *compor*   com**pondr**ía *etc.*
proponer *propor*   pro**pondr**ía *etc.*

tener

contener *conter*   con**tendr**ía *etc.*
detener *deter*   de**tendr**ía *etc.*
mantener *manter*   man**tendr**ía *etc.*
retener *reter*   re**tendr**ía *etc.*

venir

prevenir *prevenir*   pre**vendr**ía *etc.*

Usos do Condicional

O condicional expressa uma ação incerta no futuro. Esse tempo corresponde ao futuro do pretérito em português: *Eu iria*, por exemplo.

Nadie comería en este restaurante.	*Ninguém comeria neste restaurante.*
Me gustaría ir al cine con mi amigo.	*Eu gostaria de ir ao cinema com meu amigo.*
¿Te gustaría ir conmigo?	*Você gostaria de ir comigo?*
Nos encantaría viajar a Perú.	*Adoraríamos viajar para o Peru.*
Elena dijo que cerraría la maleta.	*Elena disse que fecharia a mala.*
Yo sabía que el mago no me diría nada.	*Eu sabia que o mago não me diria nada.*
¿Gastarías todo en un día?	*Você gastaria tudo em um dia?*

Falando do Pretérito Imperfeito

Em espanhol, o pretérito imperfeito é usado para indicar uma ação repetida no passado. Veja a seguir exemplos do uso do pretérito imperfeito:

Cuando Madeleine era niña, ella practicaba el piano cada día.	*Quando Madeleine era criança, ela praticava piano todo dia.*
El hombre viejo ponía sus dientes en agua cada noche antes de dormirse.	*O homem idoso punha seus dentes na água toda noite antes de dormir.*

Exercício 11.1

Complete as frases a seguir com a forma condicional correta do verbo entre parênteses.

1. Yo _____. (producir)
2. Nosotros lo _____. (hacer)
3. ¿Qué _____ Uds.? (decir)
4. Él _____ pero no quiere. (venir)
5. ¿Cuánto me _____ Ud. por mi libro? (dar)
6. Ellos _____ temprano. (acostarse)
7. Los niños y sus padres _____ pronto. (regresar)
8. ¿Por qué _____ Ud. tacones? (llevar)
9. ¿A Uds. les _____ salir esta noche? (gustar)
10. ¿_____ luz sin electricidad? (haber)
11. Yo _____ esa película. (ver)
12. Nosotros no _____ esta noche. (salir)
13. Laura dijo que _____ mañana. (llegar)
14. Yo sabía que ella _____. (entender)
15. ¿Quién _____ hacer tal cosa? (poder)
16. ¿Por qué _____ Samuel al teatro si siempre se duerme? (ir)

Posição dos Pronomes Objeto Direto, Objeto Indireto e Reflexivo

Os pronomes objeto direto, objeto indireto e reflexivo têm duas posições possíveis quando usados com o condicional.

- Pronomes objeto (oblíquos) podem ser usados imediatamente antes do verbo conjugado.
- Pronomes objetos (oblíquos) podem ser anexados ao infinitivo se houver um verbo no infinitivo na frase ou na oração.

Yo te prestaría mi carro, pero está
   en el taller de mecánico.
¿Te interesaría comprarlo?

Eu lhe emprestaria meu carro,
   mas está na oficina mecânica.
Lhe interessaria comprá-lo?

¿Cuánto me cobraría por la flor? Quanto me cobraria pela flor?
Enrique le daría las flores a su Enrique daria as flores à sua
novia, pero no tiene bastante namorada, mas não tem dinheiro
dinero para comprárselas. suficiente para comprá-las.

Exercício 11.2

Reescreva as frases a seguir no condicional. Certifique-se de incluir todos as acentos agudos necessários. Pronuncie suas respostas em voz alta.

EXEMPLO: Nadie duerme aquí. *Nadie dormiría aquí.*

1. Yo la ayudo. _____
2. Ella va de compras. _____
3. ¿Miras tú televisión? _____
4. Ellos venden la comida. _____
5. Los mozos les dan la comida a los clientes.

   _____

6. Tenemos mucho que hacer. _____
7. El conductor maneja rápidamente. _____
8. ¿Cantas? _____
9. ¿Vienen Uds. a mi casa? _____
10. Yo lo hago. _____
11. No le digo nada. _____
12. Te cobro cien dólares. _____
13. Los niños no leen mucho. _____
14. Sé nadar. _____
15. Hay mucha gente en los trenes. _____
16. No caben más. _____
17. Le traigo las flores a su hermana. _____

O Condicional   207

18. Nos ponemos los zapatos. _____

19. ¿Puede Ud. acompañarme al bus? _____

20. ¿A Uds. les gusta ir al cine? _____

Exercício 11.3

Complete as frases a seguir com a forma condicional correta do verbo entre parênteses.

1. Ella _____ tocar el piano, pero nunca practica. (poder)

2. La enfermera le prometió al paciente que él _____. (mejorarse)

3. Yo no _____ de la situación. (quejarse)

4. Nosotros no le _____ nada. (decir)

5. Enrique y su esposa sabían que sus hijos _____ en sus vacaciones. (divertirse)

6. Emanuel y su hermano nos aseguraron que todo _____ bien. (estar)

7. Los gemelos _____ una fiesta pero no es su cumpleaños. (tener)

8. La terapeuta física me dijo que no me _____ más los pies. (doler)

Exercício 11.4

Traduza as frases a seguir para o espanhol.

1. *José gostaria de nadar, mas tem medo de água.*

_____

2. *Eu não lhe diria nada porque não o conheço bem.*

_____

3. *Nossos amigos mexicanos viriam para a Califórnia para visitar sua família, mas preferem viajar para a Europa este ano.*

_____

_____

208 Futuro e Condicionais; Pretérito do Subjuntivo; Expressões Idiomáticas

4. *Juan me disse que lhe daria o livro se quiser estudá-lo.*

5. *Iríamos à festa de Julia, mas não sabemos onde ela mora.*

O condicional pode ser usado para expressar especulação ou conjectura no passado. Você saberá pelo contexto se a frase afirmativa ou interrogativa expressa o condicional simples ou probabilidade no passado.

¿Qué hora sería?	*Que horas seriam?*
¿Dónde estaría el doctor?	*Onde estaria o médico?*
Estaría en el hospital.	*Deve estar no hospital.*
¿Cuántos años tendrían estas mujeres?	*Quantos anos teriam estas mulheres?*
¿Quién sería?	*Quem seria?*

O Condicional Contínuo

O condicional contínuo expressa dúvidas sobre uma ação no futuro.

Formação do Condicional Contínuo

O condicional contínuo é um tempo composto. Para formar este tempo, conjugue o verbo **estar** no condicional seguido do gerúndio do verbo principal.

yo estaría limpiando	*eu estaria limpando*
tú estarías pintando	*você estaria pintando*
Ud. estaría bailando	*o senhor/a senhora estaria dançando*
nosotros estaríamos durmiendo	*nós estaríamos dormindo*
vosotros estaríais dibujando	*você estaria desenhando*
Uds. estarían escribiendo	*os senhores/as senhoras estariam escrevendo*

Usos do Condicional Contínuo

O condicional contínuo expressa dúvida no futuro e enfatiza a ação. Quando você não precisar enfatizar a ação, use o condicional simples. Você descobrirá que o condicional simples é usado com mais frequência no dia a dia.

¿Quién estaría haciendo ruido?	*Quem estaria fazendo barulho?*
Yo estaría tocando el piano, pero me lesioné las manos.	*Eu estaria tocando piano, mas machuquei as mãos.*
Las parejas estarían bailando, pero se cansaron.	*Os casais estariam dançando, mas se cansaram.*

O Condicional Perfeito

O condicional perfeito é usado para expressar uma ação que teria acontecido, mas não aconteceu: *Eu teria pagado a você, mas deixei meu dinheiro em casa,* por exemplo. Em português, equivale ao futuro do pretérito composto.

Formação do Condicional Perfeito

O condicional perfeito é um tempo composto. Para formar esse tempo, conjugue o verbo auxiliar do verbo **haber** no condicional seguido do particípio passado do verbo principal. Observe que o espanhol usa o auxiliar haver com mais frequência em casos que o uso preferencial é do verbo ter em português.

yo habría ido	*eu teria ido*
tú habrías salido	*você teria saído*
él habría sonreído	*ele teria sorrido*
nosotros habríamos escrito	*nós teríamos escrito*
vosotros habríais entrado	*vocês teriam entrado*
ellos habrían llamado	*eles teriam ligado*

Usos do Condicional Perfeito

O condicional perfeito, que é usado para se referir a uma ação que teria ocorrido, mas não ocorreu, é frequentemente seguido de *mas*.

Nos habríamos quedado, pero no nos gustó la situación.	*Nós teríamos ficado, mas não gostamos da situação.*

Ella habría ido a España este mes, pero no tenía tiempo.	*Ela teria ido para a Espanha este mês, mas não tinha tempo.*
Tú lo habrías podido hacer, pero se te pasó el deseo.	*Você teria podido fazê-lo, mas perdeu o interesse.*

Lembre-se de que os pronomes objeto direto, indireto e reflexivo precedem a forma verbal. Os pronomes objeto (oblíquos) nunca são anexados ao particípio passado.

Yo **te** habría llamado, pero me dormí temprano.	*Eu teria ligado para você, mas dormi cedo.*
El doctor **lo** habría ayudado, pero tenía miedo de un pleito.	*O médico teria ajudado, mas tinha medo de um processo.*
Los actores **le** habrían dado flores a su directora, pero costaban demasiado.	*Os atores teriam dado flores à sua diretora, mas custavam muito caro.*

O condicional perfeito pode também expressar especulação ou conjecturas no passado.

La gente honesta habría devuelto la cartera y el dinero.	*As pessoas honestas teriam devolvido a carteira e o dinheiro.*
Habrían sido las once cuando los muchachos llegaron.	*Deveriam ser onze horas quando os garotos chegaram.*
Habría sido noviembre cuando nos reunimos.	*Deveria ser novembro quando nos reunimos.*

Exercício 11.5

Traduza as frases a seguir para o espanhol.

1. *Ele teria chegado a tempo, mas perdeu o endereço.*

2. *Não teríamos contado nosso segredo a ninguém.*

3. *Juan e seu companheiro teriam ido ao México, mas decidiram economizar dinheiro para o ano seguinte.*

___

4. *Antonio e eu teríamos viajado para a Colômbia, mas o voo custa muito.*

___

5. *Enrique teria sido um bom presidente, mas queria ter mais tempo para passar com sua família.*

___

6. *Elvira teria devolvido o dinheiro que encontrou, mas o deu para seu filho.*

___

 ## Interpretação de Texto

¿Qué haría Ud. en las siguientes situaciones?

Responda oralmente as perguntas a seguir.

1. ¿Diría Ud. una mentira para proteger a su amigo?
2. ¿Compraría Ud. algo antes de verlo?
3. Si vas a un casino, ¿cuánto dinero apostarías antes de irte?
4. Ud. está en una clase de veinte estudiantes y todos están copiando excepto Ud. (Ellos reciben el examen de antemano y aprenden de memoria las respuestas sin saber nada. Ud. está estudiando.) ¿Le diría Ud. al maestro lo que está pasando en la clase?
5. Su hijo tiene catorce años y quiere jugar al fútbol americano para su escuela. Ud. sabe que es peligroso y que muchos niños se lesionan. ¿Lo dejaría jugar o firmaría el documento prohibiéndole que juegue?
6. Su mejor amigo está para casarse. Ud. está en un restaurante y ve a su prometida besar a otro hombre. ¿Se lo diría a su amigo?
7. Ud. encuentra una cantidad de dinero en las montañas con la identificación de una persona que se había muerto en un accidente. ¿Le devolvería Ud. el dinero a la familia?

212 Futuro e Condicionais; Pretérito do Subjuntivo; Expressões Idiomáticas

8. ¿Viajaría Ud. solo?

9. ¿Tomaría Ud. crédito por un libro que no había escrito?

10. Su mejor amigo es pintor. ¿Le diría Ud. la verdad si a Ud. no le gusta su pintura?

Verbos

aprender de memoria	*memorizar, saber de cor*
copiar	*copiar*
firmar	*assinar*
lesionarse	*machucar-se*

12

O Pretérito Perfeito do Subjuntivo

O presente perfeito do modo subjuntivo se refere ao passado recente e equivale ao pretérito perfeito composto do subjuntivo em português: *o trem tenha chegado*, por exemplo.

Assim como todos os modos subjuntivos, o pretérito perfeito do subjuntivo requer uma causa. A oração principal precisa conter um verbo ou expressão que exija o uso do modo subjuntivo na oração subordinada. O futuro e o presente de certos verbos na oração principal exigem o pretérito perfeito do subjuntivo na oração subordinada.

Formação do Pretérito Perfeito do Subjuntivo

O pretérito perfeito do subjuntivo é um tempo composto. Para formá-lo, conjugue o presente do subjuntivo do verbo auxiliar **haber** seguido pelo particípio passado do verbo principal. Observe que em português o verbo auxiliar preferencial é o ter.

yo haya hablado	*eu tenha falado*
tú hayas llegado	*você tenha chegado*
ella haya huido	*ela tenha fugido*
nosotros hayamos vendido	*nós tenhamos vendido*
vosotros hayáis leído	*vocês tenham lido*
ellas hayan votado	*elas tenham votado*

Usos dos Pretérito Perfeito do Subjuntivo

O pretérito perfeito do subjuntivo pode ser usado para expressar uma ação passada se a oração principal estiver no presente ou no futuro. A oração

214 Futuro e Condicionais; Pretérito do Subjuntivo; Expressões Idiomáticas

principal precisa conter um verbo ou expressão que exija o uso do subjuntivo na oração subordinada. O uso mais comum é o presente do indicativo na oração principal e o pretérito perfeito do subjuntivo na oração subordinada.

Yo sé	que el tren ha llegado.
Eu sei (presente do indicativo)	*que o trem chegou.* (pretérito perfeito)
Yo **dudo**	que el tren **haya** llegado.
Eu duvido (presente do indicativo)	*que o trem tenha chegado.* (pretérito perfeito do subjuntivo)
El maestro sabe	que los estudiantes han estudiado.
O professor sabe	*que os alunos estudaram.*
El maestro **espera**	que los estudiantes **hayan** estudiado.
O professor espera	*que os alunos tenham estudado.*

- Oração principal no presente, oração subordinada no pretérito perfeito do subjuntivo

Me alegro de que Fernando **haya estado** bien.	*Me alegro que Fernando tenha estado bem.*
Enrique duda que su amigo le **haya escrito**.	*Enrique duvida que seu amigo tenha lhe escrito.*
Yo lo siento que Uds. no **hayan ido** a España.	*Eu lamento que vocês não tenham ido para a Espanha.*
Irene no piensa que su vecino **se haya quejado** de ella.	*Irene não pensa que seu vizinho tenha reclamado dela.*
¿Esperas que le **hayamos dado** el dinero al dueño?	*Espera que tenhamos dado o dinheiro ao dono?*
Es probable que la mujer **haya parqueado** el carro.	*É provável que a mulher tenha estacionado o carro.*
¿Conocen Uds. a alguien que **haya vivido** en Japón?	*Vocês conhecem alguém que tenha vivido no Japão?*
Nos gusta que tú **hayas tenido** éxito.	*Gostamos que você tenha tido sucesso.*
Me alegro de que Uds. **se hayan divertido**.	*Me alegro que vocês tenham se divertido.*

O Pretérito Perfeito do Subjuntivo

 Exercício 12.1

Traduza as frases a seguir para o espanhol.

1. É possível que eles tenham dormido?

2. É provável que tenhamos tido muitas oportunidades.

3. Estamos alegres que nossos amigos tenham se conhecido.

4. Estou triste que o hotel não tenha me ligado para confirmar minha reserva.

5. José espera que nós tenhamos nos sentido bem.

6. O advogado se alegra que seus clientes tenham lido o contrato.

7. Os engenheiros lamentam que os edifícios tenham tido problemas.

8. O trabalhador está triste porque seu chefe não o tenha chamado para verificar onde está.

 Exercício 12.2

Complete as frases a seguir com a forma correta do pretérito perfeito do subjuntivo do verbo entre parênteses.

EXEMPLO: El hombre está triste de que su familia no lo __haya visitado__. (visitar)

1. Espero que Uds. _____ bien. (estar)

2. Nos alegramos mucho de que el bañero le _____ la vida a la nadadora. (salvar)

216 Futuro e Condicionais; Pretérito do Subjuntivo; Expressões Idiomáticas

3. Miguel duda que nosotros _____ a subir la montaña. (atreverse)

4. ¿Conoces a alguien que _____ todas las obras de Shakespeare? (leer)

5. La rey quiere que su reina _____ feliz. (ser)

6. Los viajantes esperan que los trenes no _____. (demorarse)

7. Son las seis de la mañana. La mamá no piensa que sus hijos _____. (levantarse)

8. Son las once de la noche el sábado. Patricia espera que sus amigos _____ mucho en la fiesta. (divertirse)

9. Me alegro mucho de que Uds. _____ a la clase. (venir)

10. Es una lástima que el vaso _____. (romperse)

- Oração principal no futuro, oração subordinada no pretérito perfeito do subjuntivo

  Se o verbo na oração principal estiver no futuro perifrástico (**ir** + **a** + *infinitivo*) ou no futuro simples, o pretérito perfeito do subjuntivo pode ser usado na oração subordinada. Essa estrutura é usada mais raramente na linguagem do dia a dia.

  Será fantástico que todo el mundo **haya** leído este libro.

  Será fantástico que todo o mundo tenha lido este livro.

  Será importante que los chóferes **hayan aprendido** a manejar.

  Será importante que os motoristas tenham aprendido a dirigir.

  El director esperará que los actores **hayan aprendido** el argumento.

  O diretor esperará que os atores tenham aprendido o script.

  Susana no irá a menos que su mejor amiga **haya ido**.

  Susana não irá a menos que sua melhor amiga tenha ido.

Interpretação de Texto

La isla en el Caribe

Me alegro mucho de que mis amigos se hayan puesto tan contentos antes de mi gran viaje a verlos. Se llaman Samuel y Teresa y viven en una isla que se llama Saba.

Nos encontramos por primera vez en el Yucatán donde viajamos juntos.

Según ellos, Saba es el mejor sitio del mundo. Estoy muy emocionada de que ellos me hayan invitado a su hogar tan especial. Ella es francesa y él es de Inglaterra. Han pasado más de veinte años fuera de sus países. No sé por qué han escogido esta isla en el medio del Caribe. Nunca me han dado la razón y nadie sabe el porqué, excepto ellos.

Estoy contenta de que hayamos podido estar en contacto por tanto tiempo, comunicándonos por correo electrónico.

Arreglo mi maleta, pensando en lo que mis amigos me han dicho. Con cuidado, meto en ella bloqueador, anteojos de sol y camisas de algodón. Me dicen que llueve mucho, así que incluyo un paraguas pequeño y un impermeable. En caso de que haya sol, y esperándolo, traigo dos trajes de baño, una bata, sandalias y gafas para nadar. A ellos les gusta bucear, y a mí también. Dejo en casa mi abrigo, y escojo una chaqueta y un chaleco que compré en Guatemala. Me gusta llevar pantalones, pero voy a traer una falda también. No sé si necesitaré calcetines o botas, pero los traeré de todos modos.

Será mi primer viaje a la isla y mis amigos la describen como un paraíso, pero un paraíso sin muchas provisiones. Me piden que les lleve muchos víveres como nueces, queso, cereal y chocolate. Mi pobre maleta, cambiada a maletón, pesa mucho con toda la comida, pero llevaré todo, y con muchas ganas.

Me recogieron en el aeropuerto y fuimos a Saba a su hogar. Ellos se sentaron en el sofá. Samuel empezó a trabajar en la computadora; ella no hizo nada aquella primera noche.

Esta pareja que siempre hablaba, dejó de hablar.

Dormí bastante bien la primera noche a pesar de los insectos, reyes de la casa que andaban por toda la casa, y el sonido de la ranas más allá de mi ventana.

Samuel y Teresa, mis queridos amigos, no sé lo que les había pasado. Pasé mis vacaciones a solas. Ellos no se atrevían a salir de la casa, hasta sacar la basura. Samuel llegaba al lindero de la casa, suspiraba y volvía a la sala mientras Teresa cocinaba.

218 Futuro e Condicionais; Pretérito do Subjuntivo; Expressões Idiomáticas

Por fin, me llevaron al aeropuerto, me dejaron allí, nos despedimos y nos separamos. Fue la última vez que los vi.

Verbos

atreverse (a)	*atrever-se*
bucear	*mergulhar*
recoger	*recolher*
suspirar	*suspirar*

Nombres

el abrigo	*o casaco*
la bata	*o robe*
las botas	*as botas*
los calcetines	*as meias*
el chaleco	*o colete*
la chaqueta	*a jaqueta*
la falda	*a saia*
el impermeable	*a capa de chuva*
el lindero	*os limites, as fronteiras*
el maletón	*a mala*
la nuez, las nueces	*a noz, as nozes*
los pantalones	*as calças*
el paraguas	*o guarda-chuva*
la rana	*a rã*
el rey	*o rei*
el traje de baño	*a roupa de banho*
la última vez	*a última vez*

Expresiones

de todos modos	*de todo modo*
en caso de	*em caso de*
fuera de	*exceto*
más allá de (mi ventana)	*do lado de fora, além (da minha janela)*
por fin	*enfim*
por primera vez	*pela primeira vez*

O Pretérito Perfeito do Subjuntivo

Preguntas

1. ¿Dónde está Saba?

2. ¿Cómo es la isla?

3. ¿Qué pone la persona en su maleta? ¿Por qué pesa tanto?

4. ¿Se llevaron bien?

5. ¿Van a verse de nuevo?

6. ¿La persona que viaja, es mujer u hombre?

13

O Pretérito Imperfeito do Subjuntivo

O pretérito imperfeito do subjuntivo expressa uma ação passada. Até agora, você estudou o presente do subjuntivo e o pretérito perfeito do subjuntivo. Agora é a vez do pretérito imperfeito do subjuntivo. Se a oração principal começa no passado, ela exige o subjuntivo no passado.

Lembre-se de que o modo subjuntivo não existe sozinho. Outro elemento na frase sempre requer que ele seja usado. O pretérito imperfeito do subjuntivo é usado depois dos seguintes elementos:

- Certas expressões impessoais
- Certos verbos
- Certas conjunções
- Certas orações adjetivas subordinadas
- Certas expressões

Formação do Pretérito Imperfeito do Subjuntivo

Para formar o pretérito imperfeito do subjuntivo para todos os verbos, primeiro remova a terminação da terceira pessoa do singular do pretérito perfeito. O que sobra é o radical do pretérito imperfeito do subjuntivo para todas as formas.

Qualquer irregularidade no radical do pretérito perfeito será replicada no pretérito imperfeito do subjuntivo.

O Pretérito Imperfeito do Subjuntivo

221

Pretérito Imperfeito do Subjuntivo dos Verbos Terminados em *-ar*

Para conjugar todos, exceto três, verbos terminados em **-ar** no pretérito imperfeito do subjuntivo, comece com a terceira pessoa do singular (**él, ella, Ud.**) do pretérito perfeito. Remova a terminação do pretérito perfeito e acrescente **-ara, -aras, -ara, -áramos, -arais, -aran** ao radical.

Infinitivo	Terceira Pessoa do Pretérito Perfeito	Pretérito Imperfeito do Subjuntivo	
bailar	bailó	yo bailara	nosotros bailáramos
		tú bailaras	vosotros bailarais
		ella bailara	ellas bailaran
cantar	cantó	yo cantara	nosotros cantáramos
		tú cantaras	vosotros cantarais
		él cantara	ellos cantaran
cerrar	cerró	yo cerrara	nosotros cerráramos
		tú cerraras	vosotros cerrarais
		Ud. cerrara	Uds. cerraran
recordar	recordó	yo recordara	nosotros recordáramos
		tú recordaras	vosotros recordarais
		él recordara	ellos recordaran

Os únicos verbos terminados em **-ar** com terminações diferentes no pretérito imperfeito do subjuntivo são os verbos irregulares no pretérito perfeito: **andar, estar, dar**.

Pretérito Imperfeito do Subjuntivo dos Verbos Terminados em *-er* e *-ir*

Para conjugar os verbos terminados em **-er** e **-ir** no pretérito imperfeito do subjuntivo, remova a terminação da terceira pessoa do singular do pretérito perfeito para obter o radical. Depois, acrescente **-iera, -ieras, -iera, -iéramos, -ierais, -ieran** ao radical.

Verbos Terminados em *-er*

Infinitivo	Terceira Pessoa do Pretérito Perfeito	Pretérito Imperfeito do Subjuntivo	
beber	bebió	yo bebiera	nosotros bebiéramos
		tú bebieras	vosotros bebierais
		él bebiera	ellos bebieran

comer	comió	yo comiera	nosotros comiéramos
		tú comieras	vosotros comierais
		ella comiera	ellas comieran
conocer	conoció	yo conociera	nosotros conociéramos
		tú conocieras	vosotros conocierais
		Ud. conociera	Uds. conocieran
entender	entendió	yo entendiera	nosotros entendiéramos
		tú entendieras	vosotros entendierais
		él entendiera	ellos entendieran
ver	vio	yo viera	nosotros viéramos
		tú vieras	vosotros vierais
		ella viera	ellas vieran
volver	volvió	yo volviera	nosotros volviéramos
		tú volvieras	vosotros volvierais
		él volviera	ellos volvieran

Verbos Terminados em *-ir*

Infinitivo	Terceira Pessoa do Pretérito Perfeito	Pretérito Imperfeito do Subjuntivo	
abrir	abrió	yo abriera	nosotros abriéramos
		tú abrieras	vosotros abrierais
		él abriera	ellos abrieran
escribir	escribió	yo escribiera	nosotros escribiéramos
		tú escribieras	vosotros escribierais
		ella escribiera	ellas escribieran
salir	salió	yo saliera	nosotros saliéramos
		tú salieras	vosotros salierais
		Ud. saliera	Uds. salieran
vivir	vivió	yo viviera	nosotros viviéramos
		tú vivieras	vosotros vivierais
		Ud. viviera	Uds. vivieran

Os verbos terminados em **-ir** que são irregulares na terceira pessoa do singular do pretérito perfeito apresentam a mesma irregularidade no radical do pretérito imperfeito do subjuntivo.

Infinitivo	Terceira Pessoa do Pretérito Perfeito	Pretérito Imperfeito do Subjuntivo	
mentir	mintió	yo mintiera	nosotros mintiéramos
		tú mintieras	vosotros mintierais
		él mintiera	ellos mintieran
pedir	pidió	yo pidiera	nosotros pidiéramos
		tú pidieras	vosotros pidierais
		ella pidiera	ellas pidieran
seguir	siguió	yo siguiera	nosotros siguiéramos
		tú siguieras	vosotros siguierais
		ella siguiera	ellas siguieran
dormir	durmió	yo durmiera	nosotros durmiéramos
		tú durmieras	vosotros durmierais
		Ud. durmiera	Uds. durmieran
morirse	se murió	me muriera	nos muriéramos
		te murieras	os murierais
		él se muriera	ellos se murieran

Falando de Pronúncia

A ênfase no pretérito imperfeito do subjuntivo recai sobre a penúltima sílaba. Enquanto pratica, certifique-se de pronunciar os verbos da seguinte forma: **yo cant*a*ra, tú cant*a*ras, él cant*a*ra, nosotros cant*á*ramos, vosotros cant*a*rais, ellos cant*a*ran**. Se uma palavra contém um acento agudo, enfatize a sílaba acentuada: **nosotros cant*á*ramos**. Quanto mais você praticar, mais natural será o som.

Radicais Irregulares no Pretérito Perfeito

Os verbos com radicais irregulares no pretérito perfeito têm a mesma irregularidade no pretérito imperfeito do subjuntivo. Remova a terminação da terceira pessoa do singular e acrescente **-iera**, **-ieras**, **-iera**, **-iéramos**, **-ierais**, **-ieran** ao radical.

Infinitivo	Terceira Pessoa do Pretérito Perfeito	Pretérito Imperfeito do Subjuntivo	
andar	anduvo	yo anduviera	nosotros anduviéramos
		tú anduvieras	vosotros anduvierais
		él anduviera	ellos anduvieran

224 Futuro e Condicionais; Pretérito do Subjuntivo; Expressões Idiomáticas

Infinitivo	Terceira Pessoa do Pretérito Perfeito	Pretérito Imperfeito do Subjuntivo	
caber	cupo	yo cupiera	nosotros cupiéramos
		tú cupieras	vosotros cupierais
		ella cupiera	ellas cupieran
dar	dio	yo diera	nosotros diéramos
		tú dieras	vosotros dierais
		Ud. diera	Uds. dieran
estar	estuvo	yo estuviera	nosotros estuviéramos
		tú estuvieras	vosotros estuvierais
		Ud. estuviera	Uds. estuvieran
hacer	hizo	yo hiciera	nosotros hiciéramos
		tú hicieras	vosotros hicierais
		él hiciera	ellos hicieran
poder	pudo	yo pudiera	nosotros pudiéramos
		tú pudieras	vosotros pudierais
		ella pudiera	ellas pudieran
poner	puso	yo pusiera	nosotros pusiéramos
		tú pusieras	vosotros pusierais
		Ud. pusiera	Uds. pusieran
querer	quiso	yo quisiera	nosotros quisiéramos
		tú quisieras	vosotros quisierais
		él quisiera	ellos quisieran
saber	supo	yo supiera	nosotros supiéramos
		tú supieras	vosotros supierais
		ella supiera	ellas supieran
tener	tuvo	yo tuviera	nosotros tuviéramos
		tú tuvieras	vosotros tuvierais
		Ud. tuviera	Uds. tuvieran
venir	vino	yo viniera	nosotros viniéramos
		tú vinieras	vosotros vinierais
		él viniera	ellos vinieran

Os pretéritos perfeitos irregulares cujo radical termina em **-j** têm **-eran**, não **-ieran**, na terceira pessoa do plural. Observe os verbos **decir**, **producir**, e **traer**.

O Pretérito Imperfeito do Subjuntivo

Infinitivo	Terceira Pessoa do Pretérito Perfeito	Pretérito Imperfeito do Subjuntivo	
decir	dijo	yo dijera	nosotros dijéramos
		tú dijeras	vosotros dijerais
		ella dijera	ellas dijeran
producir	produjo	yo produjera	nosotros produjéramos
		tú produjeras	vosotros produjerais
		Ud. produjera	Uds. produjeran
traer	trajo	yo trajera	nosotros trajéramos
		tú trajeras	vosotros trajerais
		él trajera	ellos trajeran

As conjugações de **ir** e **ser** são idênticas no pretérito imperfeito do subjuntivo. O significado será esclarecido pelo contexto.

Infinitivo	Terceira Pessoa do Pretérito Perfeito	Pretérito Imperfeito do Subjuntivo	
ser	fue	yo fuera	nosotros fuéramos
		tú fueras	vosotros fuerais
		Ud. fuera	Uds. fueran
ir	fue	yo fuera	nosotros fuéramos
		tú fueras	vosotros fuerais
		él fuera	ellos fueran

Falando de haber

Hubiera é a forma do pretérito imperfeito do subjuntivo de **haber**, formado a partir da terceira pessoa do singular do pretérito perfeito, **hubo**, significando *houvesse*.

As formas compostas dos verbos são conjugadas da mesma maneira que o verbo principal.

decir

    contradecir *contradizer*   yo contradijera *etc.*

hacer

    deshacer *desfazer*   yo deshiciera *etc.*

Futuro e Condicionais; Pretérito do Subjuntivo; Expressões Idiomáticas

poner

componer *compor*	yo compusiera *etc.*
proponer *propor*	yo propusiera *etc.*

tener

contener *conter*	yo contuviera *etc.*
detener *deter*	yo detuviera *etc.*
mantener *manter*	yo mantuviera *etc.*

producir

conducir *conduzir*	yo condujera *etc.*
traducir *traduzir*	yo tradujera *etc.*

traer

atraer *atrair*	yo atrajera *etc.*
distraer *distrair*	yo distrajera *etc.*

venir

prevenir *prevenir*	yo previniera *etc.*

Usos do Pretérito Imperfeito do Subjuntivo

Quando a oração principal contiver um verbo ou expressão que exija o uso do subjuntivo na oração subordinada, a presença de um elemento na oração principal que começa no passado torna obrigatório o uso do pretérito imperfeito do subjuntivo na oração subordinada. Você não precisa tomar decisão alguma, nem pode escolher entre usá-lo ou não. O condicional também pode provocar o uso do pretérito imperfeito do subjuntivo na oração subordinada.

Depois de Certas Expressões Impessoais

Certas expressões impessoais na oração principal exigem o uso do subjuntivo na oração subordinada.

Se as expressões impessoais estiverem no pretérito perfeito, pretérito imperfeito ou no condicional, elas exigem o uso do pretérito imperfeito do subjuntivo na oração subordinada. Observe as traduções das frases a seguir, dependendo do que é expressado pelo verbo na oração principal.

- Pretérito Perfeito

    Fue una lástima que no **pudiéramos** ir a la fiesta.
    Foi uma pena que não pudéssemos ir à festa.

    Fue importante que ella no **se enojara**.
    Foi importante que ela não se irritasse.

    Fue posible que el hombre **colgara** el teléfono.
    Foi possível que o homem desligasse o telefone.

- Pretérito Imperfeito

    Era probable que ella no **quisiera** ir al dentista.
    Era provável que ela não quisesse ir ao dentista.

    Era posible que el estudiante **supiera** la respuesta.
    Era possível que o aluno soubesse a resposta.

    Era posible que Octavio la **conociera** en Madrid.
    Era possível que Octavio a conhecesse em Madri.

- Condicional

    ¿**Sería** posible que su esposo **tuviera** razón?
    Seria possível que seu marido tivesse razão?

    ¿**Sería** posible que Isabel **se fuera**?
    Seria possível que Isabel partisse?

    ¿**Sería** posible que **cocinaras** esta noche?
    Seria possível que cozinhasse esta noite?

    Sería necesario que la policía **capturara** el criminal.
    Seria necessário que a polícia capturasse o criminoso?

Exercício 13.1

Complete as frases a seguir com a forma correta do pretérito imperfeito do subjuntivo do verbo entre parênteses, depois traduza a frase.

EXEMPLOS: Fue fantástico que nosotros ___tuviéramos___ éxito. (tener)
Foi fantástico que nós tivéssemos sucesso.
Era imposible que Octavio ___durmiera___ bien anoche. (dormir)
Era impossível que Octavio dormisse bem noite passada.
¿Sería posible que ellos me ___vieran___ en el teatro? (ver)
Seria possível que eles me vissem no teatro?

228 Futuro e Condicionais; Pretérito do Subjuntivo; Expressões Idiomáticas

1. Fue importante que Jaime me _____. (hablar)

2. Era una lástima que ella no _____ bien anoche. (sentirse)

3. ¿Fue posible que Uds. _____ a mi hermana? (conocer)

4. Fue necesario que nosotros _____ ejercicios. (hacer)

5. Era imposible que no _____ tráfico hoy. (haber)

6. Fue urgente que la ambulancia _____ dentro de cinco minutos. (llegar)

7. Era posible que nosotros le _____ un regalo a la maestra. (dar)

8. Fue dudoso que mi sobrina me _____ la verdad; fue posible que me _____. (decir/mentir)

9. Sería bueno que Uds. _____. (mejorarse)

10. Era probable que toda la clase _____. (graduarse)

11. Sería imposible que Sara _____ sin decirnos nada. (irse)

12. Fue bueno que nosotros la _____. (llamar)

13. Sería necesario que los turistas _____ mucha agua en las montañas. (tomar)

14. Sería dudoso que nosotros _____ a México este año. (viajar)

15. Fue posible que Beatriz e Isabel _____ en Italia. (quedarse)

Depois de Certos Verbos

Revise os verbos que exigem o uso do modo subjuntivo na oração subordinada, ou seja, os verbos que expressam desejos e preferências; verbos que expressam esperança, arrependimento e emoção; verbos que expressam ordem; e verbos que expressam incerteza. Esses verbos na oração principal exigirão o modo subjuntivo na oração subordinada. Se a oração principal estiver no pretérito perfeito, pretérito imperfeito ou no condicional, a oração subordinada ficará no pretérito imperfeito do subjuntivo.

- Pretérito Perfeito

Yo **quise** que Ud. **cantara**.   *Eu quis que o senhor/a senhora cantasse.*

Mi suegra **se alegró** de que yo la **visitara**.   *Minha sogra se alegrou de que eu a visitasse.*

Tu amigo te **pidió** que lo **llamaras**.   *Seu amigo pediu que você o telefonasse.*

Los padres de Paula le **exigieron** que ella **compartiera** sus juguetes.
Os pais de Paula exigiram que ela compartilhasse seus brinquedos.

- Pretérito Imperfeito

Yo **esperaba** que él **tuviera** tiempo.
Eu esperava que ele tivesse tempo.

Julieta **esperaba** que Romeo **viniera** a verla.
Julieta esperava que Romeo viesse vê-la.

Esperábamos que Uds. **pudieran** pasar sus vacaciones con nosotros.
Esperávamos que vocês pudessem passar suas férias conosco.

- Condicional

Los padres **desearían** que sus hijos **jugaran** en el parque.
Os pais desejariam que seus filhos brincassem no parque.

¿A Ud. le **molestaría** que yo **fumara**?
O senhor/A senhora se incomodaria que eu fumasse?

Yo **preferiría** que él no **viniera**.
Eu preferiria que ele não viesse.

Exercício 13.2

Traduza as frases a seguir para o português. Nestas frases, o verbo na oração principal está no pretérito perfeito e o verbo na oração subordinada está no pretérito imperfeito do subjuntivo.

1. Quise que ellas me escribieran.

   _____

2. Mi vecino prefirió que yo no le trajera nada.

230 Futuro e Condicionais; Pretérito do Subjuntivo; Expressões Idiomáticas

3. Nos alegramos de que él llegara temprano.

___

4. Ella nos rogó que no nos fuéramos.

___

5. Me alegré de que te mudaras a una casa.

___

6. El dueño insistió en que pagáramos la renta.

___

7. Yo le dije a mi amigo que me llamara.

___

8. El turista le sugirió al taxista que no condujera tan rápido.

___

 Exercício 13.3

Complete as frases a seguir com a forma correta do pretérito imperfeito do subjuntivo do verbo entre parênteses. Nestas frases, o verbo na oração principal está no pretérito perfeito.

EXEMPLO: El abogado insistió en que la mujer __fuera__ a la corte. (ser)

1. Yo quise que Julio me _____ en español. (hablar)

2. Julio me aconsejó que yo _____ más. (estudiar)

3. Susana insistió en que su primo _____ con su hermano. (bailar)

4. Manuel no quiso que su esposa _____ en el cabaret. (cantar)

5. Me alegré de que Uds. _____ a la clase. (venir)

Exercício 13.4

Complete as frases a seguir com a forma correta do pretérito imperfeito do subjuntivo dos verbos entre parênteses. Nestas frases, o verbo na oração principal está no pretérito imperfeito.

1. Ella quería que sus padres _____ en Nueva York. (quedarse)
2. La madre no quería que nosotros le _____ flores. (traer)
3. La doctora le aconsejaba al paciente que _____ menos. (comer)
4. El hombre le sugería que Ud. me _____ el libro. (prestar)
5. La mujer esperaba que nosotros la _____. (ayudar)
6. Los candidatos nos rogaban que _____ por ellos. (votar)

Exercício 13.5

Complete as frases a seguir com a forma correta do pretérito imperfeito do subjuntivo dos verbos entre parênteses. Nestas frases, o verbo na oração principal está no condicional.

1. El dentista esperaría que sus pacientes _____ en su oficina a las nueve de la mañana. (estar)
2. Me gustaría que tú _____. (callarse)
3. Ella se alegraría de que nosotros lo _____. (hacer)
4. Te gustaría que yo te _____ al tren esta noche? (acompañar)

Exercício 13.6

Traduza as frases a seguir para o português.

1. El muchacho quería que sus padres le trajeran un regalo.

   _____

2. Los amigos de Miguel querían que él perdiera peso.

   _____

3. ¿Para qué querían Uds. que yo les prestara dinero?

   _____

232 Futuro e Condicionais; Pretérito do Subjuntivo; Expressões Idiomáticas

4. Federico esperaba que Linda se casara con él.

_____

5. La estudiante en España se alegró de que sus padres estuvieran orgullosos de ella.

_____

6. Yo quise que ellos se quedaran conmigo.

_____

7. Esperábamos que no fuera nada grave.

_____

8. El marido no quería que su esposa se jubilara.

_____

Exercício 13.7

Complete as frases a seguir com o infinitivo ou com a forma correta do pretérito imperfeito do subjuntivo do verbo entre parênteses. Leia as frases afirmativas e interrogativas com atenção.

EXEMPLO: El hombre flaco no quería *comer* el helado. (comer)

1. Yo no quería _____ en el tren. Me gusta _____ en la ducha. (cantar/cantar)

2. Es importante _____ bien para _____ bien. (comer/vivir)

3. Fue importante que los doctores _____ a los pacientes. (cuidar)

4. El hombre esperaba que sus vecinos _____ de escuchar música en alto volumen. (dejar)

5. ¿Por qué me dijiste que yo te _____? (esperar)

6. Susana le pidió a su hijo que _____. (acostarse)

7. La mujer no quiso _____ en el ascensor. (bajar)

8. Antes de _____ a México, Antonio llamó a sus amigos. (viajar)

9. Yo no creía que _____ la verdad. (ser)

10. ¿Qué querías tú que yo te _____? (decir)

Interpretação de Texto

El barco económico

Lucía siempre tenía ganas de ir a las Islas Galápagos y quería que su buen amigo la acompañara, pero no quiso. Después de haberlo pensado bien, decidió ir sola, primero a Quito, capital de Ecuador. Ella conoció a mucha gente en la ciudad, exploró los vecindarios durante el día; por la noche volvía a su hotel que le costaba cinco dólares. Ella comía el desayuno en una cafetería, el almuerzo en otra, y cenaba en un buen restaurante en el centro. Esperaba que alguien pasara por allí, que la viera sentada, que entrara en el restaurante, y que hablara con ella. Esperaba que los dos se llevaran bien y que él quisiera ir con ella a la isla.

Al fin y al cabo, Lucía viajó a Guayaquil, la entrada de las islas, y la salida de los barcos y cruceros. En la agencia de viajes, le sugirieron que fuera en barco económico con un grupo pequeño de aventureros. "Costaría menos," dijo la agente, "y sería más divertido el viaje." La agente la convenció.

La mujer tomó la decisión, compró su pasaje de ida y vuelta para el próximo día, y después de una noche inquieta e indecisa, abordó el barco chiquito. Aquella primera noche, el barco salió, y entre las olas, la tormenta, y el huracán, los ocho pasajeros pasaron la noche mareados bajo las estrellas centelleantes del cielo.

Verbos

abordar	*abordar*
convencer	*convencer*
llevarse (bien)	*dar-se (bem)*
tener ganas	*desejar*

Nombres

el huracán	*o furacão*
las olas	*as ondas*
la tormenta	*a tempestade*
el vecindario	*a vizinhança*

Adjetivos

centelleante	*cintilante*
inquieto	*inquieto*
mareado	*mareado*

Futuro e Condicionais; Pretérito do Subjuntivo; Expressões Idiomáticas

Expresiones

al fin y al cabo	*finalmente*
e indecisa	*e indecisa* (ao expressar *e* em espanhol, **e** substitui o **y** antes de palavras começadas com **i-** tônico ou **hi-**.)
el pasaje de ida y vuelta	*passagem de ida e volta*

Preguntas

1. ¿Cuántos pasajeros hay en el barco económico?

_____

2. ¿Adónde fue Lucía?

_____

3. ¿A ella le gustó Quito?

_____

4. ¿Quién habló con ella en el restaurante?

_____

5. ¿Qué decidió hacer?

_____

6. ¿Piensa Ud. que los pasajeros se van a divertir?

_____

Depois de Certas Conjunções

A forma subjuntiva acompanha algumas conjunções se a oração principal tiver um sujeito diferente da oração subordinada.

Ella les enseñó a sus estudiantes **para que** ellos **aprendieran**.	*Ela ensinou a seus alunos para que aprendessem.*
Antes de que él **fuera** a España, le vendimos su boleto.	*Antes que fosse para a Espanha, lhe vendemos sua passagem.*
En caso de que ellos te **llamaran**, ¿qué les dirías?	*Caso eles liguem, o que lhes dirá?*
A pesar de que Emil le **diera** flores, la mujer no aceptó su invitación.	*Apesar de Emil ter lhe dado flores, a mulher não aceitou seu convite.*

O Pretérito Imperfeito do Subjuntivo 235

Yo no lo haría **sin que** Uds. me **ayudaran**.	*Eu não faria sem que os senhores/ as senhoras tivessem me ajudado.*
Yo te iba a esperar **hasta que llegaras**.	*Eu ia lhe esperar até que chegasse.*

Depois de Certas Orações Adjetivas Subordinadas

O modo subjuntivo é usado na oração subordinada se o objeto ou a pessoa descrita na oração principal de uma frase for indefinido ou inexistente. Nos exemplos a seguir, os objetos e as pessoas descritas na oração principal não são conhecidos.

¿Conoció Ud. a **alguien** que **supiera** hablar chino?	*O senhor/A senhora conheceu alguém que soubesse falar chinês?*
Yo había buscado una **piscina** que **quedara** cerca de mi casa.	*Eu havia procurado uma piscina que se localizasse perto de minha casa.*
Nunca encontramos a **nadie** que siempre **tuviera** razón.	*Nunca encontramos ninguém que sempre tivesse razão.*

Depois de Certas Expressões

* **ojalá**

Uma interjeição de origem árabe, **ojalá** significa *tomara, quem dera* ou *queira Deus* e expressa grande desejo. Ela também pode ser traduzida como *eu espero*.

Ojalá que fuera verdad.	*Queira Deus que fosse verdade.*
Ojalá que Uds. vivieran aquí conmigo.	*Quem dera os senhores/as senhoras morassem aqui comigo.*
Ojalá que pudiera hacerlo.	*Tomara que possa fazer isso.*

* **como si**

Um verbo depois de **como si** (*como se*) ficará no pretérito imperfeito do subjuntivo. O verbo na oração principal pode ser usado no presente, passado ou condicional.

Ud. le trata como si **fuera** niño.	*O senhor/A senhora o trata como se fosse criança.*
El hombre lo describe como si **estuviera** allí.	*A homem o descreve como se estivesse lá.*

Futuro e Condicionais; Pretérito do Subjuntivo; Expressões Idiomáticas

Carla nos dio las direcciones como si **supiéramos** el camino.

Carla nos deu direções como se soubéssemos o caminho.

Los hombres nos saludaron como si nos **conocieran**.

Os homens nos saudaram como se nos conhecessem.

Los hombres nos hablaban como si los **conociéramos**.

Os homens falaram conosco como se os conhecêssemos.

Pietro hablaría como si **tuviera** razón.

Pietro falaria como se tivesse razão.

- **quisiera**

O verbo **querer** pode ser usado no pretérito imperfeito do subjuntivo na oração principal, em que é usado para suavizar as declarações e as interrogações.

yo quisiera	nosotros quisiéramos
tú quisieras	vosotros quisierais
Ud. quisiera	Uds. quisieran

Compare os significados dos pares de frases a seguir:

Quiero más café, por favor.

Quero mais café, por favor.

Quisiera más café, por favor.

Queria mais café, por favor.

Queremos ir contigo al aeropuerto.

Queremos ir contigo até o aeroporto.

Quisiéramos ir contigo.

Queríamos ir contigo.

¿Quieres pedir prestado mi libro?

Quer pedir meu livro emprestado?

¿Quisieras pedirlo prestado?

Queria pedi-lo emprestado?

- **pudiera**

A forma do pretérito imperfeito do subjuntivo do verbo **poder** pode ser usada insubordinadamente da oração principal. É usada para suavizar declarações, por exemplo, **puedo** (*posso*) para **yo pudiera** (*poderia*).

yo pudiera	nosotros pudiéramos
tú pudieras	vosotros pudierais
ella pudiera	ellas pudieran

Compare os significados dos pares de frases a seguir:

¿Puedes prestarme diez dólares?

Pode me emprestar dez dólares?

¿Pudieras prestarme diez dólares?

Poderia me emprestar dez dólares?

¿Nos puede dar mil dólares?   *Pode nos dar mil dólares?*
¿Nos pudiera Ud. dar mil dólares?   *Poderia nos dar mil dólares?*

Exercício 13.8

Complete as frases a seguir com o infinitivo ou a forma correta do pretérito imperfeito do subjuntivo do verbo entre parênteses.

1. Sara habla sin _____ nada. (saber)

2. La mamá prendió las luces para que sus hijos _____ ver. (poder)

3. Él baila como si _____ un bailarín profesional. (ser)

4. Ojalá que ella _____ hoy. (venir)

5. ¿Había alguien que _____ todas las capitales de los Estados Unidos? (saber)

6. Dolores preparó la comida antes de _____. (ducharse)

7. Ella preparó la comida antes de que su hijo _____ para la escuela. (salir)

8. El niño no quiere _____ las manos antes de _____. (lavarse/comer)

9. Elena y su hermana viajan como si _____ mucho dinero. (tener)

10. Ojalá que Fernando nos _____ la verdad. (decir)

11. Isabel nos contó todo como si ella _____ allí. (estar)

12. Antes de _____ a España, él estudió por dos años. (ir)

13. Íbamos a jugar tenis hasta que _____ a llover. (empezar)

14. La enfermera no le daría medicina a la paciente a menos que ella la _____. (necesitar)

Exercício 13.9

Reescreva as frases a seguir no passado. Leia a oração principal cuidadosamente para ver se o subjuntivo é necessário na oração subordinada.

EXEMPLOS: Yo sé que el tren viene. *Yo sabía que el tren venía.*
Yo dudo que el tren venga. *Yo dudaba que el tren viniera.*

1. Laura quiere que su esposo la acompañe a Chile.

2. Es necesario que la gente no fume en los edificios.

3. Julia está contenta de que Uds. estén aquí.

4. Yo sé que su nieta quiere ir a la universidad.

5. Me alegro de que puedas correr en el maratón.

6. ¿Qué quieres que yo haga?

7. Raúl y yo esperamos que Uds. se encuentren bien.

8. ¿Es importante que el carpintero sepa lo que está haciendo?

9. Espero que el vuelo de mis amigos llegue a tiempo.

10. Los deportistas dudan que ganemos el partido.

11. Nuestros amigos nos ruegan que no subamos a la cumbre de la montaña.

12. Los entrenadores insisten en que la gente haga más ejercicio.

Exercício 13.10

Traduza as frases a seguir para o espanhol.

1. Era necessário que ela começasse as aulas a tempo.

2. Era uma pena que ele não soubesse se expressar.

3. Seria possível que eles já tivessem saído da reunião?

4. Os filhos de Juana a imploraram que não fumasse.

5. Você gostaria que eu falasse com seu chefe?

6. Meu irmão duvidou que eu cantasse bem ontem.

7. A professora de minha filha sugeriu que eu a telefonasse.

8. Eu queria que eles ficassem comigo. Eles queriam que eu fosse com eles.

9. Eu gostaria de fazer um documentário sobre os incas.

10. Eu quero tirar sua foto, se não se incomodar.

Depois de *si* em uma oração-*si* contrária ao fato

Ao expressar a ideia de que uma ação ocorreria (condicional) *se* outra ocorresse no passado, o pretérito imperfeito do subjuntivo é usado na oração que começa com **si**.

Si él tuviera más tiempo, me traería flores.

Se ele tivesse mais tempo, me traria flores.

Si Ud. anduviera más rápido, llegaría a tiempo.
¿**Si yo** te **diera** un regalo, lo aceptarías?
Si Ricardo bailara mejor, su compañera estaría contenta.

Se o senhor/a senhora andasse mais rápido, chegaria a tempo.
Se eu lhe desse um presente, você o aceitaria?
Se Ricardo dançasse melhor, sua companhia ficaria feliz.

Falando da oração-*si* no Presente

Uma oração-**si** usada com o presente nunca exige o subjuntivo. Ao expressar a ideia de que uma ação ocorrerá (futuro) *se* outra ação ocorrer no presente, o pretérito imperfeito do subjuntivo não é usado.

Si tú vas, yo iré también.
Si ellos vienen a verme, estaré contenta.
Si Lola quiere asistir a una universidad, sus padres pagarán el primer año.

Se você for, eu irei também.
Se eles vierem me ver, eu ficarei feliz.
Se Lola quiser ir à universidade, seus pais pagarão o primeiro ano.

Nos exemplos a seguir, uma oração cujo verbo está no tempo condicional começa a frase. Observe que o pretérito imperfeito do subjuntivo vem depois da palavra **si**. Não importa se a frase começa com o condicional ou com a oração-**si**, o subjuntivo sempre vem depois do **si**.

Yo iría a la fiesta **si tú fueras** también.
Mi hermano me vería más, **si viviera** cerca.
Podríamos hacer la tarea **si tuviéramos** más tiempo.
Habría más gente en la playa **si hiciera** calor.
Iríamos a verla **si** nos **invitara**.
¿Me harías un préstamo **si yo prometiera** devolvértelo?

Eu iria à festa se você fosse também.
Meu irmão me veria mais se vivêssemos perto.
Poderíamos fazer a tarefa se tivéssemos mais tempo.
Haveria mais pessoas na praia se estivesse quente.
Iríamos vê-la se ela nos convidasse.
Você me faria um empréstimo se eu prometesse devolvê-lo?

O Pretérito Imperfeito do Subjuntivo

Exercício 13.11

*Complete as frases a seguir com a forma correta dos verbos entre parênteses. Cada frase requer tanto o tempo condicional quanto o pretérito imperfeito do subjuntivo. Lembre-se de que o pretérito imperfeito do subjuntivo segue a oração-**si**.*

EXEMPLOS: ¿Qué __haría__ Ud. si sus amigos le __dijeran__ una mentira? (hacer/decir)

Si no __hubiera__ tráfico, __podríamos__ salir más tarde. (haber/poder)

1. Si Fernando _____ más alto, _____ deportista. (ser/ser)

2. Si a María le _____ bailar, _____ a fiestas. (gustar/ir)

3. Si nosotros le _____ cartas, nuestro amigo nos _____. (escribir/responder)

4. Si yo _____ mejor, yo _____ reírme. (sentirse/poder)

5. Los artistas _____ más dinero, si _____ sus pinturas. (ganar/vender)

6. Los médicos dicen que los insomnes _____ mejor si _____ a la misma hora cada noche. (dormir/acostarse).

7. Nosotros _____ con soltura si _____ todos los verbos. (hablar/saber)

8. La muchacha no _____ frío si _____ la chaqueta. (tener/ponerse)

9. El niño no _____ tanto si no le _____ el estómago. (llorar/doler)

10. Yo no _____ si Ud. _____ que yo _____. (irse/querer/quedarse)

Se a afirmação ou pergunta incluir a palavra **si** em uma frase que não seja contrária ao fato, mas uma simples afirmação, o subjuntivo não é usado.

Si yo **he dicho** algo indiscreto, lo   *Se eu disse algo indiscreto, sinto*
    siento.   *muito.*

Si ellos **han completado** el curso, los felicito.
Se eles tivessem concluído o curso, eu os parabenizaria.

Si Jaime **estaba** aquí, no lo vimos.
Se Jaime estivesse aqui, não o veríamos.

 Interpretação de Texto

Xochicalco
(O lugar das flores)

Si Leonora pudiera viajar al pasado, ella viajaría al décimo siglo para averiguar por qué casi todos los centros de los mayas se habían desaparecido acerca del año 900 a.d. Nadie sabe la causa, según ella. Pienso que ella habría sido una buena arqueóloga por su curiosidad, pero me dijo que jamás le gustaba la idea de excavar la tierra, ni con máquinas, ni con las manos. Prefiere andar por las ruinas, sintiendo como era la vida en la edad de los mayas.

¿Has oído de Xochicalco, cerca de Cuernavaca, México? Supongo que no. Es poco conocido, pero magnífico, dice ella. La estructura principal se llama 'la serpiente emplumada' y ella se quedaba horas mirándola, tratando de entender lo que significa el arte del templo.

Me contó que quería subir la pirámide de Quetzalcóatl, pero no pudo. Un guía la vio intentar y la mostró como se hace. En vez de ascender recto, como hace casi toda la gente, él le dijo que subiera y bajara zigzagueando. De esta manera, escaló rápida y fácilmente.

¿Has oído de Ceibal en Guatemala? Por fin, Leonora fue con otro fanático de los mayas y estaba muy feliz con su compañero. Viajaron por barco por el Río Pasión. Me habría gustado acompañarla también, pero ella no pensaba en mí. De todos modos, ella y su amigo se enteraron que Ceibal, poblado en 900 b.c. y abandonado en 900 a.d., habría podido ser el centro de la civilización maya. En un sitio bien escondido, vieron estatuas de hombres negros y otras que parecían ser judíos. Estoy seguro que se divirtieron mucho.

Leonora quería que yo te recomendara otros sitios fantásticos para explorar. En el Yucatán, sería una maravilla que visitaras las ruinas de Tulum en la costa de México, o Chitzén Itzá entre Cancún y Mérida, Uxmal donde se ve estatuas de Chac, el dios de la lluvia, o Tikal, en Guatemala, una de las más grandes de todas. Y si vas, no te olvides de mí y el secreto del zigzag.

Verbos

averiguar	*averiguar*
enterarse	*inteirar-se*
escalar	*escalar*
excavar	*escavar*
suponer	*supor*
zigzaguear	*ziguezaguear*

Preguntas

1. ¿Es hombre o mujer el narrador/la narradora?

2. ¿Cuántas personas hay en el cuento?

3. ¿Cuántas ruinas menciona la persona principal?

4. De las ruinas mencionadas en esta narración, ¿cuál es la más antigua?

14

O Pretérito Perfeito do Subjuntivo

O pretérito perfeito do subjuntivo é também chamado de mais-que-perfeito do subjuntivo. Como todos os tempos do modo subjuntivo, essa forma precisa ser provocada por um verbo ou expressão que exija o uso do modo subjuntivo na oração subordinada.

Formação do Pretérito Perfeito do Subjuntivo

O pretérito perfeito do subjuntivo é um tempo verbal composto. Para formá-lo, use o pretérito imperfeito do subjuntivo do verbo auxiliar **haber** e em seguida o particípio passado do verbo principal.

yo hubiera contestado	*eu tivesse respondido*
tú hubieras hablado	*você tivesse falado*
ella hubiera escrito	*ela tivesse escrito*
nosotros hubiéramos ido	*nós tivéssemos ido*
vosotros hubierais estudiado	*vocês tivessem estudado*
ellas hubieran votado	*eles tivessem votado*

Usos do Pretérito Perfeito do Subjuntivo

O pretérito perfeito do subjuntivo expressa uma ação ocorrida antes de outra. Como você já sabe, o modo subjuntivo não existe sozinho. Um elemento na oração principal exige o uso do subjuntivo na oração subordinada.

O Pretérito Perfeito do Subjuntivo

245

Depois de Certos Verbos

Certos verbos requerem o uso do subjuntivo na oração subordinada. Se o verbo na oração principal estiver no pretérito (perfeito ou imperfeito), esses verbos podem exigir o uso do pretérito perfeito do subjuntivo na oração subordinada.

Yo **esperaba**
que el avión **hubiera** llegado.

Eu esperava (imperfeito)
que o avião tivesse chegado.
(pretérito perfeito do subjuntivo)

Rosario **quería**
que hubiéramos pagado la cuenta.

Rosario queria (imperfeito)
que tivéssemos pagado a conta.
(pretérito perfeito do subjuntivo)

Me **alegré**
de que ella **hubiera** vuelto.

Fiquei feliz (perfeito)
que ela tivesse voltado.
(pretérito perfeito do subjuntivo)

Ella dudaba que sus amigos hubieran tenido razón.
Ela duvidava que seus amigos tivessem tido razão.

Yo no creía que el alcalde te hubiera reconocido.
Eu não acreditava que o prefeito o tivesse reconhecido.

El niño temía que su madre se hubiera ido.
A criança/O menino temia que sua mãe tivesse partido.

Lo sentimos que Uds. no se hubieran sentido bien.
Lamentamos que os senhores/as senhoras não tivessem se sentido bem.

Depois de Certas Expressões Impessoais

Certas expressões impessoais na oração principal requerem o uso do subjuntivo na oração subordinada. Se essas expressões estiverem no pretérito, elas podem exigir o uso do pretérito perfeito do subjuntivo na oração subordinada.

Fue **posible** que los niños se **hubieran** dormido.
Era possível que as crianças tivessem dormido.

Era importante que yo hubiera asistido a la conferencia en México.
Era importante que eu tivesse presente na conferência no México.

- Depois de **ojalá**

  O pretérito perfeito do subjuntivo é usado para expressar um desejo contrário no pretérito com **ojalá**.

Ojalá que yo hubiera sabido.	Quem dera eu tivesse sabido.
Ojalá que la hubiéramos encontrado.	Quem dera a tivéssemos encontrado.
Ojalá que ellos se hubieran quedado.	Quem dera eles tivessem ficado.

- **quisiera**

  O uso do pretérito imperfeito do subjuntivo do verbo **querer**, frequentemente **quisiera**, na oração principal pode exigir o uso do pretérito perfeito do subjuntivo na oração subordinada.

La niña quisiera que su mamá le hubiera dado un caballo para su cumpleaños.	A menina gostaria que sua mãe tivesse lhe dado um cavalo de aniversário.
Ellos quisieran que el hotel hubiera tenido una piscina.	Eles gostariam que o hotel tivesse piscina.
¿Quisieras tú que yo te hubiera dicho la verdad?	Você gostaria que eu tivesse lhe dito a verdade?

Exercício 14.1

Complete as frases a seguir com a forma correta do pretérito perfeito do subjuntivo do verbo entre parênteses. Nestas frases, a oração principal está no pretérito perfeito ou imperfeito. Preste atenção no elemento que exige o uso desse modo.

EXEMPLO: Era importante que nosotros ___hubiéramos recibido___ el cheque. (recibir)

1. Jorge no estaba seguro que nosotros _____ la cuenta. (pagar)

2. Ella esperaba que nosotros _____ una cita con su hija. (hacer)

3. Yo no podía creer que mi amigo _____ tal cosa. (decir)

4. No había nadie en la fiesta que _____ por todo el mundo. (viajar)

5. La princesa nunca creía que su príncipe _____. (venir)

6. Deseábamos que no _____ tanto. (llover)

O Pretérito Perfeito do Subjuntivo 247

7. Elena se alegró mucho de que Uds. _____. (mejorarse)

8. Sus parientes sintieron mucho que Irene y Gustavo no _____. (casarse)

9. Roberto dudaba que nosotros _____ todo el dinero. (gastar)

10. Yo no pensaba que las flores _____. (vivir)

Exercício 14.2

Traduza as frases a seguir para o português.

1. Ojalá que no se lo hubiéramos dicho.

   _____

2. Ojalá que Uds. hubieran estado bien.

   _____

3. Ojalá que hubiéramos ido de vacaciones.

   _____

4. Fue necesario que el carpintero lo hubiera construido.

   _____

5. Fue urgente que nosotros hubiéramos llevado al hombre enfermo al hospital.

   _____

6. Era una lástima que nadie hubiera estado en el teatro.

   _____

7. Esperábamos que todo el mundo se hubiera aprovechado de la situación.

   _____

8. Los porteros dudaban que los inquilinos nuevos hubieran pintado las paredes.

   _____

9. El abogado no pensaba que sus clientes hubieran ganado.

   _____

10. Fue posible que los ladrones hubieran robado el banco.

   _____

A Oração Condicional Contrária ao Fato, Oração-*si* no Pretérito

Quando você expressa a ideia de que uma ação teria acontecido (condicional perfeito) *se* outra ação tivesse ocorrido no passado, o pretérito perfeito do subjuntivo é usado depois da oração que começa com **si**.

Primeiro, revise o tempo condicional perfeito:

yo habría hecho	eu teria feito
tú habrías comido	você teria comido
ella habría hablado	ela teria falado
nosotros habríamos escrito	nós teríamos escrito
vosotros habríais cocinado	vocês teriam cozinhado
ellas habrían contestado	elas teriam respondido

A oração-**si** expressa a ideia de que algo teria ocorrido caso outro fato tivesse ocorrido. Lembre-se de que a forma subjuntiva é usada depois do **si**.

Si yo **hubiera** tenido más tiempo, yo habría ido a verlo.
Se eu tivesse tido mais tempo, eu teria ido vê-lo.

Si Paulo **hubiera seguido** las direcciones, él habría llegado a tiempo.
Se Paulo tivesse seguido as instruções, ele teria chegado a tempo.

Ella habría sabido la respuesta **si hubiera leído** el cuento.
Ela teria sabido a resposta se tivesse lido o conto.

Habríamos mirado la película **si hubiéramos podido** hallar la grabación.
Teríamos visto o filme se tivéssemos conseguido achar a gravação.

Falando da oração-si

No discurso diário, o condicional perfeito (por exemplo, **habría hecho**) é às vezes substituído pelo pretérito perfeito do subjuntivo (**hubiera hecho**). Nessas frases, quando a oração-**si** estiver presente, ambas as orações contêm o mesmo tempo verbal — o pretérito perfeito do subjuntivo.

Compare as frases a seguir com as que você já estudou. Observe que em português o uso do pretérito perfeito do subjuntivo requer o uso do condicional na segunda oração. Ambas as formas estão corretas.

Si él **hubiera tenido** más tiempo, yo **habría ido** a verlo.
Se eu tivesse tido mais tempo, eu teria ido vê-lo.

Si él **hubiera tenido** más tiempo, yo **hubiera ido** a verlo.
Se ele tivesse tido mais tempo, talvez eu tivesse ido vê-lo.

O Pretérito Perfeito do Subjuntivo

Si Paulo **hubiera seguido** las direcciones, él **habría llegado** a tiempo.

Se Paulo tivesse seguido as instruções, ele teria chegado a tempo.

Si Paulo **hubiera seguido** las direcciones, él **hubiera llegado** a tiempo.

Se Paulo tivesse seguido as instruções, talvez ele tivesse chegado a tempo.

Carmen **habría sabido** la respuesta si **hubiera leído** el cuento.

Carmen teria sabido a resposta se tivesse lido o conto.

Carmen **hubiera sabido** la respuesta si **hubiera leído** el cuento.

Carmen talvez tivesse sabido a resposta se tivesse lido o conto.

Si Ana **hubiera puesto** las gafas en la mesa, ella las **habría encontrado**.

Se Ana tivesse posto os óculos na mesa, ela os teria encontrado.

Si Ana **hubiera puesto** las gafas en la mesa, ella las **hubiera encontrado**.

Se Ana tivesse posto os óculos na mesa, talvez ela os tivesse encontrado.

Exercício 14.3

Revise o tempo condicional perfeito, depois traduza as frases a seguir para o espanhol. Lembre-se de que os pronomes oblíquos são posicionados imediatamente antes da forma verbal e nunca agregado ao particípio passado.

EXEMPLO: *Teríamos comido.* __Habríamos comido.__

1. *Eu teria ido.* _____
2. *Você teria comido.* _____
3. *Nós teríamos rido.* _____
4. *Eles teriam lhe dito.* _____
5. *Os professores teriam ensinado.* _____
6. *Marisa teria ficado contente.* _____
7. *Hillary teria sido presidente.* _____
8. *Teria sido possível.* _____
9. *As mulheres o teriam aprendido.* _____
10. *Os homens teriam saído.* _____

Exercício 14.4

Traduza as frases a seguir para o espanhol. Estas frases incluem a oração-si contrária ao fato.

EXEMPLO: *Teríamos comido no restaurante se tivéssemos ido lá antes.*
<u>Habríamos comido en el restaurante si hubiéramos ido allá antes.</u>

1. Eu teria ido à festa se eu não tivesse tido medo.

2. Você (Ud.) teria comido o peixe se o tivéssemos cozinhado em casa.

3. Nós teríamos rido se o filme tivesse sido engraçado.

4. Eles teriam contado a verdade para você se você (tú) tivesse querido saber.

5. Os professores teriam ensinado se os alunos tivessem chegado.

6. Marisa teria ficado feliz se ela tivesse sabido patinar.

7. Hillary teria sido presidente se mais pessoas tivessem votado nela.

8. Teria sido possível que tivessem me visto.

9. As mulheres teriam aprendido se tivessem comprado o livro.

10. Os homens teriam saído de casa se tivessem tido aonde ir.

O Pretérito Perfeito do Subjuntivo

Tabela de Referência:
Sequência de Tempos com o Modo Subjuntivo

Se o verbo na oração principal estiver no presente ou no futuro, o verbo na oração subordinada pode ser usado no presente do subjuntivo.

Presente e Futuro		Presente do Subjuntivo
PRESENTE DO INDICATIVO	Ud. espera	que su amiga llame.
PRESENTE PERFEITO	Ud. ha esperado	que su amiga llame.
PRESENTE CONTÍNUO	Ud. está esperando	que su amiga llame.
FUTURO SIMPLES	Ud. esperará	que su amiga llame.
FUTURE PERIFRÁSTICO	Ud. va a esperar	que su amiga llame.
IMPERATIVO	Espere (Ud.)	que su amiga llame.

Se o verbo na oração principal estiver no presente ou no futuro, o verbo na oração subordinada pode ser usado no pretérito perfeito do subjuntivo, dependendo do significado pretendido.

Presente e Futuro		Pretérito Perfeito do Subjuntivo
PRESENTE DO INDICATIVO	Yo espero	que Sara haya llamado.
PRESENTE PERFEITO	He esperado	que ella haya llamado.
PRESENTE CONTÍNUO	Estoy esperando	que Juan haya llamado.
FUTURO SIMPLES	Esperaré	que ellos hayan llamado.
FUTURE PERIFRÁSTICO	Voy a esperar	que tú hayas llamado.
IMPERATIVO	Espere (Ud.)	que él haya llamado.

Se o verbo na oração principal estiver no pretérito (perfeito ou imperfeito) ou no condicional, o verbo na oração subordinada pode ser usado no imperfeito do subjuntivo.

Pretérito e Condicional		Imperfeito do Subjuntivo
IMPERFEITO	Ud. insistía	que él cantara.
PRETÉRITO	Ud. insistió	que el cantante cantara.
PRETÉRITO PERFEITO	Ud. había insistido	que el cantante cantara.
PASSADO CONTÍNUO	Ud. estaba insistiendo	que ellos cantaran.
	Ud. estuvo insistiendo	que ellos cantaran.
CONDICIONAL	Ud. insistiría	que cantáramos.
CONDICIONAL PERFEITO	Ud. habría insistido	que la cantante cantara.

Futuro e Condicionais; Pretérito do Subjuntivo; Expressões Idiomáticas

Se o verbo na oração principal estiver no pretérito (perfeito ou imperfeito) ou no condicional, o verbo na oração subordinada pode ser usado no pretérito perfeito do subjuntivo.

Pretérito e Condicional		Pretérito Perfeito do Subjuntivo
IMPERFEITO	Ud. insistía	que la bailarina hubiera bailado.
PRETÉRITO PERFEITO SIMPLES	Ud. insistió	que el bailarín hubiera bailado.
PRETÉRITO PERFEITO COMPOSTO	Ud. había insistido	que ellos hubieran bailado.
PASSADO CONTÍNUO	Ud. estaba insistiendo	que todos hubieran bailado.
	Ud. estuvo insistiendo	que todos hubieran bailado.
CONDICIONAL	Ud. insistiría	que hubiéramos bailado.
CONDICIONAL PERFEITO	Ud. habría insistido	que yo hubiera bailado.

Exercício 14.5

Complete as frases a seguir com a forma correta do presente do subjuntivo do verbo entre parênteses. O verbo na oração principal está no presente perfeito simples.

EXEMPLO: Te digo que __te cuides__. (cuidarse)

1. Espero que Uds. _____ bien. (estar)

2. Nos alegramos mucho de que el hombre _____ en el maratón. (correr)

3. El cocinero espera que te _____ su comida. (gustar)

4. Te digo que no _____. (quejarse)

5. Es imposible que nosotros _____ todo. (saber)

6. Dudamos que los inquilinos le _____ al dueño. (ganar)

7. Ojalá que los huéspedes _____. (venir)

8. ¿Hay alguien aquí que _____ cien dólares? (tener)

9. Espero que Uds. _____ bien. (sentirse)

10. La pareja sugiere que los invitados _____ bien. (vestirse)

Exercício 14.6

Complete as frases a seguir com a forma correta do presente do subjuntivo do verbo entre parênteses. O verbo na oração principal está no imperativo.

1. Dile al niño que _____. (acostarse)
2. Dígale al taxista que nos _____ a nuestro destino. (llevar)
3. Pídele al hombre malo que _____. (irse)
4. Aconséjenles a los acusados que _____ un buen abogado. (conseguir)
5. Deja que ellos _____. (entrar)
6. No permitas que los niños _____. (caerse)

Exercício 14.7

*Complete as frases a seguir com a forma correta do presente do subjuntivo do verbo entre parênteses. O verbo na oração principal está no futuro simples ou no futuro perifrástico (**ir** + **a** + infinitivo).*

1. ¿Será imposible que los adolescentes _____ a sus padres? (escuchar)
2. Susana no irá a menos que su mejor amigo _____. (ir)
3. Voy a pedir que la gente no _____ más. (fumar)
4. Margarita insistirá que su compañero _____ el oficio de la casa. (hacer)
5. El juego no se acabará hasta que la mujer gorda _____. (cantar)

Exercício 14.8

Complete as frases a seguir com a forma correta do presente do subjuntivo do verbo entre parênteses. O verbo na oração principal está no presente perfeito composto.

1. Yo he querido que Uds. _____ a mi novio. (conocer)
2. ¿Has deseado que tu familia _____ viajar contigo? (poder)

Futuro e Condicionais; Pretérito do Subjuntivo; Expressões Idiomáticas

3. Le hemos dicho a la juventud que _____ ocho horas cada noche. (dormir)

4. Juana les ha sugerido a sus padres que no _____ tanto. (trabajar)

5. Las dos familias han esperado siempre que sus hijos _____ felices. (ser)

6. ¿Quién se ha alegrado de que sus enemigos _____ éxito? (tener)

7. Ha sido difícil que la gente _____ construir una casa nueva. (lograr)

8. Ha sido bueno que nosotros _____ todo. (aprender)

Exercício 14.9

Complete as frases a seguir com a forma correta do pretérito imperfeito do subjuntivo do verbo entre parênteses. O verbo na oração principal está no pretérito perfeito.

1. Fue necesario que los bomberos _____ en la casa quemada. (entrar)

2. El soldado dudó que _____ mucho peligro. (haber)

3. Mandé que el camarero me _____ la cuenta. (traer)

4. Ella salió sin que nosotros _____. (fijarse)

5. Yo te rogué que _____ a mi lado. (sentarse)

6. El dueño mandó que nosotros _____ del edificio en seguida. (salir)

Exercício 14.10

Complete as frases a seguir com a forma correta do imperfeito do subjuntivo do verbo entre parênteses. O verbo na oração principal está no pretérito imperfeito.

1. Julia esperaba que su amigo _____. (mejorarse)

2. Ellos temían que Ud. no _____. (regresar)

3. Los profesores se alegraban de que a sus alumnos les _____ su clase. (encantar)

O Pretérito Perfeito do Subjuntivo

4. Estábamos contentos de que Miguel le _____ el anillo. (dar)

5. José lo sentía que nosotros no _____. (animarse)

6. Yo no creía que tú me _____. (ver)

Exercício 14.11

Complete as frases a seguir com a forma correta do imperfeito do subjuntivo do verbo entre parênteses. O verbo na oração principal está no condicional.

1. ¿Sería posible que la guerra no _____? (empezar)

2. ¿Sería posible que la gente poderosa _____ de la guerra? (desistir)

3. Sería probable que los turistas de la ciudad _____ en el campo. (perderse)

4. Ella lo haría si _____ necesario. (ser)

5. La mujer viajaría si _____ caminar. (poder)

6. El hombre tocaría el violín como si _____ en el concierto. (estar)

7. ¿Te gustaría que nosotros _____ con tu jefe? (hablar)

8. Yo iría a Bolivia si yo _____ bien el español. (saber)

9. ¿Qué haría Ud. si su mejor amigo no le _____ nada? (decir)

10. ¿Cambiarías tu manera de vivir si tú _____ mucho dinero? (ganar)

Exercício 14.12

Traduza as frases a seguir para o português.

1. El autor leyó el artículo para que pudiéramos entenderlo.

_____

2. Antes de que su novia fuera a España, Federico estudió el español por dos años.

_____

3. Íbamos a jugar al tenis hasta que empezara a llover.

4. El doctor sabía que al paciente se le había hinchado la rodilla.

5. Elena aprendería a hablar español, pero no le gusta estudiar.

6. Fue necesario que el mejor arquitecto diseñara el museo.

7. No sería posible que sucediera tal desastre.

8. El juez esperó que los testigos hubieran visto todo.

9. Los turistas llegarían a las dos si los trenes no se demoraran tanto.

10. Yo hubiera ido de vacaciones con ella si ella me hubiera invitado.

11. ¿Le habrías hecho el favor si Andrés te hubiera pedido?

12. ¿Sería posible que Uds. aprendieran y entendieran todas las lecciones?

 ## Interpretação de Texto

Su punto de vista

Lo confieso: no pienso mucho en la comida. Si yo hubiera sido mejor cocinera, si hubiera tenido el talento para combinar ingredientes, tal vez yo hubiera podido disfrutar más las celebraciones de glotonería.

　　Era un día nublado de noviembre. Lo recuerdo bien. Yo vivía con cuatro mujeres en un apartamento grande y alegre, de colores exuberantes. Cada noviembre hacíamos planes para el día de acción de gracias. Mi compañera de cuarto cocinaba un pavo de dieciocho libras y se despertaba durante la noche para lardearlo. Otra amiga horneaba un pastel de calabaza. Un amigo que vivía cerca traía verduras, frutas y queso. Para la gente a quien no le

O Pretérito Perfeito do Subjuntivo 257

gustaba el pavo, cocinábamos jamón, chuletas, pescado, pollo asado y pato. Invitábamos a todos nuestros amigos. A las cinco de la tarde, empezábamos nuestra cena con la bebida tradicional — el ponche de huevo. Aquella noche, dejé mi plato de cebollas y judías verdes y me fui.

Huí a un restaurante y cené sola, pero no me importó. Por lo menos, no me tocó comer pavo. Hubo muchas tentaciones como mejillones en vino blanco, camarones y langosta en salsa verde y calamares fritos. Ofrecieron una ensalada con manzanas, nueces y pasas, aceitunas y tomates. Para el plato fuerte, ordené la paella para dos porque lleva mariscos, guisantes y chorizo. Después de descansar un rato, comí el flan de España y el helado de fresas. Bebí agua mineral; no tomé ni vino, ni cerveza, ni champaña, ni licor y no me emborraché. Volví a casa; mis amigos estuvieron contentos de verme, les había gustado mi plato de verduras y todos se acostaron agradecidos.

Verbos

combinar	*combinar*
emborracharse	*ficar bêbado*
hornear	*assar*
lardear	*lardear, entremear*
ordenar	*ordenar*
tocarle (a uno)	*ter que*

Nombres

la aceituna	*a azeitona*
los calamares	*as lulas*
los camarones	*os camarões*
la cebolla	*a cebola*
el chorizo	*a salsicha*
la chuleta	*a costeleta de porco*
la glotonería	*a gula, a gulodice*
los guisantes	*as ervilhas*
el jamón	*o presunto*
la judía verde	*o feijão verde*
la langosta	*a lagosta*
la libra	*a libra*
la manzana	*a maçã*
el marisco	*o marisco*
el mejillón	*o mexilhão*

la nuez, las nueces	*a noz, as nozes*
la paella	*a paella*
la pasa	*a [uva] passa*
el pastel de calabaza	*a torta de abóbora*
el pato	*o pato*
el pavo	*o peru*
el pescado	*o peixe*
el plato fuerte	*o prato principal*
el pollo asado	*o frango assado*
el ponche de huevo	*o ponche de ovo [tipo de gemada com álcool]*
el queso	*o queijo*
las verduras	*as verduras*

Adjetivo

nublado	*nublado*

Expresiones

tal vez	*talvez*
un rato	*um momento*

Preguntas

Responda oralmente as perguntas a seguir.

1. ¿Es hombre o mujer la persona principal del cuento?

2. ¿Están enfadadas con ella sus compañeras de cuarto?

3. ¿Te gusta celebrar el día de acción de gracias?

4. ¿Cuál es tu comida favorita?

5. ¿Te molesta comer solo/sola?

6. ¿Cocinas bien?

15

Expressões Idiomáticas

Um **modismo** é uma palavra ou frase que não se traduz exatamente para o português. **Modismos** são expressões idiomáticas; não são gírias.

Expressões Idiomáticas com Preposições

a fuerza de	*por causa de*
a la derecha	*à direita*
a la izquierda	*à esquerda*
a la vez	*ao mesmo tempo*
a lo lejos	*à distância*
a lo mejor	*provavelmente*
a pie	*a pé*
a principios de	*no princípio de*
a solas	*a sós*
a través de	*através de*
al aire libre	*ao ar livre*
al mismo tiempo	*ao mesmo tempo*
al principio	*a princípio*
al revés	*ao contrário, de cabeça para baixo*
de buen humor	*de bom humor*
de buena gana	*de boa vontade*
de día	*de dia*
de esta manera	*desta maneira*
de hoy en adelante	*de hoje em diante*
de mal humor	*de mal humor*
de mala gana	*de má vontade*

de ninguna manera	*de maneira alguma*
de noche	*à noite*
de nuevo	*de novo*
de pie	*de pé*
de pronto	*de repente, de pronto*
de repente	*de repente*
de todos modos	*de todo modo*
¿de veras?	*verdade?*
derecho	*direto, em frente*
día/semana/mes/año de por medio	*dia/semana/mês/ ano alternado*
en cambio	*por outro lado*
en cuanto a	*em relação a*
en efecto	*de fato*
en seguida	*imediatamente*
por ninguna parte	*em nenhum lugar, em parte alguma*
por todas partes	*em toda parte*
recto	*reto*

Exercício 15.1

Traduza as frases a seguir para o português.

1. Al principio, todo era maravilloso.

_____

2. Te pusiste la camisa al revés.

_____

3. A fuerza del estudio, ella aprendió bien la historia.

_____

4. Fuimos a Madrid a pie.

_____

5. No me hables ahora; estoy de mal genio.

_____

6. Ellos no encontraron sus llaves por ninguna parte.

_____

Expressões Idiomáticas

7. No sé qué hacer en cuanto a sus problemas.

8. De día trabajo, de noche duermo.

9. Si queremos llegar a tiempo, tenemos que ir a la derecha.

10. La muchacha puede escuchar música y estudiar a la vez.

11. Pienso estar en México a principios de julio.

12. Él me prestó su carro de mala gana.

13. Les gusta cenar al aire libre.

14. En efecto, Pablo lo supo ayer pero no me dijo nada.

15. Un barco nos llevó a través del río.

16. Estoy de muy buen humor hoy.

17. Ud. debe caminar a la izquierda.

18. A lo mejor, Enrique y Salomé vendrán la semana que viene.

19. Lo hacemos de buena gana.

20. El hombre prefiere caminar derecho.

21. A lo lejos, la veo venir.

22. Me gusta descansar. A mi amiga en cambio le gusta trabajar.

Futuro e Condicionais; Pretérito do Subjuntivo; Expressões Idiomáticas

23. Les digo que lo hagan de esta manera.

24. Escribo guiones para la televisión. ¿De veras?

25. Miguel no tiene mucho dinero, pero decidió viajar de todos modos.

26. Tú no tuviste éxito la primera vez, pero trataste de nuevo.

27. De hoy en adelante, vamos a correr cada día.

28. Asistimos a las clases día de por medio.

29. De repente, empezó a llover.

30. Se ve lo bueno y lo malo por todas partes.

Expressões Idiomáticas com Verbos

Com *tener*

tener _____ años	*ter _____ anos*
tener calor	*estar com calor*
tener celos	*ter ciúmes*
tener cuidado	*ter cuidado*
tener dolor de (cabeza)	*ter dor de (cabeça)*
tener envidia	*ter inveja*
tener éxito	*ter sucesso*
tener frío	*estar com frio*
tener ganas de	*querer*
tener hambre	*ter fome*
tener la culpa	*ter culpa*
tener la palabra	*ter a palavra*
tener lugar	*ter lugar*
tener mala cara	*ter uma cara ruim, de mau*
tener miedo de	*ter medo de*

Expressões Idiomáticas

tener mucho/poco/algo/ nada que hacer	*ter muito/pouco/algo/nada que fazer*
tener por	*tomar por, considerar*
tener prisa	*ter pressa*
tener que ver con	*ter a ver com*
tener rabia	*ter raiva*
tener razón	*ter razão*
tener sed	*ter sede*
tener sueño	*ter sono*
tener suerte	*ter sorte*
tener vergüenza	*ter vergonha*

Com *dar*

dar a	*levar a* (lugares)
dar con	*deparar com*
dar de comer	*dar de comer*
dar gritos	*dar gritos*
dar la cara	*dar as caras, enfrentar*
dar la hora	*dar a hora*
dar las gracias	*dar graças, agradecer*
dar un abrazo	*dar um abraço*
dar un paseo	*dar um passeio*
dar una vuelta	*dar uma volta*
darse cuenta de	*dar-se conta de*
darse la mano	*dar a mão*
darse por vencido	*dar-se por vencido*
darse prisa	*apressar-se*

Com *echar*

echar de menos	*sentir falta* (de uma pessoa ou lugar)
echar flores	*fazer elogios*
echar la culpa	*colocar a culpa*
echarse a llorar	*cair em prantos*

Com *hacer*

hace buen/mal tiempo	*o tempo está bom/mal*
hace calor	*faz calor*
hace frío	*faz frio*

Futuro e Condicionais; Pretérito do Subjuntivo; Expressões Idiomáticas

hace viento	*está ventando*
hacer caso a	*prestar atenção a*
hacer daño a	*machucar, ferir*
hacer el bien/el mal	*fazer o bem/o mal*
hacer falta	*fazer falta*
hacer un papel	*fazer um papel*
hacer un viaje	*fazer uma viagem*
hacerse + *profissão*	*tornar-se*
hacerse daño	*machucar-se*
hacerse tarde	*atrasar-se*

Com *hay*

hay cupo	*há espaço, caber*
hay que	*há que*

Com *llevar*

llevar a cabo	*levar a cabo, executar*
llevar la contraria	*argumentar contra*
llevarse (algo)	*carregar (algo)*
llevarse bien/mal con	*dar-se bem/mal com*

Com *meter*

meter la pata	*pisar na bola*
meter las narices	*meter o nariz*
meterse en donde no le llaman	*meter-se onde não é chamado*

Com *poner*

poner a alguien por las nubes	*por alguém nas nuvens*
poner en claro	*por às claras*
poner en duda	*por em dúvida*
poner en ridículo	*expor ao ridículo*
poner las cartas sobre la mesa	*por as cartas na mesa*
poner pleito	*processar*
ponerse a	*pôr-se a, começar*

Com *quedar*

quedar boquiabierto	*ficar boquiaberto*
quedar en	*concordar em*

Expressões Idiomáticas

quedarse con — *ficar com*
quedarse con el día y la noche — *ficar sem dinheiro*

Com tomar

tomar en serio — *levar a sério*
tomarle el pelo — *zombar, provocar*
tomárselo con calma — *ter calma, acalmar-se*

Exercício 15.2

Combine cada uma das frases a seguir com a expressão idiomática que melhor a descreva.

1. _____ Es agosto en Nueva York.
2. _____ Estamos cansados.
3. _____ Él no se equivoca.
4. _____ No hay agua en el desierto.
5. _____ No hice nada malo.
6. _____ A mi amigo le gusta apostar.

a. No tiene mucha suerte.
b. No tengo la culpa.
c. Tenemos calor.
d. Siempre tiene razón.
e. Los animales tienen sed.
f. Tenemos sueño.

Exercício 15.3

Traduza as frases a seguir para o português.

1. Cristina le hace caso a su maestro porque le agrada.

2. Elisa se lleva bien con su suegra.

3. Al niño le gustaba dar de comer a los pájaros en el parque.

4. El hotel da a la plaza.

5. Guillermo se hizo abogado.

266 Futuro e Condicionais; Pretérito do Subjuntivo; Expressões Idiomáticas

6. Hace mucho tiempo que la visitante no ve a su patria. La extraña mucho y quiere darles un abrazo a todos sus amigos.

_____

_____

7. Me gustó el chaleco guatemalteco; le di doscientos pesos al vendedor y me lo llevé.

_____

8. Me di cuenta de que todo no estaba bien.

_____

9. La niña se echó a llorar.

_____

10. Los mariscos me hacen daño.

_____

Expressões de Tempo

Presente

A ideia de há quanto tempo alguém vem fazendo algo pode ser expressada de três maneiras diferentes em espanhol, todas no presente perfeito simples. As ações têm início no passado e continuam até o presente.

As três construções abaixo, juntamente com suas traduções literais, expressam a seguinte pergunta no presente:

Há quanto tempo sua professora está escrevendo seu livro?

1. ¿Cuánto tiempo lleva su profesora escribiendo su libro?

    Quanto tempo sua professora leva escrevendo seu livro?

2. ¿Desde cuándo escribe ella su libro?

    Desde quando ela escreve seu livro?

3. ¿Cuánto tiempo hace que ella escribe su libro?

    Quanto tempo faz que ela escreve seu livro?

As mesmas três construções, demonstradas com suas traduções literais, expressam a seguinte afirmação no presente:

Ela está escrevendo o livro dela há quatro anos.

1. La autora lleva cuatro años escribiendo su libro.

   A autora leva quatro anos escrevendo seu livro.

2. Ella escribe su libro desde hace cuatro años.

   Ela escreve seu livro há (desde faz) quatro anos.

3. Hace cuatro años que ella escribe su libro.

   Faz quatro anos que ela escreve seu livro.

Passado

Para expressar há quanto tempo alguém está fazendo algo, o espanhol usa o pretérito imperfeito. A ação estava ocorrendo no passado quando algo mais aconteceu.

As construções abaixo, demonstradas com suas traduções literais, expressam a seguinte pergunta no passado:

Há quanto tempo Lorena estava esperando o ônibus quando ele chegou?

1. ¿Cuánto tiempo llevaba Lorena esperando el bus cuando llegó?

   Quanto tempo levava Lorena esperando o ônibus quando ele chegou?

2. ¿Desde cuándo esperaba ella el bus cuando llegó?

   Desde quando ela esperava o ônibus quando ele chegou?

3. ¿Cuánto tiempo hacía que ella esperaba el bus cuando llegó?

   Quanto tempo fazia que ela esperava o ônibus quando ele chegou?

As construções abaixo, demonstradas com suas traduções literais, expressam a seguinte afirmação no passado:

Ela estava esperando por trinta minutos quando o ônibus chegou.

1. Lorena llevaba media hora esperando cuando el bus llegó.

   Lorena levava meia hora esperando quando o ônibus chegou.

2. Ella esperaba desde hacía media hora cuando el bus llegó.

   Ela esperava desde fazia meia hora quando o ônibus chegou.

3. Hacía media hora que ella esperaba cuando el bus llegó.

   Fazia meia hora que ela esperava quando o ônibus chegou.

Exercício 15.4

Traduza as frases a seguir para o espanhol, usando o presente e uma das formas de expressar "há quanto tempo". Tente praticar todas as três formas possíveis ao fazer o exercício.

EXEMPLOS: Há quanto tempo Jaime mora nos Estados Unidos?
¿Cuánto tiempo hace que Jaime vive en los Estados Unidos?
OU ¿Desde cuándo vive Jaime en los Estados Unidos?
OU ¿Cuánto tiempo lleva Jaime viviendo en los Estados Unidos?

1. Há quanto tempo o garoto está assistindo à televisão?

2. Há quanto tempo Adam está dormindo?

3. Há quanto tempo você usa óculos?

4. Há quanto tempo Isabel e Carlos estão esperando?

5. Há quanto tempo eles são amigos?

6. Ele está dormindo há oito horas.

7. Eu uso óculos há dois anos.

8. Eles estão esperando há 15 minutos.

Expressões Idiomáticas 269

Exercício 15.5

Traduza as frases a seguir para o português.

1. ¿Cuánto tiempo hacía que Ud. estaba en Chile cuando tuvo que salir?

2. ¿Desde cuándo nadaban los niños cuando el bañero llegó?

3. ¿Cuánto tiempo llevaba Antonio leyendo cuando se durmió?

4. Hacía dos meses que yo estaba en Paraguay cuando decidí volver a casa.

5. El hombre frustrado esperaba el tren desde hace veinte minutos.

6. Llevábamos quince meses viviendo en Paris.

Interpretação de Texto

El fin del juego

Queridos lectores,
    Espero que a Uds. les haya gustado el libro. Ha sido un buen viaje y me alegro de que Uds. hayan llegado hasta el fin. Les dejo con una parte interesante de la historia de Sócrates en la cual él explica por qué no le va a molestar el fin de su vida.
    Ahora, me despido de Uds. y les deseo todo lo mejor.
Hasta el próximo,
La autora

La defensa de Sócrates
escrito por Platón

La asamblea vota por la inocencia o la culpabilidad de Sócrates. Lo condena a la pena de muerte. Lo siguiente es la respuesta de Sócrates ante la asamblea, antes de que se lo lleve a la cárcel.

SÓCRATES La gente dirá que Uds. condenan a muerte a Sócrates, un hombre sabio. Dirán que soy sabio si lo soy o no. Si Uds. hubieran esperado por un rato, sus deseos hubieran sido realizados en el camino de la naturaleza. Pueden ver que soy un hombre viejo.

Me gustaría discutir con Uds., los cuales me han absuelto, lo que ha pasado. Concédanme, les suplico, un momento de atención, porque nada impide que conversemos juntos, puesto que queda tiempo. Quiero decirles, como amigos, lo que acaba de sucederme, y explicarles lo que significa. Sí, jueces míos, me ha sucedido hoy una cosa maravillosa.

Nos engañamos todos sin duda si creemos que la muerte es un mal. Una prueba evidente de ello es que si yo hubiera de realizar hoy algún bien, el dios° no hubiera dejado de advertírmelo como acostumbra.

La muerte es un tránsito del alma de un lugar a otro. ¿Qué mayor ventaja puede presentar la muerte? Si la muerte es una cosa semejante, la llamo con razón un bien; porque entonces el tiempo todo entero, no es más que una larga noche.

Pero si la muerte es un tránsito de un lugar a otro, y si, según se dice, allá en un lugar está el paradero de todos los que han vivido, ¿qué mayor bien se puede imaginar, jueces míos? ¿Qué transporte de alegría no tendría yo cuando me encontrara con los héroes de la antigüedad, que han sido las víctimas de la injusticia? ¿Qué placer el poder comparar mis aventuras con las suyas? Pero aún sería un placer más grande para mí pasar allí los días, interrogando y examinando a todos estos personajes, para distinguir los que son verdaderamente sabios de los que creen serlo y no lo son. ¿Hay alguno, jueces míos, que no diera todo lo que tiene en el mundo por examinar al que condujo un ejército contra Troya, u Odiseo o Sísifo, y tantos otros, hombres y mujeres, cuya conversación y examen serían una felicidad inexplicable?

Ésta es la razón, jueces míos, para que nunca pierdan las esperanzas aún después de la tumba, fundadas en esta verdad: que no hay ningún mal para el hombre de bien, ni durante la vida, ni después de su muerte; y que los dioses tienen siempre cuidado de cuanto tiene relación con él; porque lo que en este momento me sucede a mí no es obra de azar, y estoy convencido de que el mejor partido para mí es morir ahora y liberarme de todos los disgustos de esta vida.

La hora de partir ha llegado, y nos vamos cada cual por su camino— yo, a morir, y Uds. a vivir. Solo dios sabe cual es mejor.

°Sócrates siempre decía que tenía un dios familiar, un dios personal y divino que le hacía advertencias desde su niñez. En cuanto a su juicio, esta voz no le había dicho nada.

Verbos

absolver	*absolver*
acabar de + *infinitivo*	*acabar de* (+ infinitivo)
acostumbrar	*acostumar*
advertir	*advertir*
conceder	*conceder*
engañarse	*enganar-se*
fundar	*fundar*
impedir	*impedir*
realizar	*realizar*
significar	*significar*
suplicar	*suplicar*

Nombres

el azar	*o acaso*
el ejército	*o exército*
la esperanza	*a esperança*
el héroe	*o herói*
el paradero	*o paradeiro, o destino*
la tumba	*a tumba, o túmulo*

Expresiones

en cuanto a	*em relação a, quanto a*
puesto que	*posto que, já que*

Preguntas

1. ¿Cuál es la actitud de Sócrates ante la muerte?

2. ¿Cuál es la diferencia entre su dios personal y los dioses del estado?

3. ¿Qué espera hacer después de la muerte?

4. ¿Por qué quiere hablar con los jueces?

5. ¿Qué significa "no hay ningún mal para un hombre de bien, ni durante la vida, ni después de la muerte"? ¿Está Ud. de acuerdo con esta filosofía de Sócrates?

Apêndice
Lista de Verbos

A

abordar *abordar*
abrazar *abraçar*
abrir *abrir*
absolver *absolver*
acabar de (hacer algo) *acabar de (fazer algo)*
acabarse *acabar*
acercarse *aproximar-se*
aclarar *esclarecer*
acompañar *acompanhar*
aconsejar *aconselhar*
acordarse *lembrar-se*
acostarse *deitar-se*
acostumbrar *acostumar*
actuar *agir*
acusar *acusar*
adivinar *adivinhar*
admitir *admitir*
advertir *advertir*
agotar *esgotar*
agradar *agradar*
agradecer *agradecer*
aguantar *aguentar*
ahorrar *economizar*
alcanzar *alcançar*
almorzar *almoçar*
alquilar *alugar*
alzar *alçar*

amar *amar*
amenazar *ameaçar*
añadir *adicionar*
andar *andar*
animarse *animar-se*
añorar *sentir saudades*
anular *anular*
anunciar *anunciar*
apagar *desligar, apagar*
aparecer *aparecer*
apartarse *separar*
apostar *apostar*
apoyar *apoiar*
apreciar *apreciar*
aprender *aprender*
apresurarse *apressar-se*
apretar *apertar*
aprobar *aprovar*
arrancar *arrancar*
arreglar *arranjar, consertar*
arreglarse *vestir-se, aprontar-se*
arriesgar *arriscar*
asegurar *assegurar*
asistir (a) *assistir (a)*
asustarse *assustar-se*
atender *atender*
aterrizar *aterrissar*
atraer *atacar*
atravesar *atravessar*
atreverse (a) *atrever-se (a)*

Lista de Verbos

averiguar *averiguar, descobrir*
ayudar *ajudar*

B

bailar *dançar*
bajar *descer*
bajarse de *descer (de um ônibus)*
barrer *varrer*
basar *basear*
beber *beber*
bendecir *abençoar*
besar *beijar*
borrar *apagar*
bostezar *bocejar*
botar *jogar fora*
brillar *brilhar*
brindar *brindar*
broncear *bronzear*
bucear *mergulhar*
buscar *buscar, procurar*

C

caber *caber*
caer *cair*
caerse *cair, sofrer uma queda*
calentar *aquecer*
callarse *calar-se*
calmarse *acalmar-se*
cambiar *trocar*
cambiar de idea *mudar de ideia*
cantar *cantar*
captar *captar, entender*
capturar *capturar*
cargar *carregar*
casarse *casar-se*
castigar *castigar*
celebrar *celebrar*
cenar *jantar*
cepillarse *escovar* (os dentes)
cerrar *fechar*
charlar *conversar*
cobrar *cobrar*
cocinar *cozinhar*

coger *pegar, agarrar*
colgar *pendurar*
colocar *colocar*
combinar *combinar*
comenzar *começar*
comer *comer*
comparar *comparar*
compartir *compartilhar*
competir *competir*
componer *compor*
comprar *comprar*
comunicar *comunicar*
conceder *conceder*
condenar *condenar*
conducir *conduzir*
confesar *confessar*
confirmar *confirmar*
conocer *conhecer*
conseguir *conseguir*
construir *construir*
contar *contar*
contar con *contar com*
contener *conter*
contestar *responder*
continuar *continuar*
contradecir *contradizer*
contribuir *contribuir*
convertir *converter*
copiar *copiar*
corregir *corrigir*
correr *correr*
corromper *corromper*
coser *costurar*
costar *custar*
crear *criar*
crecer *crescer*
creer *acreditar*
cruzar *cruzar*
cubrir *cobrir*
cuidar *cuidar*
cuidarse *cuidar-se*
cumplir *cumprir, completar*

D

dar *dar*
dar una vuelta *dar uma volta*
darse cuenta (de) *dar-se conta (de)*
decepcionar *decepcionar*
decidir *decidir*
decir *dizer*
defenderse *defender-se*
dejar *deixar*
dejar de (hacer algo) *deixar de (fazer algo)*
demorarse *demorar-se, atrasar*
depender (de) *depender (de)*
desaparecer *desaparecer*
desayunarse *tomar café da manhã*
descansar *descansar*
describir *descrever*
descubrir *descobrir*
desear *desejar*
desesperarse *desesperar-se*
deshacer *desfazer*
desistir *desistir*
despedirse (de) *despedir-se (de)*
despertarse *despertar, acordar*
destruir *destruir*
detener *deter*
detenerse *parar*
devolver *devolver*
dibujar *desenhar*
dirigir *dirigir*
disculparse *desculpar-se*
diseñar *desenhar*
disfrutar *desfrutar*
disolver *dissolver*
distinguir *distinguir*
distraer *distrair*
divertirse *divertir-se*
dividir *dividir*
divorciarse *divorciar-se*
doblar *dobrar, virar*
doler *doer*
dormir *dormir*
dormirse *dormir*

ducharse *tomar banho*
dudar *duvidar*
durar *durar*

E

echar *jogar*
elegir *eleger*
emborracharse *embebedar-se*
empezar *começar*
empujar *empurrar*
enamorarse *apaixonar-se*
encantar *encantar*
encontrar *encontrar*
encontrarse (con) *encontrar-se com*
enfadarse *irritar-se, ficar nervoso*
enfermarse *adoecer*
engañarse *enganar-se*
engordarse *engordar*
enojarse *irritar-se*
ensayar *ensaiar*
enseñar *ensinar*
entender *entender*
enterarse *inteirar-se*
entrar (en) *entrar*
entregar *entregar*
envejecer *envelhecer*
enviar *enviar*
envolver *envolver*
equivocarse *equivocar-se*
escalar *escalar*
escapar *escapar*
escoger *escolher*
esconderse *esconder-se*
escribir *escrever*
escuchar *escutar*
espantar *espantar, assustar*
esperar *esperar*
esquiar *esquiar*
establecer *estabelecer*
estacionar *estacionar*
estar *estar*
estornudar *espirrar*
exagerar *exagerar*

Lista de Verbos

examinar *examinar*
excavar *escavar*
exigir *exigir*
explicar *explicar*
explicarse *explicar-se*
explorar *explorar*
expresarse *expressar-se*
extrañar *sentir falta, sentir saudade*

F

felicitar *felicitar*
festejar *festejar*
fijarse *perceber, notar*
fingir *fingir*
firmar *assinar*
fracasar *fracassar*
fregar *lavar, esfregar*
freír *fritar*
fumar *fumar*
fundar *fundar*

G

ganar *ganhar*
gastar *gastar*
gemir *gemer*
girar *girar*
gobernar *governar*
gozar *desfrutar, gozar*
grabar *gravar*
graduarse *graduar-se*
gritar *gritar*
gustar *gostar*

H

hacer *fazer*
hallar *achar*
hervir *ferver*
hinchar *inchar*
hincharse *inchar-se*
hornear *assar*
huir *fugir*

I

ignorar *ignorar*
imaginar *imaginar*
imaginarse *imaginar-se*
impedir *impedir*
implorar *implorar*
importar *importar*
inscribirse *inscrever-se*
insistir *insistir*
inspirar *inspirar*
intentar *tentar, intentar*
interrumpir *interromper*
introducir *introduzir*
investigar *investigar*
ir *ir*
irse *ir-se, partir*

J

jubilarse *aposentar-se*
jugar *jogar*
juntar *juntar, reunir*
jurar *jurar*

L

ladrar *latir*
lastimarse *lastimar-se*
lavarse *lavar-se*
leer *ler*
lesionarse *lesionar-se*
levantarse *levantar-se*
liberar *liberar*
limpiar *limpar*
llamar *chamar, ligar*
llamarse *chamar-se*
llegar *chegar*
llenar *encher*
llevar *levar, carregar, vestir*
llevarse (bien) *dar-se (bem)*
llorar *chorar*
llover *chover*
lloviznar *chuviscar*
lograr *obter*
luchar *lutar*

lucir *brilhar*

M

madrugar *madrugar*
maltratar *maltratar*
mandar *mandar*
manejar *dirigir*
mantener *manter*
maquillarse *maquiar-se*
marcar *digitar*
marchar *marchar*
mascar *mastigar*
masticar *mastigar*
matar *matar*
medir *medir*
mejorarse *melhorar*
mencionar *mencionar*
mentir *mentir*
merecer *merecer*
meter *enfiar, meter*
meterse *meter-se, interferir*
mezclar *mesclar*
mirar *olhar*
mojarse *molhar-se*
molestar *irritar, incomodar*
morder *morder*
morir *morrer*
morirse *morrer*
mostrar *mostrar*
mover *mover*
moverse *mover-se*
mudarse *mudar-se* (de um local para outro)
murmurar *murmurar*

N

nacer *nascer*
nadar *nadar*
necesitar *necessitar*
negar *negar*
nevar *nevar*
notar *notar, reparar*

O

obedecer *obedecer*
observar *observar*
ocurrir *ocorrer*
ocurrirse *ter uma ideia, pensar*
ofrecer *oferecer*
oír *ouvir*
oler *cheirar*
olvidar *esquecer*
olvidarse *esquecer-se*
operar *operar*
opinar *opinar*
oponer *opor*
optar *optar*
ordenar *ordenar*
oscurecer *escurecer*

P

pagar *pagar*
parar *parar*
pararse *ficar de pé*
parecer *parecer*
parquear *estacionar*
partir *partir*
pasar *passar*
pasear *passear*
patinar *patinar*
pedir *pedir*
pegar *pegar*
peinarse *escovar (o cabelo)*
pelear *lutar*
pensar *pensar*
pensar de *pensar de, opinar*
pensar en *pensar em*
perder *perder*
perderse *perder-se*
perdonar *perdoar*
permitir *permitir*
pertenecer *pertencer*
picar *picar*
pintar *pintar*
pisar *pisar*
planchar *passar a ferro*
poder *poder*

Lista de Verbos

poner *por*
ponerse *vestir-se* (roupas), *ficar* (emoção)
ponerse a *começar*
portarse *comportar-se*
poseer *possuir*
preferir *preferir*
preguntar *perguntar*
preguntarse *perguntar-se*
prender *apertar, ligar*
preocuparse (por) *preocupar-se*
preparar *preparar*
presentar *apresentar*
prestar *emprestar*
prevenir *prevenir*
probar *provar*
probarse *provar-se*
producir *produzir*
prohibir *proibir*
prometer *prometer*
proponer *propor*
proteger *proteger*
publicar *publicar*
pudrir *apodrecer*
pulir *polir*

Q

quedarse *ficar, permanecer*
quejarse *queixar-se*
quemar *queimar*
quemarse *queimar-se*
querer *querer*
quitarse *tirar* (roupas)

R

realizar *realizar*
rebajar *rebaixar, reduzir*
recibir *receber*
recoger *recolher*
reconocer *reconhecer*
recordar *recordar*
recuperarse *recuperar-se*
reducir *reduzir*

referir *referir*
regalar *dar*
regresar *regressar*
reírse *rir*
relatar *relatar*
renunciar *renunciar*
repetir *repetir*
reportar *relatar*
rescatar *resgatar*
resolver *resolver*
respirar *respirar*
responder *responder*
resultar *resultar*
retener *reter*
retirarse *retirar-se*
reunirse *reunir-se*
rezar *rezar*
robar *roubar*
rogar *rogar*
romper *quebrar*

S

saber *saber*
sacar *sacar*
salir *sair*
salirle (bien) *sair-se (bem)*
saltar *saltar*
saludar *saudar*
salvar *salvar*
satisfacer *satisfazer*
secar *secar*
seguir *seguir*
sembrar *semear*
sentarse *sentar-se*
sentir *lamentar*
sentirse *sentir* (uma emoção)
separarse *separar-se*
servir *servir*
significar *significar*
sollozar *soluçar*
soltar *soltar*
sonar *soar*
soñar (con) *sonhar*

sonreír *sorrir*
sorprender *surpreender*
sospechar *suspeitar*
subir *subir*
subrayar *sublinhar*
suceder *acontecer*
sufrir *sofrer*
sugerir *sugerir*
suplicar *suplicar*
suponer *supor*
suspirar *suspirar*

T

tapar *tapar*
temblar *tremer*
temer *temer*
tener *ter*
tentar *tentar*
terminar *terminar*
tirar *tirar*
tocar *tocar* (um instrumento)
tocarle a alguien *ser a vez de alguém*
tomar *tomar*
torcer *torcer*
trabajar *trabalhar*
traducir *traduzir*
traer *trazer*
tragar *engolir*
tranquilizarse *acalmar-se*
tratar *tratar*
tratar de (hacer algo) *tratar de (fazer algo)*
tratarse (de) *tratar-se (de)*

triunfar *triunfar*
tronar *trovejar*
trotar *trotar*

U

usar *usar*

V

vacilar *hesitar*
vagar *vagar*
valer *valer*
velar *velar, vigiar*
vencer *vencer*
vender *vender*
venir *vir*
ver *ver*
vestirse *vestir-se*
viajar *viajar*
vigilar *vigiar*
visitar *visitar*
vivir *viver*
volar *voar*
volver *retornar*
votar *votar*

Y

yacer *deitar, jazer*

Z

zigzaguear *ziguezaguear*
zumbar *zumbir*

Gabarito

Capítulo 1
Ser e *Estar* e o Presente

1.1 1. están (localização) 2. está, está (condição de saúde, condição de saúde) 3. están (condição de saúde) 4. están (localização) 5. está (localização) 6. está, está (humor, humor) 7. están (humor) 8. estoy (humor) 9. está (localização) 10. está (localização)

1.2 1. El rió está cerca de mi casa. 2. Australia está lejos de los Estados Unidos. 3. La flor blanca está encima de la mesa. 4. Los niños están juntos a sus padres. 5. La escuela está entre la iglesia y el banco. 6. La casa de Julia está detrás del. 7. Paula está aquí con sus hermanos. 8. Sus/Tus zapatos están debajo de mi silla. 9. Nuestro problema está bajo control. 10. Los parientes de Elena están en España. Sus maletas están en los Estados Unidos.

1.3 1. es, es (profissão, lugar de origem) 2. son, es (profissão, profissão) 3. son (lugar de origem) 4. son (descrição) 5. es (descrição) 6. somos (identificação) 7. son (material) 8. son (lugar de origem) 9. soy, es (lugar de origem, lugar de origem) 10. es (posse) 11. Eres (profissão) 12. son (descrição) 13. es (lugar de origem) 14. es (profissão) 15. Es (expressão impessoal)

1.4 1. es 2. es 3. son 4. son 5. somos 6. está 7. estoy 8. está 9. estamos 10. Estás 11. están

1.5 1. soy 2. están 3. están 4. eres 5. es 6. están 7. están, estamos 8. es, están 9. está 10. son 11. están, es 12. está, está 13. es 14. están, están, son 15. está 16. está 17. es 18. Son 19. es 20. es

1.6 1. Los dentistas están en sus oficinas. 2. Todo el mundo está enfermo. Hasta los doctores están enfermos. 3. La sopa está caliente. La comida está deliciosa/sabrosa. 4. Es necesario estudiar. 5. ¿Es posible aprender todo?

1.7 1. está 2. Ser, ser 3. es 4. están 5. estoy 6. eres 7. es, Son 8. es 9. Son, es 10. Es 11. es 12. ser 13. estar 14. está 15. está 16. está 17. es 18. está 19. están 20. es 21. está 22. estar 23. está, está 24. están 25. soy 26. es 27. está, está 28. está 29. estamos 30. es

279

Capítulo 2
Ser e *Estar* no Pretérito Perfeito e no Imperfeito

2.1 1. fue   2. fui   3. estuvimos   4. estuvo   5. estuvieron   6. estuvo   7. estuvieron   8. Fue   9. estuvo   10. estuvieron   11. estuve   12. estuvimos

2.2 1. Yo era de Venezuela.   2. Ellos eran de España.   3. ¿Qué hora era?   4. Nosotros estábamos bien.   5. Mi jardín era el más hermoso de la ciudad.   6. Los tres amigos estaban aquí.   7. Yo no estaba cansada.   8. Éramos cantantes.   9. ¿Dónde estabas?   10. Yo estaba en la casa con mi hermana.

2.3 1. fui   2. estuvimos   3. era   4. estuvo   5. fue   6. fue, fui   7. era   8. era   9. Eran   10. era   11. era   12. estuvo/fue   13. estuvimos   14. Era/Fue   15. Era/Fue

2.4 1. compraste   2. traje   3. Era, tenía   4. Empezó, cerré/Empezaba, cerraba   5. cruzaba, llamó   6. estuvieron   7. andábamos, vimos   8. cobró, cobró   9. escribimos, recibieron   10. caminaba, me di cuenta de, sabía, estaba.   11. conoció   12. se divertían   13. iba   14. llegaron, se quedaron

Capítulo 3
O Presente Contínuo

3.1 1. hablando   2. besando   3. andando   4. viajando   5. limpiando   6. cenando   7. sacando   8. bebiendo   9. comiendo   10. aprendiendo   11. agradeciendo   12. escogiendo   13. viendo   14. abriendo   15. asistiendo   16. insistiendo   17. permitiendo   18. prohibiendo   19. creyendo   20. leyendo   21. trayendo   22. huyendo   23. oyendo   24. sirviendo   25. pidiendo   26. corrigiendo   27. repitiendo   28. siguiendo   29. durmiendo   30. muriendo   31. diciendo   32. haciendo

3.2 1. está corrigiendo   2. estamos sacando   3. estoy estudiando   4. estamos haciendo   5. están preparando   6. estás diciendo   7. está nevando   8. están durmiendo   9. están escribiendo   10. están hablando   11. estás friendo   12. está comiendo

3.3 1. leyendo   2. sabe   3. tocando   4. conocer   5. tener, quiere   6. almuerzan, salen   7. devolver   8. graduarse, hacer

3.4 1. está repitiendo   2. están siguiendo   3. estamos leyendo   4. están haciendo   5. están almorzando   6. estoy hirviendo   7. está siguiendo   8. están esperando

3.5 1. ¿Les están hablando las mujeres a los hombres?   2. ¿Qué me estás diciendo (tú)?/¿Qué estás diciéndome?/¿Qué me está diciendo (Ud.)?   3. ¿Puede Ud. repetir la pregunta? Los estudiantes no le está prestando atención./Los estudiantes no está haciéndole caso.   4. Sabemos que él está buscando una idea. La necesita para escribir un cuento.   5. ¿Qué está pasando?   6. El abogado fantástico está soñando con un viaje a Italia.

3.6 *As respostas variam.*

3.7 1. quiere   2. viene   3. sabe, sabe   4. estoy pensando   5. podemos   6. llamando   7. sonríe   8. juegan   9. está confesando   10. despertarse   11. van   12. haciendo

Gabarito
281

3.8 1. Vamos à casa de Maria porque ela está preparando arroz com frango.   2. O garçom está servindo nossa comida.   3. As babás estão cuidando de muitas crianças no parque.   4. São 8 da noite e já é tarde, mas o homem continua lendo seu livro favorito. Continua o lendo até as 11.   5. A menina está nadando na piscina porque seus pais acham que é perigoso nadar no oceano.   6. As crianças estão colocando os pratos no forno. Estão os colocando no forno para irritar seus pais. 7. Por que vocês estão mentindo para ele/ela?   8. Quem está rindo?   9. O elefante mora há cinco anos no zoológico.   10. Continuamos aprendendo o espanhol.

3.9 1. ¿Por qué está llorando la gente?   2. Está lloviendo.   3. ¿Estás mirando televisión ahora?/¿Está (Ud.) mirando televisión ahora?   4. ¿Por qué están riéndose las muchachas? / ¿Por qué se están riendo las muchachas?   5. Nos toca a nosotros. Estamos usando las computadoras ahora.   6. Teresa está esperando el tren, pero está perdiendo paciencia.   7. ¿En qué estás pensando?/¿En qué está pensando? 8. Estamos tratando de dormirnos.

Capítulo 4
O Pretérito Contínuo

4.1 1. Yo estaba limpiando la casa.   2. Rosa seguía comiendo.   3. Pablo les estaba vendiendo medicina a sus amigos.   4. Estábamos aprendiendo a bailar.   5. ¿Por qué me estaba mintiendo ella?/¿Por qué estaba mintiéndome?   6. ¿Qué estaba Ud. haciendo?/¿Qué estaba haciendo Ud.?   7. ¿Quién estaba durmiendo en el tren? 8. Todo el mundo estaba saliendo para las salidas.   9. Los muchachos y las muchachas estaban tirando la pelota.   10. Los políticos estaban empezando su campaña electoral.

4.2 1. Nos divertimos até que a peça começou. 2. Vocês queriam dar de comer aos pássaros no parque? 3. Sabíamos que iríamos ter sucesso.   4. As mulheres estiveram celebrando sua aposentadoria até as 11 da noite. 5. Fui conhecendo o México. 6. Nosso professor esteve ensinando por uma hora ontem.   7. Estávamos trabalhando quando nossos amigos chegaram.   8. De que estavam falando? 9. Ela não estava me escutando.   10. O garçom não estava nos servindo a comida. 11. Os professores estiveram repetindo as instruções até que entendemos. 12. Por que você os estava procurando por tanto tempo quando sabia que seus amigos estavam se escondendo?   13. Estávamos dançando na noite passada até meia-noite.   14. Ninguém estava andando por aqui.

4.3 1. esperaron   2. dijo   3. trajeron   4. se cayeron   5. di   6. pudo   7. fuimos 8. gustó   9. viste   10. conoció

4.4 1. era   2. tenían   3. quería   4. estudiaba   5. jugaba   6. escribía   7. estaba, se quejaba   8. ponía

4.5 1. le/les/te   2. les   3. le   4. me   5. te/le/les   6. nos

4.6 1. Julia procura sua irmã. Ela está procurando por ela. 2. Cuidamos dos bebês. Cuidamos deles. 3. Os dois irmãos ajudam sua família. A família aprecia sua ajuda. 4. O jardineiro observa os pássaros. Os observa voar.   5. Os alunos saúdam sua professora. A saúdam todos os dias.   6. Por que está me ligando hoje? Por que está me ligando em casa?   7. Manuel visita a mulher no Peru. Ele quer se casar com ela na primavera. 8. Todos os turistas esperam o trem. Não se incomodam de esperá-lo porque está fresco.

282 Gabarito

4.7 1. Eu juro a você. 2. Eu coloco as luvas. Eu as coloco. 3. A mulher indígena não nos vende água; ela nos dá. 4. Eu gosto dos mariscos no restaurante. O garçom os serve para nós com prazer. 5. Ana traz sobremesa para suas amigas. Ela a traz para elas.

4.8 1. ¿Les dice la verdad a sus amigos? Se la decimos. / ¿Les dices la verdad a tus amigos? Te la decimos. 2. Siempre le escribo cartas. Se las estoy escribiendo ahora./Siempre le escribo cartas. Estoy escribiéndoselas ahora. 3. Irene le da regalos a su hijo cada Navidad. Este año, va a dárselos el día de su cumpleaños./Irene le da regalos a su hijo cada Navidad. Este año, se los va a dar el día de su cumpleaños. 4. Le mostramos la nueva zapatería a mi amiga. Ella mira los tacones, pero no nos los compra. 5. A veces, la gente no entiende lo que decimos. A veces tenemos que explicárselo. 6. Enrique les lee un cuento a sus hijos cada noche a las ocho. Se lo está leyendo ahora./Enrique les lee un cuento a sus hijos cada noche a las ocho. Está leyéndoselo ahora.

4.9 1. Miguel não pode entrar em sua casa porque perdeu as chaves. 2. A colher caiu e fiquei brava. 3. Cuidado! Os copos vão cair. Já quebramos dois. 4. Não me ocorreu trabalhar ontem. 5. Não pôde preparar a sopa noite passada. Acabou o alho. 6. Me esqueci de fazer a tarefa.

Capítulo 5
O Presente do Subjuntivo

5.1 1. vengan 2. diga 3. haga 4. conozcan 5. durmamos 6. sepa 7. tomemos 8. se levanten 9. llegue 10. me quede 11. esté 12. dé 13. vayas 14. sean 15. lean 16. tenga 17. traigamos 18. se sientan

5.2 1. diga 2. pague 3. se sientan 4. deje de llorar 5. expliquemos 6. tenga 7. dé 8. sepa 9. haya 10. vayan 11. sea 12. hagamos 13. esté 14. bese

5.3 *As respostas variam. Algumas respostas possíveis são:* 1. Yo dudo que a mis padres les guste viajar. 2. Lo siento que mi amigo tenga malos sueños. 3. Es posible que ella no se divierta mucho. 4. Él duda que seamos buenos estudiantes. 5. Ella teme que no volvamos a los Estados Unidos. 6. Yo le pido que Sara me traiga flores a mi casa. 7. Dudo que Ud. conozca a mi tío. 8. Es una lástima que mi hermano y yo no nos veamos mucho. 9. ¿Es posible que no haya clase los lunes? 10. No creo que Carla sea de Polonia.

5.4 1. tengan 2. tienen 3. visite 4. traigamos 5. ame 6. corrijamos 7. están 8. se queja 9. se quede 10. se van 11. baile 12. vea 13. estén 14. sepan 15. es 16. haga

5.5 1. antes de que, visite 2. Después de que, me bañe 3. a menos que, vayan 4. luego que, tenga 5. para que, sepan 6. luego que, terminen 7. Antes de que, venga 8. para que, puedas 9. hasta que, lleguen 10. En caso de que, tengan 11. para que, estén 12. a pesar de que, tengan 13. sin que, invite 14. después de que, se vayan 15. Cuando, pueda 16. cuando, nos reunamos/cuando, nos encontremos 17. Cuando, vuelvan/Cuando, regresen 18. cuando, aprenda

5.6 1. se enfermen 2. descansemos 3. llegue 4. se quejen 5. cocine 6. duermas 7. haya 8. tenga 9. esté 10. quiera 11. acompañe 12. sea 13. venga 14. hable

Gabarito

5.7 1. estén 2. pique 3. obtenga 4. conozca 5. sepa 6. ganen 7. vengan
8. preste 9. aprendan 10. ensayen

5.8 1. abramos 2. te vayas 3. perdone 4. nade 5. llegue

5.9 1. escuchen 2. fume 3. se pierda 4. diga, tome 5. cante

Capítulo 6
Comandos

6.1 1. Tome seu remédio e ligue para o médico amanhã. 2. Continue à direita, por favor. 3. Feche a porta, por favor, e abra a janela. 4. Corra até a loja e compre leite. 5. Prepare a comida esta noite e depois retire o lixo, por favor. 6. Leia *Don Quixote* para a aula e escreva sua opinião sobre o tema principal. 7. Coma mais frutas e verduras. 8. Conte comigo.

6.2 1. apaga 2. comparte 3. decide 4. devuelve 5. dobla 6. mira 7. oye
8. regresa 9. termina 10. tira

6.3 1. Di 2. Sé 3. Lee 4. Escribe 5. Ten 6. Pon 7. Ven 8. Haz 9. Trae
10. Espera

6.4 1. fíjate 2. anímate 3. cállate 4. arréglate 5. muévete 6. vete 7. quédate
8. párate 9. cepíllate 10. vístete 11. diviértete 12. duérmete

6.5 1. Me faça um favor. 2. Diga-nos a verdade. 3. Saia daqui. 4. Ponha as meias.
5. Saia agora. 6. Seja um bom cachorro. 7. Tenha cuidado. 8. Venha aqui.

6.6 1. corre, no corras 2. camina, no camines 3. bebe, no bebas 4. sigue, no sigas
5. repite, no repitas 6. habla, no hables 7. mira, no mires 8. rompe, no rompas
9. vende, no vendas 10. abre, no abras 11. sube, no subas 12. empieza, no
empieces 13. miente, no mientas 14. sal, no salgas 15. pon, no pongas 16. toca,
no toques

6.7 1. No comas la ensalada en Guatemala. No la comas. 2. No corras; otro tren
viene. 3. No me digas el secreto. No me lo digas. 4. No lo hagas. 5. No lo
toques. 6. No tengas miedo. 7. No le prestes dinero a ella. No se lo prestes.
8. No vengas tarde al desfile. 9. No nos des malas noticias. 10. No le traigas dulces
al niño. No se los traigas. 11. No te vayas. 12. No te preocupes.
13. No me esperes. 14. No tengas envidia.

6.8 1. Não nadem neste lago. 2. Não caminhem no lodo. 3. Não se deitem tarde.
4. Não o dê para nós. 5. Não deixem os pratos sujos na mesa. 6. Não trabalhem
tanto. 7. Não venha à aula na segunda-feira. 8. Não cheguem tarde.

6.9 1. diga, no diga 2. haga, no haga 3. trabaje, no trabaje 4. entre, no entre
5. lea, no lea 6. espere, no espere 7. beba, no beba

6.10 1. quédense, no se queden 2. siéntense, no se sienten 3. levántense, no se
levanten 4. acuéstense, no se acuesten 5. duérmanse, no se duerman

6.11 1. digamos 2. empecemos 3. sigamos 4. vámonos 5. despertémonos
6. juguemos 7. esperemos 8. entremos 9. tomemos 10. crucemos
11. durmámonos 12. almorcemos 13. comamos 14. descansemos 15. volvamos

284 Gabarito

6.12 1. No lo toques. 2. No me lo digas. 3. No lo hagas. 4. Ayúdeme. 5. Dele el libro. 6. Déselo. 7. No se lo dé. 8. Bésame. 9. Siéntense Uds., por favor. 10. Empecemos. 11. Espérennos. 12. Vayan a la derecha. 13. Ten cuidado. 14. Llene este formulario, por favor. 15. No bebas tanto. 16. Saca la basura. 17. No se vaya. 18. No se preocupen. 19. Sigamos las direcciones. 20. Maneje más despacio, por favor. 21. Quédense por favor. 22. Llámame. 23. No compre nada. 24. No se rían. 25. Vamos.

6.13 1. se quede 2. diga 3. comer 4. se mejoren 5. busco 6. gusta 7. venga 8. sea 9. quiere 10. visite 11. llega 12. hagan 13. compremos 14. estar, estés 15. ir 16. gusta 17. guste 18. llame 19. esté 20. sepa 21. eres 22. vaya 23. tenga 24. haya

Capítulo 7
Substantivos, Artigos, Adjetivos e Pronomes

7.1 1. el, X 2. X, la 3. los, la 4. el 5. las 6. las 7. X, la 8. la, las 9. la

7.2 1. mis 2. sus 3. sus 4. sus 5. su 6. su 7. su 8. nuestra 9. nuestra 10. su

7.3 1. mío 2. suyo/tuyo, mío 3. suyos 4. suyas 5. mías 6. nuestra 7. mío 8. suyos

7.4 1. el nuestro 2. los suyos/los tuyos 3. la suya, la suya/la tuya 4. la mía 5. los nuestros 6. la mía 7. el nuestro 8. el suyo

7.5 1. mío 2. suyos/tuyos 3. nuestros 4. suyos 5. suya 6. suya

7.6 1. el suyo/el tuyo 2. el suyo 3. el mío 4. los nuestros 5. la tuya 6. los suyos

7.7 1. lo que 2. que 3. que 4. que 5. quienes 6. que 7. Lo que 8. quien 9. quienes 10. lo que 11. que 12. quien 13. cuya 14. cuyos

7.8 1. Rita vendeu a casa de que eu gostei. 2. O que você disse era verdade. 3. Não sei se este homem conhecido, que estuda filosofia, quer ir à Grécia com seus amigos.

7.9 1. quien 2. que 3. que/la que/la cual 4. la cual 5. las que/las cuales 6. que 7. quien 8. que 9. que 10. quien/quienes 11. la cual

7.10 1. X 2. el 3. al 4. la 5. Al 6. lo 7. lo 8. la 9. X 10. lo 11. los 12. la 13. la 14. las 15. Lo 16. la 17. al 18. el 19. los 20. X 21. X

7.11 1. la cual 2. quien 3. el cual 4. cuyo 5. cuya 6. los cuales 7. quienes 8. cuyas 9. las cuales 10. cuyos

7.12 1. el viejo 2. el blanco 3. el grande

Capítulo 8
O Presente Perfeito Composto

8.1 1. jugado 2. buscado 3. conocido 4. entrado 5. devuelto 6. sido 7. estado 8. dado 9. visto 10. escrito 11. roto 12. tenido 13. querido 14. hecho 15. dicho 16. ido 17. abierto 18. cerrado 19. muerto 20. amado

8.2 1. sido 2. tenido 3. podido 4. estado 5. querido 6. sabido 7. dicho 8. dado 9. vuelto 10. puesto 11. hecho 12. llegado 13. he dormido 14. has roto 15. ha abierto 16. hemos estado 17. habéis escrito 18. han visto

Gabarito   285

8.3   1. ha traído   2. hemos recibido   3. han llamado   4. han prestado   5. has amado   6. han vuelto   7. se ha muerto   8. se han ido   9. han hecho   10. han hablado   11. han viajado   12. he visto   13. he podido   14. se han acostado   15. nos hemos mudado

8.4   1. haber   2. hemos   3. han   4. haber   5. hemos   6. ha   7. han   8. haber   9. Han   10. han

8.5   1. He cruzado la calle a la escuela.   2. Jamás he entrado en la clase.   3. Mis compañeros han entrado también.   4. Le hemos dicho "hola" al profesor.   5. Nos hemos sentado.   6. He escrito con lápiz.   7. Mis amigos han usado una computadora antes.   8. Hemos contestado las preguntas.   9. Hemos almorzado juntos.   10. Nos hemos despedido del profesor.   11. Hemos ido en bus a casa.   12. Les hemos saludado a nuestros padres al llegar a casa.

8.6   1. ¿Cómo has estado?/¿Cómo ha estado?/¿Cómo han estado?   2. ¿Adónde han ido todas las flores?   3. ¿Quién acaba de llamar?   4. ¿Qué has hecho?/¿Qué ha hecho?   5. Hemos mandado/enviado el documento.   6. ¿Se han desayunado ellos hoy?   7. He prendido el horno, y he metido el pollo. Tengo que cocinarlo por una hora.   8. Ya no hace calor porque los estudiantes han abierto todas las ventanas en el salón.   9. Los exterminadores han matado todas las cucarachas.   10. Laura y su hija acaba de llegar a Italia.

Capítulo 9
O Pretérito Mais-que-perfeito

9.1   1. Los niños pensaban/pensaron que sus padres habían salido.   2. Ya había puesto la mesa cuando mi familia llegó.   3. Roberto fue a un país que él nunca había visitado antes.   4. Mis colegas me dijeron que ellos habían terminado su trabajo.

9.2   1. O professor sabia que eu havia estudado.   2. A menina pensava que seu cachorro havia voltado.   3. Eles disseram que haviam devolvido os livros à biblioteca.   4. Acreditávamos que nossos amigos haviam escrito para nós.   5. Estávamos certas de que os jovens haviam tido sucesso.   6. Pensávamos que os ladrões haviam estado no banco.   7. A polícia acreditava que nós os havíamos visto.   8. Dissemos aos detetives que não havíamos sido boas testemunhas.

9.3   1. ido   2. esperado, ver   3. descansado, cenar   4. jubilarse, pagado   5. dado, salir   6. dicho, perdido

9.4   1. quemada   2. rota   3. muerto   4. hecha   5. expresadas   6. dormido   7. querido   8. vendidos   9. compradas   10. pasado   11. resueltos   12. alquilado   13. escondido   14. entregadas   15. grabada

9.5   1. está cerrada   2. está abierta   3. está escrita   4. está construida   5. está hecha   6. están muertas   7. están fritos   8. están resueltos

9.6   1. Cerrada   2. herido, preocupados   3. nublado   4. arreglado   5. separada, dividido

9.7   1. Los antropólogos hallaron los vasos.   2. Un dictador ha gobernado el país.   3. El maestro enseñó la clase.   4. La víctima reconoció al criminal.   5. Los padres ofrecieron los regalos.   6. Catarina había planchado las camisas.   7. Los inquilinos apagaron las luces.   8. Se dice que Colón descubrió las Américas en 1492.

286   Gabarito

Capítulo 10
O Futuro

10.1   1. iré   2. llegará   3. veré   4. estudiaremos   5. corregirá   6. comprará   7. dejará
8. acompañará, viajaré   9. estarás   10. triunfarán   11. asistirán   12. cobrará
13. venceremos   14. responderás

10.2   1. haré   2. vendrá   3. saldrá   4. diremos   5. podrás   6. pondrán   7. valdrá
8. tendrá   9. sabrá   10. Habrá

10.3   1. Si ella no tiene cuidado, se perderá.   2. Si Jorge me lo dice, yo no se lo repetiré a
nadie.   3. Si practicamos, podremos aprender un idioma nuevo.   4. Ellos comprarán
la casa si les gustan el jardín y el balcón.   5. Si la obra de teatro es chistosa/divertida, el
público se reirá.   6. Él nunca se fijará en nada. No se quejará jamás.

10.4   1. Él vendrá a verme.   2. Tendré una cita con el dentista en febrero.   3. ¿Cuánto
valdrá el carro?   4. ¿Qué me dirás?   5. Saldremos para México en julio.   6. Trabajaré
en un teatro.   7. Habrá once estudiantes aquí.   8. Empezaremos a estudiar.
9. El muchacho tendrá éxito.   10. Los deportistas tendrán sed.   11. ¿Cuánto me
cobrará Ud.?   12. Yo patinaré porque me gusta.   13. Ella no se meterá en la vida de
los otros.   14. El pueblo vencerá.   15. Triunfaremos.   16. La muchacha cumplirá
diez años el miércoles.   17. Olivia vivirá en Perú.   18. La maestra corregirá la
tarea.   19. Yo asistiré a la universidad.   20. Elena soñará que te vio./Elena sueña que
te verá.

10.5   1. Saberei mais amanhã do que sei hoje. 2. Três cadeiras e oito estudantes não caberão
na sala de aula.   3. Os médicos não dormirão até as 4 da manhã.   4. Logo voltarei.
5. De vez em quando, a visitarei no Brasil.   6. Se vocês querem ir às compras, eu os
levarei.   7. Se ele ficar nervoso, falará em voz baixa.   8. Se correr muito, poderá
perder peso. 9. Se você perder suas chaves, o que fará?   10. Eles me dizem que vocês
se casarão no ano que vem.

10.6   1. ¿Tendrá hambre el niño?   2. ¿Qué hará la mujer?   3. ¿Quién pondrá la mesa?
4. Ella sabrá las direcciones.   5. ¿Cuánto valdrá este apartamento lujoso?

10.7   1. Aonde terá ido depois de sair de sua casa?   2. Teremos comprado nossos ingressos
para sábado. 3. Terei visto os alunos antes que viajem para o México.   4. Em um mês,
terei vivido aqui por 10 anos.   5. Terá terminado seu trabalho para a semana que vem?

Capítulo 11
O Condicional

11.1   1. produciría   2. haríamos   3. dirían   4. vendría   5. daría   6. se acostarían
7. regresarían   8. llevaría   9. gustaría   10. Habría   11. vería   12. saldríamos
13. llegaría   14. entendería   15. podría   16. iría

11.2   1. Yo la ayudaría.   2. Ella iría de compras.   3. ¿Mirarías tú televisión?   4. Ellos
venderían la comida.   5. Los mozos les darían la comida a los clientes.   6. Tendríamos
mucho que hacer.   7. El conductor manejaría rápidamente.   8. ¿Cantarías?
9. ¿Vendrían Uds. a mi casa? 10. Yo lo haría.   11. No le diría nada.   12. Te cobraría
cien dólares.   13. Los niños no leerían mucho.   14. Sabría nadar.   15. Habría mucha
gente en los trenes.   16. No cabrían más.   17. Le traería las flores a su hermana.
18. Nos pondríamos los zapatos.   19. ¿Podría Ud. acompañarme al bus?   20. ¿A Uds.
les gustaría ir al cine?

Gabarito

11.3 1. podría 2. se mejoraría 3. me quejaría 4. diríamos 5. se divertirían
6. estaría 7. tendrían 8. dolerían

11.4 1. A José le gustaría nadar, pero tiene miedo del agua. 2. Yo no le diría nada porque
no lo conozco bien. 3. Nuestros amigos mexicanos vendrían a California a visitar a su
familia, pero prefieren viajar a Europa este año. 4. Juan me dijo que le daría el libro
si quiere estudiarlo./Juan me dijo que le daría el libro si lo quiere estudiar./Juan me
dijo que te daría el libro si quieres estudiarlo./Juan me dijo que te daría el libro si lo
quieres estudiar. 5. Iríamos a la fiesta de Julia, pero no sabemos dónde vive.

11.5 1. Él habría llegado a tiempo, pero se le perdieron las direcciones. 2. No le habríamos
dicho nuestro secreto a nadie. 3. Juan y su compañero habrían ido a México, pero
decidieron ahorrar su dinero para el año entrante. 4. Antonio y yo habríamos
viajado a Colombia, pero el vuelo costó demasiado. 5. Enrique habría sido un buen
presidente, pero quería tener más tiempo para pasar con su familia. 6. Elvira habría
devuelto el dinero que halló, pero se lo dio a su hijo.

Capítulo 12
O Pretérito Perfeito do Subjuntivo

12.1 1. ¿Es posible que ellos se hayan dormido? 2. Es probable que hayamos tenido
muchas oportunidades. 3. Estamos alegres de que nuestros dos amigos se hayan
conocido. 4. Estoy triste de que el hotel no me haya llamado para confirmar mi
reservación. 5. José espera que nosotros nos hayamos sentido bien. 6. El abogado se
alegra de que sus clientes hayan leído el contrato. 7. Los ingenieros lo sienten que los
edificios hayan tenido problemas. 8. El trabajador está triste de que su jefe no lo haya
llamado para averiguar donde está.

12.2 1. hayan estado 2. haya salvado 3. nos hayamos atrevido 4. haya leído 5. haya
sido 6. se hayan demorado 7. se hayan levantado 8. se hayan divertido 9. hayan
venido 10. se haya roto

Capítulo 13
O Pretérito Imperfeito do Subjuntivo

13.1 1. hablara: Foi importante que Jaime falasse comigo. 2. se sintiera: Era uma
lástima que ela não se sentisse bem à noite. 3. conocieran: Foi possível que vocês
conhecessem minha irmã? 4. hiciéramos: Foi necessário que nós fizéssemos
exercícios. 5. hubiera: Era impossível que não houvesse tráfico hoje. 6. llegara:
Foi urgente que a ambulância chegasse dentro de cinco minutos. 7. diéramos: Era
possível que nós déssemos um presente para a professora. 8. dijera, mintiera: Era
duvidoso que minha sobrinha me dissesse a verdade; era possível que mentisse.
9. se mejoraran: Seria bom que vocês melhorassem. 10. se graduara: Era provável
que toda a aula se formasse. 11. se fuera: Seria impossível que Sara saísse sem
nos dizer nada. 12. llamáramos: Foi bom que nós a ligássemos. 13. tomaran: Seria
necessário que os turistas tomassem muita água nas montanhas. 14. viajáramos: Era
duvidoso que nós viajássemos para o México este ano. 15. se quedaran: Era possível
que Beatriz e Isabel ficassem na Itália.

13.2 1. Quis que elas me escrevessem. 2. Meu vizinho preferiu que eu não lhe trouxesse
nada. 3. Nos alegramos de que ele chegou cedo. 4. Ela nos implorou que não

288 Gabarito

fossemos. 5. Me alegrei de que mudou para uma casa. 6. O dono insistiu que pagássemos o aluguel. 7. Eu disse ao meu amigo que me ligasse. 8. O turista sugeriu ao taxista que não dirigisse tão rápido.

13.3 1. hablara 2. estudiara 3. bailara 4. cantara 5. vinieran

13.4 1. se quedaran 2. trajéramos 3. comiera 4. prestara 5. ayudáramos 6. votáramos

13.5 1. estuvieran 2. te callaras 3. hiciéramos 4. acompañara

13.6 1. O menino queria que seus pais lhe trouxessem um presente. 2. Os amigos de Miguel queriam que ele perdesse peso. 3. Para que vocês queriam que eu lhes emprestasse dinheiro? 4. Frederico esperava que Linda se casasse com ele. 5. A aluna na Espanha se alegrou de que seus pais estivessem orgulhosos dela. 6. Eu quis que eles ficassem comigo. 7. Esperávamos que não fosse nada grave. 8. O marido não queria que sua esposa se aposentasse.

13.7 1. cantar, cantar 2. comer, vivir 3. cuidaran 4. dejaran 5. esperara 6. se acostara 7. bajar 8. viajar 9. fuera 10. dijera

13.8 1. saber 2. pudieran 3. fuera 4. viniera 5. supiera 6. ducharse 7. saliera 8. lavarse, comer 9. tuvieran 10. dijera 11. estuviera 12. ir 13. empezara 14. necesitara

13.9 1. Laura quería/quiso que su esposo la acompañara a Chile. 2. Era/Fue necesario que la gente no fumara en los restaurantes. 3. Julia estaba/estuvo contenta de que Uds. estuvieran aquí. 4. Yo sabía que su nieta quería ir a la universidad. 5. Me alegré de que pudieras correr en el maratón. 6. ¿Qué querías que yo hiciera? 7. Raúl y yo esperábamos/esperamos que Uds. se encontraran bien. 8. Era/Fue importante que el carpintero supiera lo que estaba haciendo. 9. Esperaba/Esperé que el vuelo de mis amigos llegara a tiempo. 10. Los deportistas dudaban/dudaron que ganáramos el partido. 11. Nuestros amigos nos rogaban/rogaron que no subiéramos a la cumbre de la montaña. 12. Los entrenadores insistían/insistieron que la gente hiciera más ejercicio.

13.10 1. Era/Fue necesario que ella empezara las lecciones a tiempo. 2. Era/Fue una lástima que él no supiera expresarse. 3. ¿Sería posible que ellos ya hubieran salido de la reunión? 4. Los hijos de Juana le rogaban/rogaron que no fumara. 5. ¿Quisieras que yo hablara con tu jefe? 6. Mi hermano dudó que yo cantara bien ayer. 7. La maestra de mi hija sugirió que yo la llamara. 8. Yo quería que ellos se quedaran conmigo. Ellos querían que yo fuera con ellos. 9. Me gustaría hacer un documental que se trata de los inca. 10. Yo quiero tomar su foto, si no le molesta.

13.11 1. fuera, sería 2. gustara, iría 3. escribiéramos, respondería 4. me sintiera, podría 5. ganarían, vendieran 6. dormirían, se acostaran 7. hablaríamos, supiéramos 8. tendría, se pusiera 9. lloraría, doliera 10. me iría, quisiera, me quedara

Capítulo 14
O Pretérito Perfeito do Subjuntivo

14.1 1. hubiéramos pagado 2. hubiéramos hecho 3. hubiera dicho 4. hubiera viajado 5. hubiera venido 6. hubiera llovido 7. se hubieran mejorado 8. se hubieran casado 9. hubiéramos gastado 10. hubieran vivido

14.2 1. Quem dera não tivéssemos lhe dito. 2. Tomara que vocês tenham estado bem. 3. Quem dera tivéssemos saído de férias. 4. Foi necessário que o carpinteiro o tivesse construído. 5. Foi urgente que nós tivéssemos levado o homem doente ao hospital. 6. Era uma pena que ninguém tivesse estado no teatro. 7. Esperávamos que todos tivessem aproveitado a situação. 8. Os porteiros duvidavam que os novos inquilinos tivessem pintado as paredes. 9. O advogado não achava que seus clientes tivessem ganhado. 10. Foi possível que os ladrões tivessem roubado o banco.

14.3 1. Yo habría ido. 2. Tú habrías comido./Ud. habría comido./Uds. habrían comido. 3. Nos habríamos reído. 4. Ellos le habrían dicho. 5. Los maestros habrían enseñado. 6. Marisa habría estado contenta. 7. Hillary habría sido presidente. 8. Habría sido posible. 9. Las mujeres lo habrían aprendido. 10. Los hombres habrían salido.

14.4 1. Yo habría ido a la fiesta si yo no hubiera tenido miedo. 2. Ud. habría comido el pescado si lo hubiéramos cocinado en casa. 3. Nos habríamos reído si la película hubiera sido chistosa/divertida. 4. Ellos te habrían dicho la verdad si tú la hubieras querido saber. / Ellos te habrían dicho la verdad si tú hubieras querido saberla. 5. Los maestros habrían enseñado si los estudiantes hubieran llegado. 6. Marisa habría estado contenta si hubiera sabido patinar. 7. Hillary habría sido presidente si más gente hubiera votado por ella. 8. Habría sido posible que me hubieran visto. 9. Las mujeres lo habrían aprendido si hubieran comprado el libro. 10. Los hombres habrían salido de la casa si hubieran tenido adonde ir.

14.5 1. estén 2. corra 3. guste 4. te quejes 5. sepamos 6. ganen 7. vengan 8. tenga 9. se sientan 10. se vistan

14.6 1. se acueste 2. lleve 3. se vaya 4. consigan 5. entren 6. se caigan

14.7 1. escuchen 2. vaya 3. fume 4. haga 5. cante

14.8 1. conozcan 2. pueda 3. duerma 4. trabajen 5. sean 6. tengan 7. logre 8. aprendamos

14.9 1. entraran 2. hubiera 3. trajera 4. nos fijáramos 5. te sentaras 6. saliéramos

14.10 1. se mejorara 2. regresara 3. encantara 4. diera 5. nos animáramos 6. vieras

14.11 1. empezara 2. desistiera 3. se perdieran 4. fuera 5. pudiera 6. estuviera 7. habláramos 8. supiera 9. dijera 10. ganaras

14.12 1. O autor leu o artigo para que pudéssemos o entender. 2. Antes que sua namorada fosse para a Espanha, Federico estudou espanhol por dois anos. 3. Íamos jogar tênis até que começou a chover. 4. O médico sabia que o joelho de seu paciente havia inchado. 5. Elena aprenderia a falar espanhol, mas não gosta de estudar. 6. Foi necessário que o melhor arquiteto desenhasse o museu. 7. Não seria possível que

290   Gabarito

ocorresse tal desastre.   8. O juiz esperou que as testemunhas tivessem visto tudo.
9. Os turistas chegariam às 2 horas se os trens não atrasassem tanto.   10. Eu teria saído de férias com ela se ela me tivesse convidado.   11. Teria lhe feito o favor se André tivesse pedido? 12. Seria possível que vocês aprendessem e entendessem todas as lições?

Capítulo 15
Expressões Idiomáticas

15.1   1. A princípio, tudo era maravilhoso.   2. Você vestiu a blusa do avesso.
3. Por meio do estudo, ela aprendeu bem história.   4. Fomos para Madrid a pé.
5. Não fale comigo agora; estou de mau humor.   6. Eles não encontraram as chaves em nenhuma parte.   7. Não sei que fazer quanto a seus problemas.
8. De dia, trabalho, à noite, durmo.   9. Se queremos chegar a tempo, temos que ir pela direita.   10. A garota pode escutar música e estudar ao mesmo tempo.
11. Penso estar no México no começo de julho. 12. Ele me emprestou seu carro de má vontade. 13. Eles gostam de jantar ao ar livre.   14. Na verdade, Pablo soube ontem, mas não me disse nada.   15. Um barco nos levou para o outro lado do rio.
16. Estou de muito bom humor hoje.   17. Você deve caminhar pela esquerda.
18. Possivelmente, Enrique e Salomé virão na semana que vem.   19. Fazemos de boa vontade.   20. O homem prefere caminhar em frente.   21. À distância, a vejo vindo.
22. Gosto de descansar. Minha amiga, por outro lado, gosta de trabalhar.   23. Digo a eles que façam desta maneira.   24. Escrevo roteiros para a televisão. Verdade?
25. Miguel não tem muito dinheiro, mas decidiu viajar mesmo assim. 26. Você não teve sucesso da primeira vez, mas tentou de novo.   27. De hoje em diante, vamos correr todo dia.   28. Assistimos às aulas em dias alternados.   29. De repente, começou a chover. 30. Vê-se o bem e mal por toda parte.

15.2   1. c   2. f   3. d   4. e   5. b   6. a

15.3   1. Cristina presta atenção no seu professor porque gosta dele. 2. Elisa se dá bem com a sogra.   3. O menino gostava de dar de comer aos pássaros no parque. 4. O hotel dá para a praça.   5. Guillermo se tornou advogado.   6. Faz muito tempo que a visitante não vê sua pátria. Ela sente muitas saudades e quer dar um abraço em todos os seus amigos.   7. Gostei do colete guatemalteco; dei 200 pesos ao vendedor e o levei.
8. Me dei conta de que tudo não estava bem.   9. A menina caiu no choro.
10. Os mariscos me fazem mal.

15.4   *As respostas podem variar. Algumas respostas possíveis são:*   1. ¿Cuánto tiempo hace que el muchacho mira televisión?   2. ¿Desde cuándo duerme Adam?
3. ¿Cuánto tiempo lleva Ud. llevando gafas?   4. ¿Cuánto tiempo hace que Isabel y Carlos esperan?   5. ¿Desde cuándo son amigos ellos?   6. Hace ocho horas que él duerme.   7. Llevo dos años llevando gafas.   8. Hace quince minutos que ellos esperan.

15.5   1. Quanto tempo fazia desde que você estava no Chile quando teve que sair?   2. Há quanto tempo os meninos nadavam quando o salva-vidas chegou?   3. Há quanto tempo Antonio estava lendo quando dormiu?   4. Eu estava no Paraguai havia dois meses quando decidi voltar para casa.   5. O homem frustrado esperava o trem havia 20 minutos.   6. Havia quinze meses que morávamos em Paris.

Índice

Os números de páginas em itálico indicam um tempo de conjugação do verbo.

abrir, *222*
acabar de, 164
acompañar, *32*
Adjetivos
  demonstrativos, 143
  possessivos
    forma longa, 131–33
    forma curta, 129–30
  usados como substantivos, 148
admitir, *200*
andar, *30, 223*
apagar, *75*
Artigos, 124–29, 136–37
  definidos, 124, 125–29
  inclusão e omissão de
    com substantivos, 124, 125–29
    depois de **ser**, 136–37
  indefinidos, 125
asistir, *183*
atender, *182*
ayudar, *28, 198*

bailar, *70, 221*
beber, *200, 221*
buscar, *75*

caber, *30, 185, 202, 224*
caer, *182*
cantar, *28, 70, 180, 221*
cerrar, *70, 221*
cobrar, *181*
comenzar, *75*
comer, *29, 71, 182, 221*
Comandos, 96–110
  afirmativos **tú**
    formação de, 97

    posição do pronome oblíquo com, 99–100
    revisão, 103
  afirmativo **Ud.**
    formação de, 106
    posição do pronome oblíquo com, 107–8
    revisão, 109
  afirmativo **Uds.**
    formação de, 107
    posição do pronome oblíquo com, 107–8
    revisão, 109
  afirmativo **vosotros**
    formação de, 117
    uso de, 117, 118
  favor de + infinitivo, 109
  hacer el favor de + infinitivo, 110
  negativo **tú**
    formação de, 101–2
    posição do pronome oblíquo com, 102–3
    revisão, 103
  negativo **Ud.**
    formação de, 106–7
    posição do pronome oblíquo com, 108
    revisão, 109
  negativo **Uds.**
    formação de, 107
    posição do pronome oblíquo com, 108
    revisão, 109
  negativo **vosotros**
    formação de, 117–118
    uso de, 117–118
  com **nosotros**
    formação de, 114–16
    posição dos pronomes oblíquos com, 114–15
  puede Ud. + infinitivo, 110
  tener la bondad de + infinitivo, 109
como, 90
como si, 235
compartir, *29, 184*

Índice

Condicional
  formação de
    -ar, verbos terminados em, 198–199
    -er, verbos terminados em, 200
    -ir, verbos terminados em, 200–1
    verbos irregulares, 201–4
  posição do pronome oblíquo com, 205–6
  usos de, 204, 208
Condicional contínuo
  formação de, 208
  usos de, 209
Condicional perfeito
  formação de, 209
  usos de, 209–10
conocer, *73, 200, 222*
corregir, *184*
cuando, 86
cumplir, *183*
cuyo, cuya, cuyos, cuyas, 139

dar, *31–32, 74, 181, 224*
  em expressões, 263
de
  comparado com **dé** (forma subjuntiva), 74
  contração com **el,** 09
  usos de
    para expressar posse, 09
    para formar substantivos compostos, 128
decir, *31, 33, 72, 185, 202, 225*
Artigos definidos, 124, 125–29
Pronome demonstrativos, 143–44
descubrir, *29*
Pronomes Oblíquos como Objeto Direto. *Veja*
  Pronomes, oblíquos
dirigir, *184*
disfrutar, *199*
dormir, *30, 71, 201, 223*
Pronomes Oblíquos Duplos. *Veja* Pronomes,
  oblíquos

echar, em expressões, 263
el cual, la cual, los cuales, las cuales, 141–42
el de, la de, los de, las de, 149
el que, la que, los que, las que, 141
empezar, *75*
entender, *29, 222*
escribir, *222*
escuchar, usado com gerúndio ou infinitivo, 52
estar, *2, 21, 24, 31, 74, 181, 199, 224*
  expressões comuns com, 14
  usos de
    para expressar opinião pessoal, 3, 15, 16,
      23, 25

para formar tempos contínuos, 40, 44,
  57–58
para indicar a alteração de humor ou condição, 3, 21, 25
para indicar condição de saúde status, 3,
  21, 24
para indicar localização, 2, 21, 24
exigir, *201*
explicar, *75*

Expressões, 259–68
  com preposições, 259–60
  com verbos, 262–65
    dar, 263
    echar, 263
    hacer, 263–64
    hay, 264
    llevar, 264
    meter, 264
    poner, 264
    quedar, 264
    tener, 262–63
    tomar, 265

felicitar, *199*
festejar, *199*
fingir, *201*
fracasar, *199*
Futuro
  expressos por **ir + a +** infinitivo, 45
  formação de
    -ar, verbos terminados em, 180–82
    -er, verbos terminados em, 182–83
    -ir, verbos terminados em, 183–84
    verbos irregulares, 185–87
  posição do pronome oblíquo com, 193
  usos de, 187, 191–92
Futuro contínuo
  formação de, 194
  usos de, 194
Futuro perfeito
  formação de, 195
  usos de, 196

Gerúndio
  formação de, 40–43, 52
    -ar, verbos terminados em, 40
    -er, verbos terminados em, 41
    -ir, verbos terminados em, 41
    verbos irregulares, 42–43
    alterações ortográficas, 41–42
  usos de
    para formar o pretérito imperfeito contí-
      nuo, 57–59

Índice

293

para formar o presente contínuo, 40, 44
sem um verbo auxiliar, 52
Gerúndio, usos de (*continuação*)
com **ir**, 51
com **llevar**, 51
com **seguir**, 51
verbos não usados na forma de gerúndio, 52, 58–59
gozar, *181*
gustar, com **o** artigo definido, 126

haber, *32, 33, 74, 186, 203, 225*
sem o artigo definido, 126
em expressões, 264
no infinitivo com a particípio passado depois de uma preposição, 160–61, 167
hablar, sem o artigo definido, 126
hacer, *31, 72, 185, 202*
em expressões, 263–64
hay. *Veja* **haber**
Imperfeito do subjuntivo, 220–42
formação de
-ar, verbos terminados em, 221
-er, verbos terminados em, 221–22
-ir, verbos terminados em, 222–23
verbos irregulares, 223–25
em sequência de tempos, 251
tradução de, 229
usos de, 220, 226
depois de certas conjunções, 234–35
depois de certas orações adjetivas, 235
depois de certas expressões, 235–37
depois de certas expressão impessoais, 226–27
depois de certos verbos, 228–29
depois de **si** em oração contrária ao fato, oração **si**, 239–40
Indefinidos, Artigos, 125
Indireto, Pronome oblíquo como objeto direto. *Veja* Pronomes oblíquos
inscribirse, *184*
ir, *31, 34, 74, 184, 201, 225*
+ a + infinitivo (futuro perifrástico), 45, 90, 91, 216

Interpretação de Texto
El apartamento, 164
El barco económico, 235
El conde Lucanor, 177
La defensa de Sócrates, 269
Lo fatal, 151
El hospital, 66–67
La isla en el Caribe, 217–18
El juicio, 93

Machu Picchu, 18
Los maderos de San Juan, 150
Marianela, 37
Mi viaje, 145
La Noche de Brujas, 120–21
La parada del bus, 55
Perdida en Nicaragua, 112–13
El porvenir, 196
¿Qué haría Ud. en las siguientes situaciones? 211
Recordando Nicaragua, 170
Su punto de vista, 256–57
El sueño, 169
Xochicalco, 241

leer, *182*
llegar, 75
llenar, *199*
llevar, em expressões, 264
lo
+ adjetivo, 146
expressões com, 146
lo que, 139–40

marchar, *181*
medir, *201*
mentir, *30, 71, 223*
merecer, *183*
meter, em expressões, 264
mirar, usado com gerúndio ou infinitivo, 52
morirse, *223*
no, posição de, antes de **estar**, 44
Substantivos, 124–29
abstratos, 127
adjetivos usados como, 148
em aposição, 128–29
inclusão e omissão de artigos com, 124, 125–29
neutro **lo** + adjetivo, 146
pronomes usados como, 149

oír, usado com gerúndio ou infinitivo, 52
ojalá, 88, 235, 245–46
opinar, *181*
Particípio passado
formação de, 153–56
usos de
como um adjetivo com **estar**, 171–73
na formação do pretérito perfeito, 166–67
na formação do presente perfeito, 156–57
com o infinitivo **haber** depois de preposição, 160–61, 167
na voz passiva com **ser**, 175–76
Pretérito, 166–67
formação de, 166

Índice

posição do pronome oblíquo com, 167
usos de, 166–67
Pretérito imperfeito contínuo
formação de, 57–58
usos de, 58–59
Pretérito Perfeito do Subjuntivo, 242–52
formação de, 244
em sequência de tempos, 252
usos de, 244–52
depois de certas expressão impessoais,
245–46
depois de certos verbos, 245
depois **si** em uma oração contrária ao
fato, oração condicional **si**, 248–49
usos de, 57
patinar, *181*
pedir, *30, 71, 223*
pegar, *181*
pensar, *28, 70*
poder, *31, 33, 71, 185, 202, 224*
poner, *33, 72, 185, 202, 224*
em expressões, 264
por, usado com voz passiva, 175–76
Posse, expressando, 9
Preposições
em expressões, 259–60
+ infinitivo, 46
posição de, 8
Presente
de **estar**, 2
expressando o futuro, 192
de **ser**, 7
usos de, 39, 52, 110
Presente contínuo, 39–46
formação de, 40, 46. *Veja também* gerúndio
usos de, 39–40, 44, 91
Presente do subjuntivo
formação de, 69–76
-ar, verbos terminados em, 72
-er, verbos terminados em, 71–73
-ir, verbos terminados em, 71–74
verbos irregulares, 74
verbos com alteração ortográfica, 75
em sequência de tempos, 251
usos de, 69
depois de **acaso, quizás**, ou **tal vez**, 88
depois de **aunque**, 89
depois de certas conjunções, 84–86
em certas cláusulas dependentes adjetivas, 88
depois de certas expressões impessoais,
76–77
depois de certos tempos, 90–91
depois de certos verbos, 78–82

depois de **como**, 90
depois de compostos de **-quiera**, 89
depois de **cuando**, 86
depois de **ojalá**, 88
depois de **por más que** e **por mucho
que**, 88
Presente perfeito, 153–61. *Veja também* Particípio passado
formação de, 156–57
posição do pronome oblíquo com, 159–60
usos de, 158–61
Pretérito imperfeito, 24–35
comparado ao pretérito perfeito, 26, 34–35
de verbos irregulares, 34
de verbos regulares, 32–34
usos de, 24
para substituir o pretérito mais-que-perfeito contínuo, 57
Pretérito perfeito do subjuntivo, 213–16. *Veja
também* Particípio passado
formação de, 213
em sequência de tempos, 251
usos de, 213–14, 216
Pretérito contínuo
formação de, 60
usos de, 60–61
Pretérito perfeito, 20–35
comparado ao imperfeito, 26, 34–35
de verbos irregulares, 30–32
de verbos regulares, 28–30
-ar, verbos, 28
-er, verbos, 29
-ir, verbos, 29–30
usos de, 20
producir, *33, 225*
Pronomes
demonstrativos, 143–44
oblíquos
como objeto direto, 47–49
duplos, 48–49
como objeto indireto, 47–49
posição de, 47–49, 99–100, 102–3
159–58, 161, 193
reflexivo, 47–49
possessivo, 134–36
relativo, 138–40
reto, 2, 3, 44, 47
usados como substantivo, 149
Pronomes possessivos, 134–36
Pronome reflexivo. *Veja* Pronome oblíquos,
Pronomes relativos, 138–40
Pronome reto, 2, 3, 44, 47
Pronúncia
de **d**, 155, 198

Índice

de tempos futuro, 182
de formas imperfeitas do subjuntivo, 223
de formas imperfeitas, 33
de particípio passados, 154
das formas do presente do subjuntivo, 76
das formas pretéritas, 29
do **r**, 199
proteger, *200*
pudiera, 236–37

que (conjunção), 76
que (pronome), 138
quedar, em expressões, 264
querer, *31, 33, 71, 185, 202, 224*
quien, 138–40
quisiera, 236, 246
recordar, *28, 70, 199, 221*
regresar, *182*
responder, *183*

saber, *31, 33, 74, 186, 202, 224*
salir, *30, 74, 186, 202, 222*
seguir, *223*
usado com gerúndio ou infinitivo, 52, 58, 61
sentirse, *33*
sequência de tempos, 251–52
ser, *7, 22, 25, 32, 34, 74, 183, 200, 225*
expressões comuns com, 14
usos de
para descrever alguém ou algo, 7, 15, 16, 22, 23, 25
para expressar posse/propriedade, 8–09
para expressar de que algo é feito, 8
para expressar onde ocorre um evento, 9
para identificar alguém ou algo, 8, 22, 26
em expressão impessoal, 10
para indicar lugar de origem, 8, 25
para indicar profissão, 7, 22
para dizer as horas, 10, 26
si, orações, 248
Subjuntivo, Modo. *Veja tempos subjuntivos individuais*

Tempos contínuos. *Veja também* Pretérito contínuo; Presente contínuo

Tempos pretéritos, 57–61. *Veja também* Pretérito Imperfeito contínuo; Pretérito Contínuo

tener, *31, 33, 72, 186, 203, 224*
em expressões, 262–63
Tempo, expressões de, 266–68
tocar, *75*
tomar, em expressões, 265
trabajar, *32*
traer, *31, 72, 200, 225*
triunfar, *182*

valer, *186, 203*
vencer, *183*
venir, *31, 33, 72, 186, 203, 224*
usado com gerúndio, 58, 61
ver, *29, 30, 34, 71, 183, 222*
usado com gerúndio ou infinitivo, 52
Verbos, tempos. *Veja tempos individuais*
vivir, *71,184, 222*
Vocabulário-chave
adjetivos, 5
de tempo, 20
advérbios
de direção, 4
de localização, 4
de tempo, 20
palavras interrogativas, 4
preposições de localização, 4–5
volver, *200, 222*
Voz passiva, 175–76